일본어 문법의 세계

| 전 성 엽 지음 |

인제대학교 출판부

본 저서는 인제대학교 PRIME사업 사업비를 지원받아
작성되었습니다.

| 머리말 |

이 책은 일본어문법을 공부하는 사람들을 위한 책으로, 일본어 가나문자와 고대 일본어에서의 문법의식의 시작은 어디서 확인할 수 있는지에 대한 이야기부터 시작한다. 그리고 지금의 일본어문법의 뿌리가 된 3대문법학자를 간단하게 소개한 다음, 일본어 조사의 쓰임을 시작으로, い형용사와 な형용사의 활용과 쓰임을 살펴본 후, 동사, 조동사, 일본어 조건표현, 경어표현의 문법까지, 일본어의 주요 문법항목들을 가능한 한 알기 쉽게, 자세히 설명하였다.

각 주요 문법항목의 설명에서는, 특히 기본적인 쓰임을 중심으로, 필요에 따라서는 관련 표현들과의 의미와 쓰임의 차이에 대해서도 같이 설명하여, 여러분들이 일본어문법을 좀 더 쉽게 이해할 수 있도록 다소 의도적으로, 각 내용에 대하여 하나하나 예문을 들면서, 기본적인 의미에서 주변적인 용법까지, 최대한 자세한 공부가 가능하도록 배려하였다. 이 책에서 설명하는 일본어문법의 내용은, 기존의 이미 알려진, 건조한 내용의 문법이 아니라, 우리 한국인이 일본어문법을 공부하면서 궁금해 할 수 있는 내용을, 왜 이 상황에서 이 일본어 문법형식이, 문법표현이 사용되는가 하는 관점을 바탕으로 하여, 그것들의 기본적인 의미와 용법의 차이를, 많은 예문을 가지고 자세하게 설명한 것에, 기존의 일본어문법책과 차별되는 특징이 있다고 말할 수 있다.

이 책을 통해 일본어문법의 윤곽을 이해하고, 여러 문법형식의 기본적인 의미와 쓰임의 차이를 공부한다면, 일본어문법에 대한 재미와 함께, 깊이 있는 일본어문법의 세계를 느낄 수 있을 것으로 확신한다.

2018년 7월 7일

인제대학교 일어일문학과 교수 **전 성 엽**

| 목차 |

제1부 • 일본어문법의 탄생과 일본어 조사의 세계

제3부 • 일본어 조건표현과 경어문법의 세계

교토 清水寺(사진: 전성엽)

제1부

일본어문법의 탄생과 일본어 조사의 세계

제1장 | 일본어 문법의 태동과 가나문자의 탄생

1. 일본어 문법의 태동

옛날 일본사람들은 언제쯤부터 오늘날 우리가 말하는 '문법'이라는 것을 의식하고 있었을까? 그것은 비교적 오래되어, 일본어 가나문자가 생기기도 전인, 6세기 후반 무렵에 완성된 것으로 알려진 노래 모음집(가집) '만요슈(만엽집)'에, 오늘날과 유사한, 고대 일본어의 문법표현과 지역에 따라 서로 다른 표현을 사용한 방언(사투리)의 흔적이 있는 것으로 밝혀졌다.

1) 『万葉集』(まんようしゅう)

『万葉集』(만요슈) 는, 8c후반 무렵, 일본 최초로 '문학'으로서의 의식을 가지 고, 서민에서부터 귀족과 왕이 지은 노래 4500여수를 20권의 책으로 편찬한 것으로, 759년경에 완성되었다고 알려져 있다. 책 이름의 유래는 '많은 노래를 모은 책' 혹은 '葉'을 '世'나 '代'의 의미로 해석해서, 노래가 오랫동안 불리어지기를 기원하는 의미

라는 두 가지 설이 대표적인 정설이다. 이 『万葉集』의 노래들이, 바로 일본어 가나문자가 생기기 전의 기록 방법인, '万葉仮名(まんようがな)로 기록 되어 있다.

2) 万葉仮名(まんようがな)

만요가나는, 古事記(こじき:고지키) (1), 日本書紀(にほんしょき:니혼쇼키) (2), 만요슈 등, 당시의 문헌에서 볼 수 있는, 일본어 문자인 히라가나(平仮名) 와 카타카나(片仮名)가 생기기 전의 표기 방법이다. 1자 또는 2자(3자, 4자도 있음)의 해서(楷書) 혹은 행서(行書) 체의 한자(漢字) 를, 글자의 뜻에 상관없이, 한자의 음(音) 과 훈(訓) 을 차용(借用) 하여 일본어를 표기한 것이다. 만요슈(万葉集)에 쓰인 것을 대표해서 그 이름을 만요가나(万葉仮名)라고 하였다. 만요가나의 한자의 획 일부가 카타카나(片 仮名)가 되고, 흘려 쓴 초서체가 히라가나(平仮名)가 되었다. 가나(仮名) 란, 원래의 글자인 한자를 '真名(まな: 마나)라고 하고, 한자에서 '빌려 온 글자'라는 뜻 으로 'かり名'(가리나)라고 하였는데 이것의 음이 변화(かりな→かんな→かな) 하여, '仮名(かな)가 되었다고 알려져 있다.

가나문자가 생기기 전의 표기법이 바로 한자에서 그 소리만을 빌린 '만요가나' 로, 예를 들어 보면, 벚꽃의 /sakura/ 라는 소리를 표기하기 위해, 한자에서 소리가 비슷한 글자 '佐' '久' '良'를 가져와

---

(1) 신화와 전설, 왕의 계보와 역사 등을 기록한, 일본에서 가장 오래된 문헌으로 712년에 성립.

(2) 일본에서 가장 오래된 정사(正史). 720년경 성립.

'佐久良'라고 표기한 것이다. '풀'의 뜻인 /kusa/ 는, '久佐'로, '베개'라는 뜻의 /makura/ 는 '麻久良'로 표기하였다.

2) 万葉仮名(まんようがな)에서 볼 수 있는 문법의식

만요가나로 표기된 노래 모음집 '만요슈'에서, 중세 일본인들의 사투리에 대한 의식과 문법의식을 엿볼 수 있다. 만요슈의 노래에서 옛 일본어의 문법의식을 엿 볼 수 있는 것은, 다음과 같은 '東歌(あずまうた) (3)', '防人歌(さきもりうた) (4)'가 대표적이다.

A 東歌(あずまうた)(아즈마 우타)
比流等家波 等家奈敝比毛乃 和賀西奈爾 阿比与流等可毛 欲流等家也須家
昼解けば 解けなへ紐の 我が背(せ) なに 相寄るとかも 夜解けやすけ
(巻14・3483番)
(昼間解くと解けない紐が、夫に会うからというのか、夜は解けやすいことだ。)
(낮에 풀면 풀리지 않던 끈이, 남편을 만나서 그런가, 밤에는 쉽게 풀리는 구나)
B 防人歌(さきもりうた)(사키모리 우타)

---

(3) 아즈마 우타: 만요슈 등에 수록된, 현재의 동경주변의 출신 사람들에 의해 불려진 가요. 소박하고, 생활밀착형의 주제로, 사투리와 속어 등을 그대로 사용하여, 그 당시 방언연구의 귀중한 자료라고 한다. 모두 230여수.

(4) 사키모리 우타: 그 당시 일본의 최전방이었던 규슈지방을 지키기 위해 징집된 군인 '사키모리'가 (그 가족들이 읊은 노래도 포함)가족과의 이별, 가족과 고향에 대한 향수를 부른 노래. '사키모리' 에도 그 당시는 변방이었던 지금의 동경주변 출신들이 많아, 다수의 사투리와 함께 당시 동쪽지방 사람들의 생활 모습을 엿 볼 수 있는 귀중한 자료라고 한다. 모두 98수.

久佐麻久良 多妣乃麻流祢乃 比毛多要婆 安我弖等都気呂 許礼乃波流母志
草枕旅の丸寝の 紐絶えば 我(あ) が手と付けろ これの針(はる) 持(も)し (巻20・4420番)
(旅の丸寝をして紐が切れたら、自分の手でお付けなさいよ、この針でもって。)
(밖에서 자다가 끈이 끊어지면, 자기 손으로 직접 다세요, 이 바늘로)

예로 든 위의 '東歌(あずまうた/아즈마 우타)와 '防人歌(さきもりうた/사키모리 우타)에서 일본어의 방언과 문법에 대한 의식이 존재하였음을 알 수 있다. '아즈마 우타'의, 'A比流等家波 等家奈敝比毛乃'는 'A昼解けば 解けなへ紐の'의 뜻으로, 부정의 조동사 「~なふ」는, 현재 동경어의 「~ない」와 연결된다.

또, '사키모리 우타'의 '安我弖等都気呂'는 '我(あ) が手と付けろ'의 뜻이며, 당시는 방언의 한 형태였던 「~ろ」였지만, 이것은 현재 동경어의 명령형 어미 「~ろ」와 연결되어 있음을 알 수 있다.

2. 가나문자(仮名文字)의 탄생과 가나한자혼합문(和漢混交文)

1) 가나문자(仮名文字)의 탄생

'만요가나'가 정착해 가면서, 한자를 주로 접하던 스님들이 불경을 읽을 때, 어려운 한자 옆에 쉬운 한자로 토를 달아 읽으면서, 한자의 일부 또는 획이 발전하여, 9세기경에 '片仮名(카타카나)가 만들어지게 된다. '카타카나'는 처음에는 주로 남자, 승려가 쓰고, 공문서 등에 사용되었다고 한다.

한편, 한자의 '초서체'가 발전하면서 만들어 진 '平仮名(히라가나)가 본격적으로 등장하는 것은 9세기후반 무렵으로, 주로 노래나 일기 등의 사적인 표기와, 여류작가들에 의한 여류문학 작품에 주로 사용되었다. 10세기경에는 '히라가나'와 '카타카나'가 서로 다른 문자체계로 확립이 된 듯하나, '平仮名'라는 이름이 등장하는 것은 16세기 이후의 일로, '平仮名'라는 이름의 의미는, 카타카나와 구별하기 위한 '보통의 가나'라는 뜻으로 사용된 것이라고 한다.

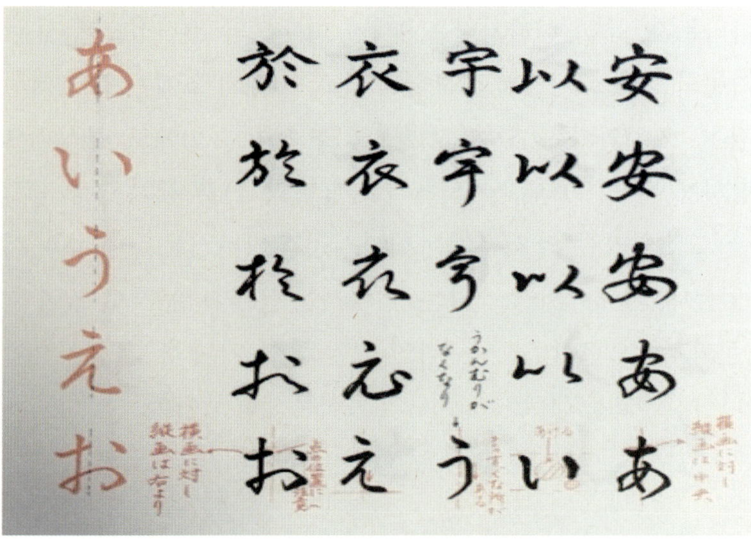

ア	阿	イ	伊	ウ	宇	エ	江	オ	於
カ	加	キ	機	ク	久	ケ	介	コ	己
サ	散	シ	之	ス	須	セ	世	ソ	曽
タ	多	チ	千	ツ	川	テ	天	ト	止
ナ	奈	ニ	仁	ヌ	奴	ネ	祢	ノ	乃
ハ	八	ヒ	比	フ	不	ヘ	部	ホ	保
マ	末	ミ	三	ム	牟	メ	女	モ	毛
ヤ	也			ユ	由			ヨ	與
ラ	良	リ	利	ル	流	レ	礼	ロ	呂
ワ	和	ヰ	井			ヱ	恵	ヲ	乎
ン	尓								

2) 가나한자혼합문(和漢混淆文)

가나문자, 특히 히라가나는 9세기 이후부터 본격적으로 사문서, 일기문학 등에 쓰이면서 정착하게 되고, 10세기 초에는 왕의 칙선노래집[5] '고킨와카슈(古今和歌集: こきんわかしゅう)에도 공식적으로 등장하게 된다. 905년, '키노츠라유키(紀貫之)가 왕의 명령으로 편찬한 '고킨와카슈'의 서문에는 한자서문과 가나서문 두 종류의 서문이 있는데, 아래에서 소개하는 '가나서문'은, 가나문자로 쓰인 최초의 문학평론으로서 그 선구적인 역할을 한 가나와 한자를 혼합한 '가나한자혼효문'(和漢混淆文)의 공식문장인 셈이다.

---

(5) 왕의 명령으로 편찬된 노래집.

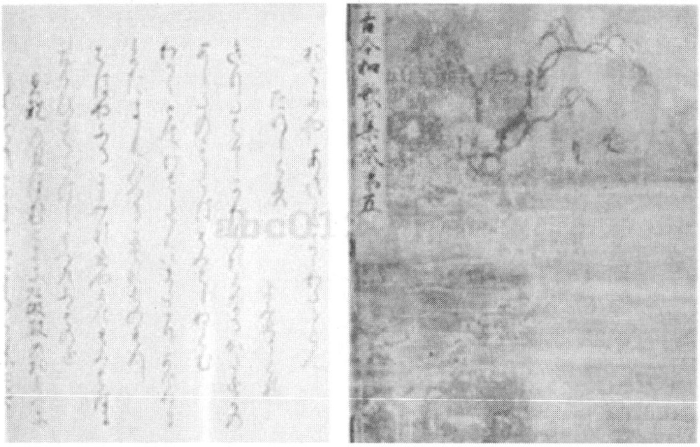

『고킨와카슈(古今和歌集)』巻第五高野切本(출처: 考古用語辞典)

仮名序　　やまと歌は、人の心を種として、よろづの言の葉とぞなれりける。世の中にある人、ことわざ繁きものなれば、心に思ふことを、見るもの聞くものにつけて、言ひ出せるなり。花に鳴く鶯、水に住む蛙の声 を聞けば、生きとし生けるもの、いづれか歌を詠まざりける。

力をも入れずして天地を動かし、目に見えぬ鬼神をもあはれと思はせ、男女の中をもやはらげ、たけき武士の心をも慰むるは歌なり。

〈가나 서문〉

야마토 노래(와카) 는, 사람의 마음을 씨앗(근본) 으로 하여 형형색색의 말로 열매 맺은 것이라고 할 수 있겠다. 이 세상에 살고 있는 사람은 관계하는 일이 많기 때문에 그에 대해 마음 으로 생각하는 일을 보는 것이나 듣는 것에 맡겨 표현하는 것이다. 꽃(매화)에서 지저귀는 휘파람새나 물에 사는 개구리소리를 듣고 있으면 온갖 생명 있는 존재는 어느 것

하나 노래 를 부르지 않는 것이 없다.

힘을 들이지도 않고 하늘과 땅을 움직이고 눈에 보이지 않는 영혼과 신기(神祇) 를 감동하게 하고, 남녀 사이도 마음을 터놓게 하며 용맹스러운 무사의 마음도 온화하게 하는 것이 노래 인 것이다.

출처: 『고킨와카슈(古今和歌集) 』

(일본문학사, 2013. 1. 18., 한국학술정보(주))

가나를 한자와 혼합하여 완벽하게 문장을 기록한 대표적인 작품이, 여류작가 '무라사키 시키부'(紫式部:978～1016)에 의해 쓰인, 황자(皇子) 이면서 수려한 용모와 재능을 겸비한 주인공 '히카루 겐지(光源氏)의 일생과 그를 둘러싼 일족들의 생애를 서술한 54권의 장편소설, '겐지모노가타리'(源氏物語)(1008년경 성립) 이다. 아래에 그 내용 일부를 소개해 둔다.

いづれの御時にか、女御、更衣あまたさぶらひたまひけるなかに、いとやむごとなき際にはあらぬがすぐれて時めきたまふありけり。はじめより我はと思ひ上がりたまへる御かたがた、めざましきものにおとしめ嫉みたまふ。同じほど、それより下らふの更衣たちは、ましてやすからず。朝夕の宮仕へにつけても、人の心をのみ動かし、恨みを負ふ積りにやありけむ、いとあつしくなりゆき、もの心細げに里がちなるを、いよいよあかずあはれなるものに思ぼして、…….

어느 덴노의 치세였던가. 뇨고와 고이들(왕의 후궁) 이 많이 시중들고 계신 중에, 그다지 고귀한 신분은 아니지만 아름다워 특별히 총애를 받는 사람이 있었다. 처음부터 '자신이야말로 사랑받을 만한 여자'라고 자부하고 계신 분들은 어이가 없다하여 멸시하고 질투하신다. 같은 정도의 고이나 그보다 낮은 신분의 고이들은 더더욱 마음이 편치 않다. 아침저녁으로 미카도를 시중들 때마다 그녀들의 마음을 산란하게 하여 원망을 받는 일이 쌓이고 쌓인 탓인가. 매우 병이 깊어져 가엾게 친정에 돌아가는 일이 잦아 진 것을, 미카도는 점점 더할 나위 없이 그리운 사람으로 생각하셔서,.......

출처:『겐지모노가타리(源氏物語)』

(일본문학사, 2013. 1. 18., 한국학술정보(주))

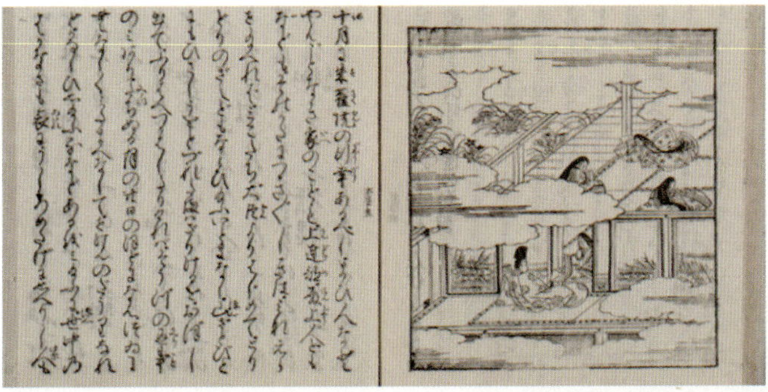

일본 쿄토 우지(宇治)에 있는 무라사키 시키부 상(사진: 전성엽)

위와 같이, 헤이안시대(平安時代)(8c-12c) 후기부터, 한자와 가나 문자를 섞어서 일본어를 표기하게 된 '가나한자혼합문'은 이후에도 오랜 세월동안 사용되어 정착해 나가게 된다. 특히, 한자와 카타카나 혼합문장은 근대에 와서도 공식문서 등에 사용되는 등, 20세기 초(태평양 전쟁 전) 만 하더라도 카타카나가 우선시 되어, 학교에서도 먼저 가르치고, 전보 등에도 카타카나를 사용하였다.

그러나, 전후(戦後)에, 새로운 표기법이 제정되면서, 명사 등은 한자로, 조사 등은 히라가나를 사용해 표기하고, 카타카나는 외래어나 의성어/의태어에 사용하는 오늘날의 표기법이 정착하게 되었다.

〈가나-한자 혼합문의 예〉

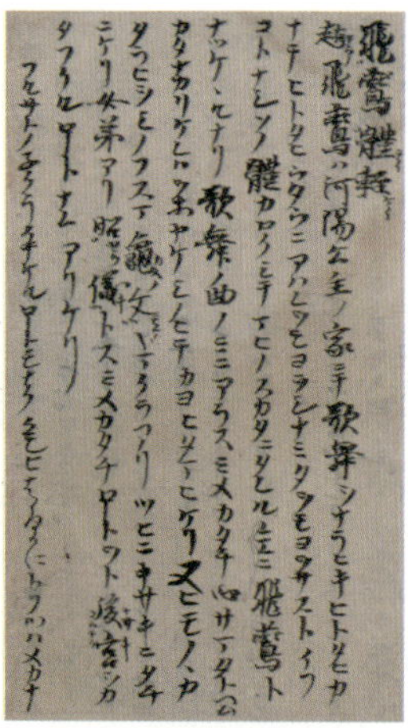

13c初 한자-카타카나
(『蒙求和歌』)

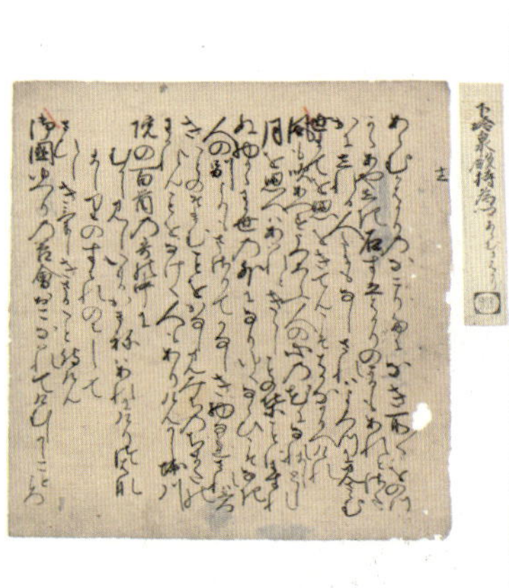

14c의 한자-히라가나
(『徒然草』)

〈17c말–18c초의 마츠오바쇼의 기행문 오쿠노호소미치〉

(일본문학사, 2013. 1. 18., 한국학술정보(주))

〈명치기의 한자-카타카나 혼합문의 예〉

北海道産物積載ノ船舶、其問屋ニ物品ヲ売捌キ、其物品ハ九州又ハ瀬戸内、大坂ヨリ下ノ関ニ至ル内海ヲ云。四国等ノ商船ニシテ、是ヲ其問屋ヨリ買取リ輸出ス。故ニ売買ハ双方問屋ニ於テ価ヲ定メ直ニ請渡ヲ為セハ、代価ノ差ヲ生ズベキ理ナシ。尤石炭油ノ如キハ其営　業者之ヲ買取卸売、小売等ニシテ輸出スル者ナレハ、輸出居ノ代価ニ幾分ノ差ヲ生セリ。

『西南諸港報告書』(明治15년(1882))

〈명치기의 한자-히라가나 혼합문의 예〉

釜山は韓国南端の貿易港にして、古來対馬国主宗氏と通商せし処、港灣広潤、四季波穏にして、大船巨舶の繋泊するもの多く、陸には目下工事中の京釜鉄道あり。市街は全く日本人組織にして人口七千余、我領事館始め諸官衙、銀行、会社、学校、病院、新聞社、水道、電信、電話等百般の設備整はざるはなく、内地の市街と毫も異なるなし。

『大阪商船株式会社航路案内』(明治36年(1903))

〈오늘날의 표기의 예〉

〈한자+히라가나+카타카나+아라비아 숫자+기호〉

西洋語が日本に本格的に入ってきたのは明治維新以降である。各分野それぞれにおいてドイツ、イギリス、アメリカの3国を中心に、次いでフランスからの技術輸入が多かったため、例えば、鉄道用語はイギリス英語、医学用語はドイツ語、芸術用語はフランス語起源のものが多く使われている。

〈위 일반적인 표기를 한자를 사용하지 않고 표기하면...〉

せいようごがにほんにほんかくてきにはいってきたのはめいじいしんいこうである。かくぶんやそれぞれにおいてドイツ、イギリス、アメリカの3こくをちゅうしんに、つづいてフランスからのぎじゅつゆにゅうがおおかったため、たとえば、てつどうようごはイギリスえいご、いがくようごはドイツご、げいじゅつようごはフランスごきげんのものがおおくつかわれている。

3) 일본어 표기의 '부호'에 대하여

일본어에서 사용하는 부호에는 다음과 같은 것들이 있다.

<부호> <읽기> <사용하는 곳>

① 。 まる 句点(くてん) → 문장이 완전히 끝난 곳에 사용.

② 、 てん 読点(とうてん) → 문장의 중간에 끊어 읽을 필요가 있을 때 사용.

③ ゛ だくてん(濁点) → 일본어 탁음 표기에 사용.
문자의 오른 쪽 어깨 위치에 표기.

④ ° 半濁音符号(はんだくおんふごう)
→ 일본어 반탁음 표기에 사용.
문자의 오른쪽 어깨 위치에 표기.

⑤ ー 長音符号(ちょうおんふごう)
→ 외래어의 장음을 표기할 때 사용.

⑥ 々 同の字点(どうのじてん) or ノマ点
→ 같은 한자 1자를 반복하여 사용할 때.

⑦ ・ なかてん → 주로 명사 등을 병렬하여 열거할 때 사용.

⑧ ( ) かっこ → 한자 등의 읽는 방법의 표기, 출전의 표기, 보충설명 등에 사용.

⑨ 「 」かぎかっこ → 회화나 어구 등을 인용할 때나, 특히 주의를 환기하거나 강조하고 싶은 어구, 표현 등에 사용.

⑩ 『 』にじゅうかぎかっこ → 「 」안에서 또 어구를 인용할 때, 혹은 단행본(책) 인 것을 나타낼 때 사용.

일본어에서의 온점(마침표), 반점(쉼표) 부호는, '。'와 '、'로 표기하는 것이 일반적이긴 하나, 요즈음은 컴퓨터의 영향으로, '。' '、'를 '.'와 ','로도 많이 사용하고 있다.

교토 'けいぶん社'서점 (사진: 전성엽)

제2장 ▌ 학교문법의 탄생

중세의 문학작품을 통해서, 옛 일본사람들의 '방언'에 대한 의식과, 부정형과 명령형 등의 존재도 확인할 수 있고, 하나의 문장에서도 몸통에 해당한다고 볼 수 있는 '体言'(체언) 과 움직임을 나타내는 '동사', 모습이나 성질 등을 나타내는 '형용사'의 '용언'에 대한 의식도 있음을 알았다. 그리고 그 체언과 용언을 관계지어주는 'てにをは'(대표적인 조사를 이렇게 부름), 즉, '조사'에 대한 의식도, 주로 시와 노래를 짓는 과정에서 옛 사람들은 이미 의식하고 있었음을 엿볼 수 있었다.

'てにをは'를 비롯한 조사에 대한 의식은, 무로마치시대(14c-16c)가 되면, 확연하게 드러나, 다음과 같은 표현을 통해서도 당시의 조사에 대한 의식이 상당했음을 짐작할 수 있다.

「京へ筑紫に坂東さ」(きょう <u>へ</u> つくし <u>に</u> ばんどう <u>さ</u>)

이 표현은, '교토'지방에서는 'へ'조사를 쓰고, '규슈'지방에서는 'に'조사를, 그리고 '관동(도쿄)지방에서는 'さ'조사를 많이 쓴다는 의미이다.

이외에도 무로마치시대에는 이미 '활용'에 대한 연구와 단어의 분류, 즉 '품사'에 관한 연구도 확인된다.

일본어 문법은, 명치시대이후, 특히 1930년대 이후가 되면 서양문법, 즉 영문법이 본격적으로 유입되고, 영문법의 영향으로 이 시기에는 품사론에 대한 연구가 활발해 진다. 또한, 언문일치(言文一致) 운동이 일어나면서, 명치유신(1868년) 이전의 문어(文語) 문법과 명치유신 이후의 구어(口語) 문법을 구분하는 문법연구도 시작된다. 그러면서 1940년대 이후가 되면, '토오호쿠대학(東北大学) 국어학 연구실'의 교수였던 山田孝雄(やまだ よしお)에 의한 조사 'は'의 연구와 일본어의 문(文) 은 어떻게 성립하는가의 '文成立論(문성립론)에 관한 연구들이 대세를 이루고, 후학들의 일본어문법연구에 영향을 미치게 되면서, 오늘날에 이르게 된다.

여기서, 현재의 일본어문법연구의 뿌리가 되는, 대표적인 문법학자 3명을 소개하고, 또 오늘날 일본 학생들이 학교에서 배우는 일본어문법(일본 사람들에게는 국어문법) 인 '학교문법'에 대해서도 간략하게 소개하기로 한다.

1. 「山田孝雄」(やまだ よしお)의 문법

山田孝雄(1873-1958)

山田孝雄(1873-1958, 야마다 요시오)의 문법연구는, 젊었을 시절, 국어교사를 하면서 한 학생이 질문한 조사 'は'의 쓰임에 대한 질문, 즉 '선생님, 조사 'は'중에는 주어의 쓰임이 아닌 것도 있는 것 같은데, 어떻습니까?'에 대하여 제대로 설명해주지 못 한 것에서 시작되었다는 이야기는 유명한 일화이다. 야마다의 문법연구는 '조사' 연구가, 문(文)에 대한 연구와 함께 중심적인 연구가 되며, '조사'를 하나의 단어로 인정하는 주장을 하게 된다.

야마다의 문법연구는 영문법, 독일어문법도 반영하면서, 상당히 큰 스케일로 일본어문법의 체계를 다룬 것이 특징이라고 말할 수 있다. 주요저서로는『日本文法論』(일본문법론,1908년),『日本文法学概論』(일본문법학개론,1936년) 등이 있으며, 특히, 야마다는 '조동사'를, '독립적으로 사상을 나타내지 못하는 단어'라고 하여, 단어로 인정하지 않았다. 야마다는 조동사는 동사 등 용언의 일부라고 주장하며, 이름을 '복어미'(複語尾)라고 하였다. 이것은 '조사'는 독립적으로 사상을 나타내지 못하는 단어임에도 불구하고 야마다가 하나의 '단어'로 인정한 것과는 모순되는 내용이라고 할 수 있다.

문(文)(야마다의 용어로는 '句'(구)에 대해서는, 사상의 통합작용인 '통각작용'(統覚作用) 과 '진술'(陳述)라는 개념을 사용해 문을 정의한다.

2. 「橋本進吉」(はしもと しんきち)의 문법

橋本進吉(1882-1945)

橋本進吉(1882-1945, 하시모토 신키치) 문법의 가장 큰 특징은, 언어를 형식적인 면의 특징을 중요시한 점이라고 말할 수 있다. 하시모토는 언어의 단위로 '文'(문), '文節'(문절), '語'(단어)의 3개가 있다고 한다. 예를 들어, 문(文)의 형식적인 특징으로, 하시모토는 다음의 세 가지를 들고 있다.

(1) 문은 음절의 연속이다.
(2) 문의 전후에는 반드시 소리의 마디가 있다.
(3) 문의 끝에는 특별한 음조(音調)가 붙는다.

또, '문을 분해해서 가장 먼저 얻을 수 있는 단위' '문을 직접 구성하는 성분' '문을 자연스럽게 끊어 읽는 단위' 등을 '문절'이라고 하고, '의미를 가지는 최소단위'를 '語'(단어)라고 하였다. 하시모토가 말하는 '문절'은 다음과 같이 나타낼 수 있다.

(4) さくらの / 花が / さいた

하시모토의 문법은, 의미를 지나치게 배제하고 오로지 형식 중심의 이론에 치우쳐, 품사론으로서는 알기 쉽고 훌륭한 설명이라고 할 수 있지만, 언어의 단위가 어떠한 관계를 가지며 문을 이루는가, 하는 문법론에서는 중요한 구문론의 측면에서의 내용은 없는 학설이라고 할 수 있다.

3. 「時枝誠記」(ときえだ もとき)의 문법

時枝誠記(1900-1967)

時枝誠記(1900-1967, 토키에다 모토키) 는, '言語過程說'(언어과정설)에 바탕을 둔 문법이론을 만들었다. '언어과정설'이란, 언어의 본질은 문장에서 구성된 실체로서의 말에 있는 것이 아니라, '말하기, 쓰기, 듣기, 읽기'등의 언어활동 그 자체에 있다고 하는 학설이다.

문에는, 개념과정을 거친 '객체적 표현'인 '詞'와, 개념과정을 거치지 않은 '주체적 표현'인 '辞'의 크게 두 종류가 있다고 주장한다. 예를 들면, 다음과 같이 나타낼 수 있다.

(5) 桜　の　花　が　咲い　た
　　詞　辞　詞　辞　詞　辞

토키에다문법에서는 이러한 문의 구조를 다음과 같은 그림으로 설명하고 있다.

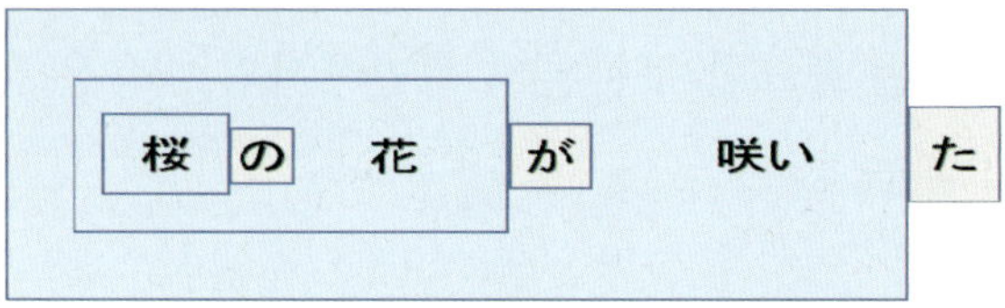

〈그림 1〉

토키에다문법의 두 종류의 개념인 '詞' '辞'는, 예를 들면, 'な형용사' 'きれいだ'를 'きれい(詞) ＋だ(辞)와 같이 분리할 수밖에 없는 등의 문제점도 있으나, 일본어 문의 2대구분인 '詞' '辞'의 문제를 단순한 형태로 제시하여, 일본어문법론의 한 축을 이룬 '陳述'논쟁을 일으킴과 동시에, 20세기 후반의 일본어문법이론에까지 그 영향을 미친 것은 주목할 만하다고 하겠다.

4. 학교문법

일본어문법에서 말하는 '학교문법'(school grammar) 이란, 일본의 초등학교, 중학교, 고등학교에서 이루어지는 문법교육을 말한다. 일본학생들이 배우는 문어(文語) 문법은 헤이안시대(平安時代)의

가나(仮名) 문학작품에서 사용된 옛 일본어의 문법이 대상이고, 구어문법에서는 소위 '표준어'의 문법이 교육의 대상이다. 일본어의 문법교육의 시작은 대략 1890년 이후로 알려져 있으나, 메이지초기의 언문일치운동이 일반사회에 침투된 이후인 1930년 이후에, 중학교 1학년에게 구어문법을, 3학년에게 문어문법을 교육하는 시행령이 시행되면서 본격적인 문법교육이 시작된 것으로 알려져 있다. 구어문법 교육이 독립적으로 시작된 바로 이 시점에, 橋本進吉(하시모토 신키치)의 형식중심의 문법학설이 학교문법에 채택이 된다. 일본은 1948년에 '교과서 검정제'를 도입하지만, 이때도 하시모토의 문법학설이 학교문법의 주류가 된다.

일본의 '학교문법'의 품사분류는 다음과 같다.

(6) 일본 학교문법의 품사분류(10품사)

- 동사 (동작, 작용, 존재를 나타낸다. 'う단'으로 끝난다.)
- 형용사 (성질, 상태를 나타낸다. 'い'로 끝난다.)
- 형용동사 (성질, 상태를 나타낸다. 'だ'로 끝난다.)
- 명사 (주어가 된다. 사물을 나타낸다.)
- 부사 (수식어가 된다. 용언을 수식한다.)
- 연체사 (수식어가 된다. 체언을 수식한다.)
- 접속사 (접속어가 된다.)
- 감동사 (독립어이다.)
- 조동사 (부속어이다. 활용을 한다.)
- 조사 (부속어이다. 활용을 하지 않는다.)

이 중, 조동사는 의미에 따라, 다음과 같이 분류된다.

(7) 조동사의 분류

- 사역 せる させる
- 수동, 가능, 자발 れる られる
- 정중 ます です
- 희망 たい たがる
- 부정 ない ぬ(ん)
- 과거, 완료 た
- 양태, 전문 そうだ
- 추정, 비유 ようだ
- 추정 らしい
- 의지, 추측 う よう
- 추측 だろう
- 부정의지, 추측 まい
- 단정 だ

(8) 조사의 분류

- 격조사 が の に を へ と で より から や
- 접속조사 ば と から ので のに けれども ても が ながら し たり
- 부조사(取り立て助詞) くらい ほど ばかり だけ きり しか こそ は も でも だって など まで さえ ずつ か やら の なり

• 종조사　　な　ね　さ　よ　の　わ　や　ぞ　とも　もの　ものか　か　かしら

일본의 학교문법의 문제점은, 하시모토문법에 그 뿌리를 두고 있다는 점일 것이다. 품사론 중심의 학교문법은, 'ようだ' 'らしい' 'そうだ'가 조동사인 것을 알려 줄 뿐, 이들이 어떠한 기능과 역할을 하며, 그 쓰임에 어떠한 차이가 있는지를 가르쳐 주는 일에 비중을 두고 있다고 말하기는 어렵기 때문이다.

일본어문법을 공부하는 외국인의 입장에서는, '일본어교육'의 관점에서, 일본어문법을 연구하고 이를 체계적으로 설명하려고 한, 寺村秀夫(1928-1990)(테라무라 히데오)(대표저서 『日本語のシンタクスと意味』 I, II, III 전 3권, 1982, 1984, 1991년)의 문법론은 주목할 만한 문법학설이다.(1)

『日本語のシンタクスと意味 I, II, III』

---

(1) 寺村秀夫는 필자의 첫 번째 지도교수였다. 처음 만났을 때 이미 한 차례 심장수술을 한 뒤였다. 그는 늘 여분의 인생을 살고 있다고 했고, 그 시간의 대부분을 저서 『日本語のシンタクスと意味』의 집필에 사용했다. 모두 완성되면 6권이 될 저서가 3권 째의 마지막 부분도 메모형태의 미완성인 채, 심장병이 재발하여 세상을 떠났다. 그와 많은 이야기를 나눌 수 있었던 곳은, 연구실이 아니라, 그가 약을 받기 위해 자주 갔던 대학병원의 약국 앞이었다. 그가 세상을 떠나기 1년 전 쯤에, 센다이(仙台)에서 만난 것이 그와의 마지막 만남이었다.

교토 우지(宇治)의 '平等院'(사진: 전성엽)

제3장 ┃ 일본어 조사의 세계

일상생활의 대화에서 일본어 조사는, 「ご飯(を) 、食べたの? (밥(을), 먹었어?)」처럼, 한국어와 마찬가지로 생략이 되는 경우가 많지만, 보통 단어와 단어 사이에 들어가거나, 혹은 문장의 끝에 붙어서, 그 단어의 관계를 명확하게 하거나, 보조적인 의미를 더하는 역할을 한다.

다음의 예문에서 조사를 찾아 표시해 보자. (정답은 다음 페이지)

(1) 山田がラーメンを食べている。

(2) 象は鼻が長いよ。

(3) どこに住んでいるの?

(4) 母と私は、デパートで買い物をした。

(5) ソウルから日本へ行くの?

(6) 1時間もかからないから、いいよね。

(7) 日本語だけで買い物ができるかしら?

(1) 山田がラーメンを食べている。

(2) 象は体が大きいよ。

(3) どこに住んでいるの?

(4) 母と私は、デパートで買い物をした。

(5) ソウルから日本へ行くの?

(6) 1時間もかからないから、いいよね。

(7) 日本語だけで買い物ができるかしら?

위 예문에서 알 수 있듯이, 조사는 명사나 대명사 등 체언(자립어), 동사나 형용사 등의 용언에 붙어 자립어와 자립어사이의 관계를 나타내거나 보조적인 의미를 더하는 역할을 한다. 「象は鼻が長いよ」(코끼리는 코가 길어.) 를 예로 설명하면 다음과 같다.

象	は	鼻	が	長い	よ。
자립어	부속어	자립어	부속어	자립어	부속어

「**は**」: 주제(=topic)(코끼리는.../코끼리에 대해서 말하면...)

「**が**」: 주격조사('코'와 '길다'의 관계가 주어-술어의 관계임을 나타냄)

「**よ**」: 종조사(「よ」는 화자의 생각을 상대에게 전달, 주장함)

〈일본어 조사의 특징〉

1) 혼자 쓰이지 않는다(=자립어에 붙어 쓰이는 부속어 이다).

2) 활용을 하지 않는다(=형태의 변화가 없다).

3) 명사나 대명사, 그리고 용언에 붙어 보조적인 의미를 더하거나, 자립어와 자립어 사이의 관계를 나타낸다.

〈일본어 조사의 종류〉

1) 격조사-주로 체언(명사나 대명사)에 붙어, 술어와의 관계를 나타낸다.

が、を、の、に、へ、で、と、や、より、から 등

2) 접속조사-주로 용언에 붙어서, 하나의 문장 안에서, 그 접속조사의 앞부분과 뒷부분을 연결하는 역할을 한다.

て、し、から、ので、と、ば、が、けれども、のに、ても、ながら、たり 등

3) 부조사(副助詞) 혹은 取り立て助詞[1]-보조적인 의미나, 경우에 따라서는 화자가 특별히 강조하고자 하는 의미를 더하는 역할을 한다.

は、も、くらい(ぐらい) 、だけ、しか、まで、ばかり、など、か、でも、ほど、こそ、さえ 등

4) 종조사(終助詞) -문장의 끝에 붙어, 보조적인 의미나 화자의 생각, 태도, 기분 등을 나타낸다.

ね、よ、な、ぞ、の、さ、わ、か、かしら 등

그럼, 본 장에서는, 격조사부터 종조사 까지, 주요 조사의 기본적인 쓰임과 함께, 필요에 따라서는 쓰임을 혼동하기 쉬운 조사의 의미용법의 차이를 비교하여 설명하는 방식으로, 먼저, 일본어의 주요 격조사와, 접속조사, 부조사의 쓰임을, 그리고 종조사의 쓰임을 살펴보도록 하자.

---

(1) 取り立て助詞(とりたてじょし) : 토리타테 조사. 특별히 의미를 두드러지게 하는 조사.

1. 「が」와 「は」

1) 「が」

일본어 「が」조사는, 크게 다음과 같은 두 가지의 용법으로 사용된다. 그 하나는, 아래의 예문(1) 과 같이, 「が」가, 술어가 나타내는 동작이나 행동, 그러한 상황(내용)의 '주체'인 것을 나타내는 것이고, 또 다른 하나는, 아래 (2)처럼 술어가 나타내는 '대상'임을 「が」로 표시하는 쓰임이다.

(1) キリンは首が長いです。(기린은 목이 깁니다.)
  (조사 「が」가, '길다'의 주체가 '(기린의) 목'임을 나타내고 있음)
(2) 私はコーヒーがすきです。(저는 커피를 좋아합니다.)
  (조사 「が」가, '좋아하다'의 대상이 '커피'임을 나타내고 있음)

다음의 예는, 위(1) 과 같이, 「が」가, 술어가 나타내는 동작이나 행동, 그러한 상황 (내용)의 주체임을 나타내고 있다.

(3) きょうは天気がいいです。(오늘은 날씨가 좋습니다)
  (날씨(주체) -が-좋다(술어)
(4) 山田さんは背が高いです。(야마다씨는 키가 큽니다)
  ((야마다의) 키(주체) -が-크다(술어)
(5) 山田さんがロビーにいます。(야마다씨가 로비에 있습니다)
  (야마다(주체) -が-있다(술어)

(6) 大きな桜の木があります。(큰 벚꽃나무가 있습니다)

(벚나무(주체) -が-있다(술어)

(7) 人が歩いています。(사람이 걷고 있습니다)

(사람(주체) -が-걷는다(술어)

(8) 台風で木が倒れました。(태풍으로 나무가 쓰러져있습니다)

(나무(주체) -が-쓰러지다(술어)

(9) 車がすごいスピードで走っています。(자동차가 엄청난 스피드로 달리고 있습니다)

(차(주체) -が-달리다(술어)

이에 비해, 다음 예는, 조사「が」가 위의 예문 (2)처럼, 술어가 나타내는 대상을 표시하고 있는 경우이다.

(10) 私は日本語ができます。(저는 일본어를 할 수 있습니다)

(일본어(대상) -が-할 수 있다(술어)

(11) 私は新しいパソコンがほしいです。

(저는 새 컴퓨터를 갖고 싶습니다)

(컴퓨터(대상) -が-갖고 싶다(술어)

(12) ここから海が見えます。(여기에서 바다가 보입니다)

(바다(대상) -が-보인다(술어)

(13) 波の音が聞こえます。(파도 소리가 들립니다)

(파도소리(대상) -が-들린다(술어)

(14) 私はコーヒーがあまりすきじゃありません。

(저는 커피를 그다지 좋아하지 않습니다)

(커피(대상) -が-좋아하지 않는다(술어)

2) 「は」

일본어 「は」조사는, 일반적으로, 다음과 같은 두 가지 용법으로 쓰인다. 즉, 예문(1),(3) 과 같은 주제(主題), topic의 의미를 나타내는 경우와, 예문(15),(16) 와 같이 대비(対比)의 의미를 나타내는 경우가 그것이다. 예문(1)의 경우, 술어 '길다'의 주 어는, '기린'이 아니라, '목'이고, '길다'의 주체가 '목'인 관계를 주격조 사 「が」가 잘 나타내고 있다. 예문(3) 도, 술어 '좋다'의 주어는 '오늘'이 아니라 '날씨'이고, 그러한 관계를 주격조사 「が」가 나타내고 있는 것이다. 여기에서의 'キリンは', 'きょうは'의 'は'는, '기린/날씨에 대하여 말하면', '기린/날씨를 주 제로 이야기하면'과 같은 의미를 담당하고 있다고 설명할 수 있다.

이에 비해 예문(15), (16)의 「は」는, 각각 '일본어'와 '영어', '이름을 아는 것' 과 '만난 적의 여부'을 대비시켜 말하고 있는 용법이다.

(1) キリンは首が長いです。(기린은 목이 깁니다.)

(3) きょうは天気がいいです。(오늘은 날씨가 좋습니다)

(15) 日本語は話せますが、英語はできません。

(일본어는 말할 수 있습니다만, 영어는 못합니다.)

(16) 名前は知っていますが、会ったことはありません。

(이름은 알고 있습니다만, 만난 적은 없습니다.)

이러한 주격조사로서의 「が」와, 대비의 의미를 나타내는 「は」의 쓰임은, 다음과 같은 예문을 보면 좀 더 쉽게 알 수 있다.

(17) 昔々、お爺さんとお婆さんがありました。おじいさんは山へ芝刈りに行き、おばあさんは川へ洗濯に行きました。

(옛날 옛날에, 할아버지와 할머니**가** 있었습니다. 할아버지**는** 산에 나무하러 가고, 할머니**는** 강에 빨래하러 갔습니다.)

다만, 조사 「は」도, 다음과 같이, 기본적으로는 대비의 의미를 가지고 있지만, 조사 「が」와 바꾸어 쓸 수 있어 주격조사의 역할을 할 수 있는 경우와, 그렇지 않은 경우가 있다.

(18) 子どもは外で遊んでいます。→○子どもが外で遊んでいます。

＜○子ども―が―遊ぶ＞

(19) 食べものはここで食べてください。→×食べものがここで食べてください。＜×食べもの―が―食べる＞

<まとめ(정리)>

「が」―주격조사(술어의 주어인 관계를 나타내는 조사), 대상격조사(술어가 나타내는 대상을 표시하는 역할)

「は」ー(주격조사의 역할), 主題、topic, 対比 의 取り立て助詞(특별한 의미를 더하거나 강조하는 조사)

が	주격조사의 쓰임	首が長いです。 (목이 깁니다.)
	대상을 표시	コーヒーがすきです。 (커피를 좋아합니다.)
は	주제	今日は天気がいいです。 (오늘은 날씨가 좋습니다.)
	대조	日本語はできますが、英語はできません。 (일본어는 합니다만, 영어는 못합니다.)

2. 「に」와 「へ」

1) 「へ」

일본어 「へ」조사는, 주로 다음과 같은 용법으로 쓰인다.

(1) ドローンが山のほうへ飛んでいった。(드론이 산 쪽으로 날아갔다.)

(2) 7人の家族は南へ歩いていった。

(7명의 가족은 남쪽으로 걸어갔다.)

즉, 조사 「へ」는, 기본적으로 '방향'의 의미를 나타내는 것이라고 말할 수 있다.

또,「へ」는, 다음과 같이 '도달지점', '목적지'의 의미로도 쓰인다.

(3) きのう、大学へ行きました。(어제 학교(대학)에 갔습니다.)

(4) 早く、国へ帰りたいです。(빨리, 고향에 돌아가고 싶습니다.)

위와 같은 경우, 조사「へ」를「に」로 바꾸어 사용해도 상관없다. 그러나 위의 예 문(1),(2) 는 조사「へ」를「に」로 바꾸어 사용하면 부자연스럽다.

(5) ??ドローンが山のほうに飛んでいった。(→「へ」)

(6) ??7人の家族は南に歩いていった。(→「へ」)

(7) きのう、大学に行きました。(=「へ」)

(8) 早く、国に帰りたいです。(=「へ」)

이렇게 보면, 기본적으로, 조사「へ」는 '방향/도달지점'의 양쪽의 의미로 사용될 수 있지만, 조사「に」는 '방향'의 의미가 아니라, 주로 '도달지점'이나 '목적지'의 의미로 사용됨을 알 수 있다. 이러한 내용은 다음의 예문을 보면, 보다 명확하게 알 수 있다.

(9) ×社長はいすへ座りました。 (→「に」)

(10) ×今年の3月に韓国へ着きました。 (→「に」)

(11) ×あした、午後3時に、映画館の前へ集まってください。(→「に」)

(12) ×ドアへお知らせが貼ってあります。 (→「に」)

위의 예문의 경우, 조사 「へ」는 사용할 수 없다. 왜냐하면, 같이 쓰인 일본어 동사 「座る(앉다)」, 「着く(도착하다)」, 「集まる(모이다)」, 「貼る((풀로) 붙이다)」등이 '방향'과 관련이 있는 의미가 아니라, 모두 '도달지점'의 의미를 나타내는 동사이기 때문이다. 이 경우에는 조사 「に」를 사용해야 한다. 특히 일본어 동사 중, 「行く」 「来る」 「帰る」 「戻る」등은, 기본적으로 조사 「へ」와 「に」를 모두 사용 해도 되나, 조사 「へ」와 함께 사용되는 빈도수가 훨씬 높다. 조사 「へ」와 「に」는 동사에 따라 같이 사용되기도 하고, 또 구분하여 사용해야 하는 경우도 있어 주의가 필요하다.

※「へ」ー行く、来る、帰る、戻る、飛ぶ、進む、向かう

※「に」ー行く、来る、帰る、戻る、着く、集まる、入る、座る、乗る、貼る、置く、住む、泊まる、触る

(이외에 母に似ている、本を家に忘れる、日本の生活に慣れる、雨にぬれる 등도 「に」를 사용)

2) 「に」

일본어 「に」조사는, 다음 예문과 같이, 주로 '장소'의 의미로 자주 사용된다.

(1) 私の大学は金海にあります。(저의 대학은 김해에 있습니다.)

(2)トイレに子どもがいます。(화장실에 아이가 있습니다.)

(3) 机の上に辞書があります。(책상 위에 사전이 있습니다.)

(4) きのう、図書館に行きました。(어제, 도서관에 갔습니다.)

(5) 金海にデパートができました。(김해에 백화점이 생겼습니다.)

(6) 私は釜山に住んでいます。(저는 부산에 살고 있습니다.)

(7) 田中さんは金海のホテルに泊まっています。

(다나카씨는 김해의 호텔에 묵고 있습니다.)

위 예문(1),(2),(3) 은 각각 대학, 아이, 사전이 존재/위치하는 장소가 김해/화장실/책상 위인 것을 조사 「に」가 나타내고 있다. 예문(4),(5),(6),(7) 은 각각, 간 장소/백화점이 생긴 장소/살고 있는 장소/숙박하고 있는 장소가, 도서관/김해/부산/김해의 호텔임을 조사「に」가 나타내고 있는 것이다.

한편, 다음의「に」조사의 용법은, 위의 경우와는 다르다.

(8) 授業中にコーヒーを飲んではいけませんが、休み時間にはかまいません。(수업 중에 커피를 마셔서는 안 됩니다만, 쉬는 시간에는 상관없습니다.)

(9) デパートに、買い物に行きました。(백화점에, 쇼핑하러 갔습니다.)

(10) 日曜日に、図書館に行きました。(일요일에, 도서관에 갔습니다.)

(11) これは料理に使います。(이것은 요리에 사용합니다.)

(12) 明日は桜を見に行きます。(내일은 벚꽃을 보러 갑니다.)

(13) 先生になるつもりです。(선생님이 될 생각입니다.)

(14) 来年、20歳になります。(내년에 스무 살이 됩니다.)

예문(8) 은 2개의 「に」모두 '때'를 나타내며, 예문(9) 는 앞은 '장소'를, 뒤쪽은 '목적'을 나타내며, 예문(10) 은 앞은 '때', 뒤쪽은 '장소'의 용법으로 사용된 것이다. 그리고 예문(11),(12) 는 모두 '목적'의 의미로 사용된 「に」이며, 예문(13),(14)의 「に」는 '대상'혹은 '변화의 결과'를 나타내는 것이라고 설명할 수 있다.

※ '때'를 나타내는 단어 중에서, 다음에는 「に」를 붙이지 않는다.

① おととい、きのう、きょう、あした、あさって

② ゆうべ、けさ、今晩

③ 先週、今週、来週 / 先月、今月、来月/ 去年、今年、来年

④ 毎日、毎週、毎月、毎年

⑤ 将来

<まとめ>

「へ」－방향, 도달지점을 나타내는 조사.

「に」－장소, 때, 목적, 대상 or 변화의 결과 등의 의미로 사용되는 조사.

<table>
<tr><td rowspan="2">へ</td><td>방향</td><td>鳥は森の方へ飛んでいった。
(새는 숲으로 날아갔다.)</td></tr>
<tr><td>도달지점</td><td>来週日本へ行く予定です。
(다음 주 일본에 갈 예정입니다.)</td></tr>
<tr><td rowspan="4">に</td><td>장소</td><td>先週京都に行きました。
(지난 주 교토에 갔습니다.)</td></tr>
<tr><td>때</td><td>授業中にコーヒーを飲んではいけません。
(수업 중에 커피를 마시면 안됩니다.)</td></tr>
<tr><td>목적</td><td>旅行に行きたいです。
(여행을 가고 싶습니다.)</td></tr>
<tr><td>변화의 결과</td><td>彼、先生になったの?
(그 사람, 선생님이 되었어?)</td></tr>
</table>

3. 「で」

1) 「で」의 다양한 쓰임

조사 「で」는, 위에서 살펴 본 조사 「に」보다 더 다양한 의미로 사용되는 조사라고 말할 수 있다. '장소', '수단/방법', '재료', '원인', '단체', '범위', 그리고 '수(수적 상태) 등의 의미로 사용된다. 다음의 예문을 보자.

(1) 金海のホテルで働いています。(김해의 호텔에서 일하고 있습니다.)
(2) 図書館でDVDを借りました。(도서관에서 DVD를 빌렸습니다.)
(3) 映画館でワールドカップのサッカーを見ました。(영화관에서 월드컵 축구를 보았습니다.)
(4) デパートで買いものをしました。(백화점에서 쇼핑을 했습니다.)

위 예문의 「で」는, 각각 (1) '일하는 장소'가 '김해의 호텔', (2) 'DVD를 빌린 장소'가 '도서관', (3) '월드컵축구를 본 장소'가 '영화관', (4) '쇼핑을 한 장소'가 '백화점'인 것을 조사 「で」로 나타내고 있다. 다시 말하면, 장소를 나타내는 명사에 조사 「で」를 붙여, '일하다/ 빌리다/ 보다/ 쇼핑하다'등의 '동작을 하는'곳임을 나타내고 있는 것이다.

또, 다음 예문에서는 조사 「で」가, '수단/방법/재료'의 의미로 사용되고 있음을 알 수 있다.

(5) ボールペンで書いてください。(볼펜으로 써주세요.)

(6) せっけんで洗います。(비누로 씻습니다.)

(7) バスで行きます。(버스로 갑니다.)

(8) これは紙で作ったバラです。(이것은 종이로 만든 장미입니다.)

그리고 아래 예문 (9)에서는 '원인'의 용법으로, 예문(10) 은 '범위'의 의미로 사용되고 있고, 예문(11),(12),(13) 은 수를 나타내는 단어의 뒤에 붙어 '수적 상태' 를 나타내고 있는 용법이다.

(9) 台風で、飛行機が遅れました。(태풍으로 비행기가 늦었습니다.)

(10) 日本で、一番高い山は富士山です。

(일본에서, 제일 높은 산은 후지산입니다.)

(11) 日本には一人で行きました。(일본에는 혼자서 갔습니다.)

(12) 金海から福岡までは1時間で行けます。

(김해에서 후쿠오카까지는 1시간에 갈 수 있습니다.)

(13) 新しいスマホを10万ウォンで買いました。

(새 스마트폰을 10만원에 샀습니다.)

그리고 다음 예문(14),(15),(16),(17)의 조사 「で」는 '단체/주체'의 용법으로 사용 된 것이다.

(14) 大学で旅行に行きました。(학교에서 여행을 갔습니다.)

(15) 警察で調べています。(경찰에서 조사하고 있습니다.)

(16) 食事代は会社で払ってくれます。

(식사비는 회사에서 내 줍니다.)

(17) 自分でできることは自分でしなさい。

(스스로 할 수 있는 일은 스스로 하세요.)

2) 「で」와 「に」의 쓰임의 차이

한편, 한국어를 모국어로 하는 초급단계의 일본어학습자들이, 이 중, '장소'의 의미로 쓰이는 「で」의 용법을, 종종 조사 「に」와 혼동하는 경우가 있다. 두 조사의 쓰임을 비교하여 제시한 다음의 예문을 보자.

(2) 図書館でDVDを借りました。(도서관**에서** DVD를 빌렸습니다.)

(18) 書館に行きました。(도서관**에** 갔습니다.)

(4) デパートで買いものをしました。(백화점**에서** 쇼핑을 했습니다.)

(19) デパートに行きました。(백화점**에** 갔습니다.)

(20) 映画館で映画を見ました。(영화관**에서** 영화를 보았습니다.)

(21) 映画館に行きました。(영화관**에** 갔습니다.)

위 예문들을 보면, 기본적으로 「で」는, DVD를 빌리다/쇼핑을 하다/영화를 보다, 등의 어떠한 '동작을 하는' 장소(~에서) 를 나타내고, 「に」는 어떤 장소에의 '도달지점'(~에) 을 나타내고 있음을 알 수

있다. 다음과 같은 예를 보면, 그 쓰임의 차이를 보다 명확히 알 수 있다.

(22) A道路に空き缶を捨てた。(도로**에** 빈 깡통을 버렸다.)
B道路で空き缶を捨てた。(도로**에서** 빈 깡통을 버렸다.)
(23) A屋根の上に石を投げた。(지붕 위**에** 돌을 던졌다.)
B屋根の上で石を投げた。(지붕 위**에서** 돌을 던졌다.)

위 (22) 예문에서의 조사 に와 で의 의미차이를 생각해 보자. (22) A는, 빈 깡통을 '도로에' 버렸다, 이므로 깡통을 버린 장소, 즉 깡통이 위치하는 곳이 '도로' 라는 의미가 된다. 반면, (22) B는, '도로에서' 버린 것으로, 깡통의 위치가 도로일수도 있지만, 도로가 아닌, 갓길이나 화단, 풀 숲속일 수도 있다.

또 (23) A는, 지붕의 '위에' 돌을 던진 것으로, 일반적으로 볼 때 돌의 위치가 지붕의 '위'라는 의미가 된다. 그러나 (23) B는, '지붕 위에서' 돌을 던진 것으로, 일반적으로 생각할 때, 던진 돌의 위치는 보통 '지붕 아래'가 된다. 즉 (23) A와 (23) B는, 던진 돌이 날아가는 방향 자체가 반대가 되는 상황으로, 서로 의미가 다르다.

이렇게 보면, 위의 경우의 차이는, 「に」는 '동작의 결과가 위치하는 곳'을 나타내고, 「で」는 '동작을 하는 곳'을 나타내는 것이라고 말할 수 있다.

처음 일본어를 공부할 때, 흔히 하는 고민이나 실수, 즉, 우리가 무

심코 사용하는 한국어, '저 김해에서 살아요'나, '내일 정문 앞에서 모이나요?'의 일본어가, 왜 「×私、金海で住んでいます。」「×あした、正門の前で集まるんですか。」가 아니고 「○私、金海に住んでいます。」「○あした、正門の前に集まるんですか。」이지? 하는 것은, 여러분들이 일본어에 소질이 없어서가 아니라, 한국어의 간섭(interference)에 의한 것이고, 일본어 동사 「住む」와 「集まる」가, 조사 「に」를 요구하는 동사이기 때문이라고 생각하면 이해하기 쉽다.

<まとめ> 「で」의 주요 용법

어떤 동작을 하는 '장소'	デパートで買いものをしました。 (백화점에서 쇼핑을 했습니다.)
수단, 방법	バスで行きます。 (버스로 갑니다.)
원인	台風で、飛行機が遅れました。 (태풍 때문에, 비행기가 늦었습니다.)
범위	日本で、一番高い山は富士山です。 (일본에서 제일 높은 산은 후지산입니다.)
수적상태	金海から福岡までは1時間で行けます。 (김해에서 후쿠오카까지는 1시간에 갈 수 있습니다.)
단체, 주체	大学で旅行に行きました。 (학교에서 여행을 갔습니다.)

4. 「を」

1) 「を」의 다양한 쓰임

조사 「を」는, 다음과 같이 동사의 '대상'이나 얻어지는 '결과물'을 나타내거나, 통과하거나 나오는 '장소', 혹은 '시간' 이나 '방향'등의 의미를 나타내는 조사이다.

(1) 食堂でご飯を食べます。(식당에서 밥을 먹습니다.)

(2) カフェーでコーヒーを飲みます。(카페에서 커피를 마십니다.)

(3) メールを書きます。(메일을 씁니다.)

(4) ケーキを作っている。(케이크를 만들고 있다.)

(5) ご飯を炊いています。(밥을 짓고 있습니다.)

위의 예문에서 조사 「を」는, 동사 「食べる」(먹다) 「飲む」(마시다) 「書く」(쓰다) 「作る」(만들다) 「炊く」((밥을) 짓다)의 '대상'이나 '결과물'을 나타내고 있다.

또, 다음 예문에서의 조사 「を」는, 위의 경우와는 다르게, 동사 「歩く」(걷다) 「飛ぶ」(날다) 「渡る」(건너다) 「通る」(지나가다) 「旅行する」(여행하다)의 '(통과하는) 장소'를 나타내고 있다고 말할 수 있다.

(6) 道路を歩いています。(도로를 걷고 있습니다.)

(7) 空を飛んでいます。(하늘을 날고 있습니다.)

(8) 泳いで川を渡りました。(헤엄쳐서 강을 건넜습니다.)

(9) このバスは西面を通ります。(이 버스는 서면을 지나갑니다.)

(10) 九州を旅行する。(규슈를 여행한다.)

한편, 다음 예문에서의 조사「を」는, 각각의 동사「卒業する」(졸업하다)「出る」(나오다)「降りる」(내리다)「辞める」(그만두다) 등의 의미에서 알 수 있듯이, 모두 '떠나는/나오는 장소'임을 나타내고 있고, 예문(15),(16) 은, 각각 '방향'이 동쪽임을, '시간'이 9시가 지났음을 나타내고 있는 경우라고 설명할 수 있다.

(11) 今年、大学を卒業します。(올해, 대학을 졸업합니다.)

(12) 9時にアパートを出ました。(9시에 집을 나왔습니다.)

(13) デパートの前でバスを降ります。

(백화점 앞에서 버스를 내립니다.)

(14) 会社を辞めるつもりです。(회사를 그만 둘 생각입니다.)

(15) 私の部屋は東を向いています。

(저의 방은 동향입니다(동쪽을 향하고 있습니다).)

(16) もう9時を過ぎています。(벌써 9시를 지나고 있습니다.)

2)「を」와「で」의 쓰임의 차이

한편, 조사「を」는 '장소'의 의미를 나타낼 때, 앞에서 살펴 본 조사「で」의 용법과 비슷한 듯 다른 경우가 있다. 다음의, 예문 (17) 과 (18) 은 어떻게 의미가 다를까?

(17) 川で泳いでいます。(강**에서** 헤엄치고 있습니다.)

(18) 川を泳いでいます。(강**을** 헤엄치고 있습니다.)

앞에서 살펴 본대로, 조사「で」는 '동작을 하는 장소'의 의미를 나타내는 것이었고,「を」는 '통과하는 장소'의 의미를 나타내는 것이었다. 따라서 이 기본적인 의미를 충실하게 해석하면 예문(17)의 경우는 '헤엄치다'는 동작을 하는 장소가 '강(보통 강의 한정된 일부분)이라는 해석, 즉 '강의 일정 부분에서 헤엄치고 있다'는 해석이 가능하고, 예문(18)의 경우는 '통과하는 장소'의 의미에서 '헤엄치다'는 동작을 하는 것이므로, 일반적으로 생각하면 '강을 헤엄쳐서 건너가다'라는 의미가 되는 것이라고 해석할 수 있다.

<まとめ>「を」의 주요 용법

대상, 결과물	ご飯を食べます。/メールを書きます。 (밥을 먹습니다./메일을 씁니다.)
통과하는 '장소'	道路を歩いています。 (도로를 걷고 있습니다.)
떠나는, 나오는 '장소'	バスを降ります。 (버스를 내립니다.)
방향	私の部屋は東を向いています。 (제 방은 동쪽을 향해 있습니다.)
시간	9時を過ぎています。 (9시를 지나고 있습니다.)(9시가 지났습니다.)

5. 「と」

1) 「と」의 다양한 쓰임

조사 「と」는, 둘 이상을 나란히 말하거나, 동작이나 비교의 대상, 상대를 나타내기도 하고, 동작의 내용, 인용을 나타내는 의미로 주로 사용된다. 다음의 예문들을 보자.

(1) 私の家に犬と猫がいます。(우리 집에 개와 고양이가 있습니다.)

(2) ノートとペンを買いました。(노트와 펜을 샀습니다.)

위 예문에서는 조사 「と」를 사용하여, 각각 '개'와 '고양이', 그리고 '노트'와 '펜'을 동등하게 나란히 병렬하여 말한 것이다. 그리고 아래의 예문 (3),(4),(5) 는 각각 「結婚する」(결혼하다) 「一緒に行く」(함께 가다) 「ぶつかる」(부딪히다) 는 동작의 '상대'가, 각각 'A씨', '야마다씨', '트럭'임을 조사 「と」가 나타내고 있다.

(3) Aさんと結婚します。(A씨와 결혼합니다.)

(4) 山田さんといっしょに西面に行きました。

(야마다씨와 함께 서면에 갔습니다.)

(5) タクシーはトラックとぶつかったそうです。

(택시는 트럭과 부딪혔다고 합니다.)

또한 아래 예문(6),(7) 은 각각 「同じだ」(같다), 「違う」(다르다)라고 하는 술어의 비교대상을 조사「と」가 나타내고 있음을 알 수 있다.

한편, 다음의 예문 (8)의「と」는, 술어「降る」((비가) 내리다)의 '모습' 혹은 '내용'을 오노마토페(onomatopée: 의성어·의태어)에 붙어 나타내고 있으며, 예문(9)의 경우는, 조사「と」가 술어「言う」(말하다)의 '인용'의 예를 나타내고 있다.

(6) 私のスマホと同じです。(제 스마트폰과 같습니다.)

(7) 私のものと違います。(저의 것과 다릅니다.)

(8) 雨がざあざあと降っています。(비가 좍좍 많이도 내리고 있습니다.)

(9) ご飯を食べる時に、「いただきます」といいます。

(밥을 먹기 전에「いただきます」라고 말합니다.)

<まとめ>「と」의 주요 용법

병렬	ペンとノートがあります。 (펜과 노트가 있습니다.)
대상, 상대	タクシーとぶつかりました。 (택시와 부딪혔습니다.)
비교의 대상	私のものと違います。 (제 것과 다릅니다.)
모습, 내용	ボールがころころと転がっています。 (공이 데굴데굴 굴러가고 있습니다.)
인용	「はるか」という列車が便利です。 ('하루카' 라는 열차가 편리합니다.)

2) 「と」와 「に」의 쓰임의 차이

조사 「と」가 술어에 동사 「ぶつかる」(부딪히다) 와 같이 쓰일 경우, 위에서 살펴 본 것처럼, 일반적으로는 술어 동작의 '상대'를 나타내며, 이 경우 상대와 서로 '같은 동작'을 하는 것을 의미한다. 즉, 앞의 예문 (5)

(5) タクシーはトラックとぶつかったそうです。
(택시는 트럭과 부딪혔다고 합니다.)

는, '부딪히다'라는 동작을, 택시와 트럭이 서로 '같은 동작'을 하였다는 의미가 되어, 택시도 트럭도 서로 움직이는 상황에서의 '쌍방 과실'이 되는 것이다. 하지만, 이 예문을,

(10) タクシーはトラックにぶつかったそうです。
(택시는 트럭에 부딪혔다고 합니다.)

라고 조사를 「に」로 바꾸면, 움직이지 않는, 주차된 트럭에 택시가 일방적으로 가서 부딪혔다는 의미가 되어 버린다. 따라서 다음 예문들의 경우,

(11) **??**車を運転していて、壁とぶつかりました。
(자동차를 운전하다가 벽과 부딪혔습니다.)
(12) 車を運転していて、壁にぶつかりました。
(자동차를 운전하다가 벽에 부딪혔습니다.)

예문 (11) 은 부딪힌 상대인 '벽'도 자동차와 같은 동작, 즉 '같이 움직였다'는 의미가 생겨 부자연스러운 쓰임이 됨으로 주의해야 한다.

6. 「から」(격조사/접속조사)

1) 격조사 「から」의 다양한 쓰임

조사 「から」는, '격조사'로서의 쓰임과 '접속조사'로서의 쓰임이 있는데, 먼저 격조사 「から」의 다양한 쓰임을 살펴보기로 하자.

격조사 「から」의 쓰임 중, 가장 많이 쓰이는 용법의 하나는 '출발점', '기점'을 나타내는 용법이라고 말할 수 있다. 다음의 예문이 '출발점', '기점'을 나타내는 격조사 「から」의 용법으로, 한국어로는 모두 '부터', '에서'가 된다.

(1) こちらの大学は6月の末から夏休みになります。

(여기 대학은 6월말**부터** 여름방학이 됩니다.)

(2) 私は韓国の金海から来ました。(저는 한국 김해**에서** 왔습니다.)

(3) 昼休みは12時から2時までです。

(점심시간은 12시**부터** 2시까지입니다.)

(4) 東京から大阪まで新幹線で2時間ぐらいかかります。

(동경**에서** 오사카까지 신칸센으로 2시간정도 걸립니다.)

또, 다음 예문의 경우처럼, 한국어로는 '에게'로 해석되어, 주로 받거나 듣는 동작의 '상대'를 나타내는 용법으로도 많이 쓰인다. 이 경우는 앞에서 살펴 본 조사「に」와 바꾸어 쓸 수 있다.

(5) 日本人の友だちから、日本語を教えてもらいました。

(일본인 친구에게 일본어를 배웠습니다.)

(6) 交換留学の話は、先生から聞きました。

(교환유학 이야기는, 선생님에게 들었습니다.)

(7) 友だちからお金を借りました。(친구로부터 돈을 빌렸습니다.)

(8) 会社からベスト社員賞と賞金をもらいました。

(회사로부터 베스트 사원상과 상금을 받았습니다.)

이 외에도 격조사「から」는, 예문(9),(10) 과 같은 '재료'(이 경우는, 일반적으로 '화학적 변화'를 거친 재료를 의미) 를 나타내는 용법, 예문(11) 과 같은 '위치', '통과점'등의 의미를 나타내는 용법, 그리고 예문(12)의 '원인, 이유'를 나타내는 용법 등으로 쓰인다.

(9) ワインはぶどうから作ります。(와인은 포도**로** 만듭니다.)

(10) 牛乳からチーズを作ります。(우유**로** 치즈를 만듭니다.)

(11) 窓から車が見えます。(창문**으로** 자동차가 보입니다.)

(12) 不注意から大きな事故が起きる場合がある。

(부주의**에서** 큰 사고가 일어나는 경우가 있다.)

2) 접속조사「から」의 용법

접속조사로서의「から」는, 그 용법이 비교적 명확하여, 주로 화자 자신의 '생각'이나 '의견'을 말할 때의 '근거, 이유'를 제시하는 용법으로 사용된다. 다음의 예문을 보자.

(13) たばこは体に悪いから、吸わないほうがいいです。

(담배는 몸에 안 좋으니까 피지 않는 것이 좋습니다.)

(14) 授業は9時に始まるから、遅れないでください。

(수업은 9시에 시작되므로 늦지 마세요.)

(15) 危ないから、入らないでください。(위험하니까 들어가지 마세요.)

(16) 危険だから、入らないでください。(위험하니까 들어가지 마세요.)

(17) 教室はきれいだから、掃除しなくてもいいです。

(교실은 깨끗하니까 청소하지 않아도 됩니다.)

위 예문에서는, 화자는 자신의 '생각'이나 '의견'을, 문장의 뒤 쪽에서「~ほうがいい」「~ないでください」「~しなくてもいい」의 형태, 즉 [(담배를) 피우지 않는 것이 좋다][늦지 마세요][들어가지 마세요][하지 않아도 된다]로 나타내고, 그러한 생각, 의견의 근거나 이유로, 각각 [담배는 몸에 해롭다][수업이 9시에 시작된다][위험하다][교실이 깨끗하다]를 접속조사「から」를 사용하여 제시하고 있다.

그런데, 이 접속조사「から」와 유사한 쓰임을 가진 조사가 또 있다.

바로 접속조사 「ので」이다. 그 용법과 접속조사 「から」와의 쓰임의 차이를 다음 절에서 살펴보기로 하자.

3) 접속조사 「から」와 「ので」의 쓰임의 차이

앞에서 접속조사 「から」의 쓰임을 살펴보았으니, 여기서는 접속조사 「ので」의 쓰임을 살펴보고 두 조사의 용법의 차이를 생각해 보기로 하자.

(18) きょうは暑いので、みんな<u>半袖を着ています</u>。

(오늘은 덥기 때문에, 모두 반소매 옷을 입고 있습니다.)

(19) きょうは雨が降っているので、<u>傘をさして歩いています</u>。

(오늘은 비가 오고 있기 때문에 우산을 쓰고 걷고 있습니다.)

(20) きのうは風邪だったので、<u>会社を休みました</u>。

(어제는 감기에 걸려서 회사를 쉬었습니다.)

(21) 日本に留学していたので、<u>日本語がよく話せます</u>。

(일본에 유학을 했기 때문에 일본어를 잘 합니다.)

(22) マーベル映画がすきなので、<u>見に行きたいと思います</u>。

(마블영화를 좋아하기 때문에 보러 갈 생각입니다.)

(23) 友だちは、きょう、風邪なので、<u>学校を休んでいます</u>。

(친구는 오늘 감기에 걸려, 학교를 쉬었습니다.)

(24) きのうは、いい天気だったので、<u>ドライブに行きました</u>。

(어제는 날씨가 좋아서 드라이브를 갔습니다.)

(25) 私は、日本に来たばかりなので、まだ<u>日本語がよくできません</u>。

(저는 일본에 온지 얼마 되지 않아서 아직 일본어를 잘 못합니다.)

위 예문들을 보면, 앞에서 살펴 본 접속조사 「から」와는 다르게, [반소매 옷을 입고 있다][우산을 쓰고 걷고 있다][회사를 쉬었다][일본어를 잘 한다][(영화를) 보러 가고 싶다][학교에 오지 않았다][드라이브를 갔다][일본어를 잘 하지 못한다]와 같이, 모두 '현재나 과거 사실'(위 예문의 밑 줄 부분)의 원인이나 이유를 조사 「ので」로 나타내고 있는 것을 알 수 있다. 즉, 두 조사의 쓰임의 차이를 요약하면 다음과 같이 나타낼 수 있을 것이다.

원인/이유(근거)	+**から**+	화자의 생각, 의지
원인/이유	+**ので**+	현재나 과거의 상황, 행동

다시 한 번 두 조사의 전형적인 쓰임을 정리하자면, 다음 예문 (26),(27) 을 그 대표적인 것으로 설명할 수 있다.

(26) あぶないから、入らないでください。

(위험하니까 들어가지 마세요.)(이유+화자 생각)

(27) きょうは寒いので、みんなコートを着ています。

(오늘은 추워서 모두 코트를 입고 있습니다.)(이유+현재의 사실)

그러나 실제 일본인의 언어생활에서는, 위의 정리와 같이 두 조사의 쓰임의 차이를 명확하게 구분하여 사용하고 있다고는 보기 어렵다. 다음 예문과 같이, 보통 두 조사를 같이 사용하는 경우가 많은 것이 현실이다.

(28) A : みなさん、夏休みの大学の旅行に行きますか。

A : 여러분, 여름방학에 있는 학교 여행에 참가하나요?

B1 : はい、旅行は すきだから/すきなので 行きます。

B1 : 예, 여행을 좋아하니까 가요.

B2 : 私は国へ 帰るから/帰るので 行きません。

B2 : 저는 집에 가야해서 못 가요.

그렇지만 같은 문맥에서, 같이 쓸 경우의 두 조사의 쓰임의 차이를 생각해 보면, 다음과 같이, '요구'나 '금지'의 문맥일 경우, 「から」가 '이유/원인'을 더 두드러지게 해, 화자의 생각이나 의견을 보다 강하게 표현하는 뉘앙스가 있고, 「ので」는 '이유/원인'을 두드러지지 않고 부드럽게 말하는 뉘앙스가 생겨, 공손하게 표현하는 효과가 있다고 설명할 수 있다.

(29) プレゼントだから、包んでください。(선물이니까, 포장해 주세요.)

(30) プレゼントなので、包んでください。(선물이므로, 포장해 주세요.)

(31) 頭が痛いから、早く帰ってよろしいですか。

(머리가 아프기 때문에, 빨리 가도 될까요?)

(32) 頭が痛いので、早く帰ってよろしいですか。

(머리가 아파서요, 빨리 가도 될까요?)

(33) ここは禁煙キャンパスですから、禁煙にご協力ください。

(여기는 금연캠퍼스이니까 금연에 협력해 주시기 바랍니다.)

(34) ここは禁煙キャンパスですので、禁煙にご協力ください。

(여기는 금연캠퍼스이므로, 금연에 협력해 주시기 바랍니다.)

4) 접속조사「ので」와 ,「のに」,「~て」

앞에서도 살펴보았지만, 접속조사「ので」는 다음의 예문, [아프다-학교를 쉬다][일요일이다-쉬는 날이다]처럼, 일반적으로 당연한 행동의 원인, 이유를 제시하여 나타내는 기능을 한다. 이러한「ので」의 역할과는 반대의 상황, 즉, [아프다...그런데 학교를 쉬지 않았다][일요일이다...그런데 쉬는 날이 아니다]와 같은, 일반적인 행동 양식과는 반대의 경우에는 다음의 예문(36),(38),(39)처럼 조사「のに」를 사용하여 표현한다.

(35) 田中さんは、きょう、病気なので、<u>学校を休んでいます</u>。

(36) 田中さんは、きょう、病気なのに、<u>学校へ来ています</u>。

(37) きょうは休日なので、私の会社は<u>休みです</u>。

(38) きょうは休日なのに、私の会社は<u>休みではありません</u>。

(39) 今日は日曜日なのに、父は仕事があるので、会社へ行きました。

또, '원인/이유'를 나타내는 조사「ので」가, 접속조사「~て」와 바꾸어 쓸 수 있는 경우가 있는가 하면, 바꾸어 쓸 수 없는 경우도 있으

므로, 사용에 주의해야한다. 다음의 예를 보자.

아래의 예문을 보면, 예문(40) ~(45)의 경우는 두 조사「ので」와 「~て」를 서로 바꾸어 사용할 수 있음을 알 수 있다. 그러나 그 아래의 예문(46) ~(51)의 경우는 사정이 다르다. 어떠한 차이가 있을까?

(40) 雨が降ったので、行けませんでした。

(비가 왔기 때문에 못 갔습니다.)

(41) 雨が降って、行けませんでした。(비가 와서, 못 갔습니다.)

(42) 朝寝坊をしたので、授業に遅れました。

(늦잠을 잤기 때문에, 수업에 늦었습니다.)

(43) 朝寝坊をして、授業に遅れました。

(늦잠을 자서, 수업에 늦었습니다.)

(44) 音が小さいので、よく聞こえません。

(소리가 작기 때문에, 잘 들리지 않습니다.)

(45) 音が小さくて、よく聞こえません。

(소리가 작아서, 잘 들리지 않습니다.)

(46) 雨が降ったので、行きませんでした。

(비가 왔기 때문에 가지 않았습니다.)

(47) ×雨が降って、行きませんでした。(비가 와서 가지 않았습니다.)

(48) 朝寝坊をしたので、タクシーで来ました。

(늦잠을 잤기 때문에 택시로 왔습니다.)

(49) ×朝寝坊をして、タクシーで来ました。

(늦잠을 자서, 택시로 왔습니다.)

(50) 音が小さいので、大きくします。

(소리가 작기 때문에, 크게 하겠습니다.)

(51) ×音が小さくて、大きくします。(소리가 작아서, 크게 하겠습니다.)

위 예문들의 밑줄 친 곳을 비교해 보면, 예문(41),(43),(45) 와 달리, 예문(47),(49),(51) 은 뒤에 [가지 않았다][택시로 왔다][(소리를) 크게 하다]와 같은 화자의 의지 표현이 와 있음을 알 수 있다. 즉, 이것은 접속조사 「~て」의 뒤에는, 화자의 '의지표현'이 올 수 없다는 것을 의미한다.

<まとめ>

격조사 「から」	출발점	韓国から来ました。 (한국에서 왔습니다.)
	상대	会社の人から聞きました。 (회사 사람에게 들었습니다.)
	재료	ワインはぶどうから作ります。 (와인은 포도로 만듭니다.)
	통과	窓から山が見えます。 (창에서 산이 보입니다.)
	원인, 이유	不注意から起きた事故です。 (부주의로부터 일어난 사고입니다.)
접속조사 「から」	원인, 이유+ 화자의 생각, 의지	滑りやすいから、走らないでください。 (미끄러워지기 쉬우니까, 뛰지 마세요.)
접속조사 「ので」	원인, 이유+ 현재나 과거의 상황, 행동	アメリカへ留学していたので、英語なら少しできます。 (미국에 유학을 했기 때문에, 영어라면 조금 할 수 있습니다.)

7. 「の」

1) 「の」의 다양한 쓰임

조사 「の」는, 그 자체에 다양한 의미가 있다고 보는 것이 아니라, 주로 '체언+の+명사' 형태의 쓰임에서, 앞뒤에 오는 체언(명사)에 따라, '체언+の'의 형태의 「の」가 다양한 의미로 해석이 되는 성향이 매우 두드러지는 조사라고 말할 수 있다. 예를 들면, 「きのうの新聞」(어제의 신문) 은 '때'의 의미를 나타내는 「の」의 쓰임이지만, 「図書館の新聞」이 되면, 때가 아니라, '장소'의 의미를 나타내는 조사 「の」 쓰임이 된다. 이것은 오로지 앞부분에 온 「きのう(어제)」와 「図書館(도서관)」이라는 명사(체언)의 차이에 의한 것일 뿐이다. 이렇게 '체언+の'의 형태의 「の」는 주로 그 체언이 <사람(누구의)> <장소(어디의)> <시간(언제의)> <내용, 종류, 성질, 상태(무슨, 어떤)> 등임을 나타낸다. 다음의 예를 보자.

(1) 私の友だちです。 누구의 친구 (저의 친구입니다.)
(2) 日本のたばこです。 어디의 담배 (일본 담배입니다.)
(3) 今朝の新聞です。 언제의 신문 (오늘 아침 신문입니다.)
(4) 日本語の本です。 무슨 책 (일본어 책입니다.)
(5) ゲームの話です。 무슨 이야기 (게임 이야기입니다.)
(6) 雨の日でした。 어떤 날 (비가 오는 날이었습니다.)

위의 예문에서도 그대로 드러나듯이, '체언+の+명사' 형태의 쓰임의 일본어 조사 「の」는, 한국어로 번역이 되면 잘 나타나지 않는다. 그 만큼 한국어에서는 관형격조사 '의'의 사용이 많지 않다는 것을 의미하지만, 일본어에서는 다양한 의미의 격조사로서 뿐만 아니라, 종조사(終助詞) 로도 많이 쓰이는(뒤의 '종조사'절에서 언급) 조사이다.

(7) 7月の初めのことです。(때)(7월초의 일입니다.)
(8) 学校のカフェで会いました。(장소)(학교 카페에서 만났습니다.)
(9) 田中さんのお母さんです。(사람)(타나카씨의 어머니입니다.)
(10) 彼は日本語の先生です (내용, 성질)
(그는 일본어 선생님입니다.)
(11) 病気のときは誰でもつらいです。(상태)
(아플 때는 누구나 힘듭니다.)
(12) この本は先生のです。(소유)(이 책은 선생님 것입니다.)
(13) あそこにいるのは誰ですか。(대명사)
(저기에 있는 것은 누구입니까?)
(14) 長いのと短いのとどっちがいい? (대명사)
(긴 것과 짧은 것, 어느 쪽이 좋아?)
(15) 私は歩くのが遅いです。(동사를 명사화)
(나는 걷는 것이 늦습니다.)
(16) 弟より妹のほうが背が高いです。(비교표현의 관용구)
(남동생보다 여동생이 키가 큽니다.)

(17) くだものの中で、何が一番好きですか。(선택표현의 관용구)

(과일 중에 무엇을 제일 좋아합니까?)

(18) あの子はまるで人形のようです。(비유표현의 관용구)

(저 아이는 마치 인형 같습니다.)

(19) 「田中さん、どうしたのですか」「急にめまいがするのです。」

(설명)(다나카씨, 왜 그래요?)(갑자기 어지러워서요.)

한편, 조사 「の」가, 다음 예문과 같이, '수식구'안에서 쓰일 때, 주격조사 「が」와 같은 역할을 하며, 수식구 안에서는 보통 조사 「の」를 사용한다. 아래 예문은, 각각 [키가 큰-사람][내가 좋아하는-과일][내가 갖고 싶은-물건][사장님이 말씀하시는-내용대로][미유키가 입고 있는 것과 비슷한-코트]의 의미이며, 이 경우의 조사 「の」는 주격조사 「が」와 같은 역할을 한다.

(20) 背の高い人は誰ですか。(키가 큰 사람은 누구입니까?)

(21) 私の好きなくだものはすいかです。

(내가 좋아하는 과일은 수박입니다.)

(22) 私のほしいものはタブレットです。

(내가 갖고 싶은 것은 태블릿입니다.)

(23) 社長のおっしゃるとおりにやってください。

(사장님이 말씀하신대로 해 주세요.)

(24) 美由紀ちゃんの着ているようなコートが買いたい。

(미유키가 입고 있는 것과 비슷한 코트를 사고 싶다.)

생각해 보면, 우리나라 초등학교 교과서에도 나오는 동요(가곡)인 '고향의 봄'(이원수 작사, 홍난파 작곡)의 첫 구절, '나의 살던 고향은 꽃피는 산골~'에도 이 수식구와 같은 표현이 있다. 즉, '내가 살던 고향은 꽃피는 산골'의 표현이 노래가사에서는 '나의 살던 고향은 꽃피는 산골~'로 되어있는데, 이 가사가 일본어의 영향인지 아닌지는 불분명하다.

<まとめ>「の」의 주요 용법

때	今朝のニュースです。 (오늘 아침 뉴스입니다.)
장소	駅の前で会いましょう。 (역 앞에서 만납시다.)
사람	山田さんのアパートはどこ? (야마다씨 아파트는 어디야?)
내용, 성질	映画の雑誌だよ。 (영화 잡지야.)
상태	雨の日のことでした。 (비오는 날의 일이었습니다.)
소유, 소속	それは先生の本です。 (그것은 선생님의 책입니다.)
동사의 명사화	音楽を聞くのがすきです。 (음악을 듣는 것을 좋아합니다.)
설명	足が少し痛いのです。 (발이 조금 아픈 거예요.)
관용표현	まるで人形のようにかわいい。 (마치 인형처럼 귀엽다.)
주격조사 「が」의 역할	首の長い動物はキリンです。 (목이 긴 동물은 기린입니다.)

8. 「や」

1) 「や」의 쓰임

조사「や」는, 보통「AやBやCなど (「など」는 '사람'을 말할 때는 생략)」의 형태로, 여러 개의 물건, 혹은 여러 사람(동물) 중에, 2개(두 명) 내지 3개(세 명) 를 예로 나타낼 때 사용하는 조사로, 일반적으로 열거한 A, B, C 이외에도 더 있음의 의미를 나타낸다. 또한, A, B 등을 열거함으로써, 그 무리의 대표로 말하여 표시하는 기능을 하기도 한다. 가령, '犬や猫など (개나 고양이 등)이라고 하면, 애완동물의 대표를 '개나 고양이'로 나타내는 것이라고 볼 수 있다.

(1) たばこや酒は体によくない。(담배나 술은 몸에 좋지 않다.)

(2) 机の上に本やペンなどがあります。

(책상 위에 책과 펜 등이 있습니다.)

(3) アパートでは犬や猫などを飼うことができません。

(아파트에서는 개나 고양이 등을 키울 수 없습니다.)

(4) 指輪は金や銀などで作ります。

(반지는 금이나 은 등으로 만듭니다.)

(5) 動物園には象や虎(とら) やライオンなどがいます。

(동물원에는 코끼리나 호랑이, 사자 등이 있습니다.)

(6) デパートには食堂や書店や喫茶店などがあります。

(백화점에는 식당이나 서점, 찻집 등이 있습니다.)

2) 「や」와 「と」, 「または/あるいは」, 「とか」의 의미차이

둘 혹은 셋을 열거하고 그 외에도 더 있음의 의미를 나타내는 조사 「や」는, 앞에서 살펴 본, 둘 이상을 동등하게 나란히 병렬하여 말하는 조사 「と」와, 「または/あるいは」, 「とか」등의 표현과 비슷한 의미로 쓰이는 경우가 있으나, 각각의 형태가 가지는 의미의 차이가 분명히 존재하므로, 그 쓰임의 차이에 주의해야한다. 다음의 예문을 보자.

(1) たばこや酒は体によくない。(담배나 술은 몸에 좋지 않다.)
(7) たばこと酒は体によくない。(담배와 술은 몸에 좋지 않다.)
(2) 机の上に本やペンなどがあります。
(책상 위에 책과 펜 등이 있습니다.)
(8) 机の上に本とペンがあります。(책상 위에 책과 펜이 있습니다.)

이렇게 비교해 보면, 예문(1) 과(2) 는, '몸에 좋지 않는 것'의 예로 가령 '담배'와 '술'을 열거하였지만 그 외에도 몸에 좋지 않는 것이 더 있다, 또, 책상 위에 있는 물건으로 가령 '책'과 '펜'을 열거하였지만 그 외에도 더 있다, 의 뉘앙스인 반면, 예문(7),(8) 은, 몸에 좋지 않는 것으로 나란히 동등하게 '담배'와 '술'을, 책상 위에 있는 물건으로 동등하게 나란히 '책'과 '펜'을 병렬하여 말한 것으로, 결정적인 차이는 예문(7),(8)의 경우의 조사 「と」는, '그 외에도 더 있다'의 의미가 없고, 열거한 것을 '한정적'으로 나타내고 있다는 사실이다. 따라서 다음 예문(9)의 경우는, '아파트에서 키울 수 없는 애완동물'

은 '개와 고양이'로 한정해 버리는, 그럼 가령 '새'나 '도마뱀'은 애완동물로 키워도 되고 개와 고양이가 안 된다는 말인가? 하는 다소 부자연스러운 표현이 될 수 있다. 이와 같은 부자연스러움은, 아래의 예문(10),(11) 을 보면 더 확실해져, 예문(10) 은, 보통 많은 종류의 동물들이 있어야 할 동물원에, '곰'과 '기린'만 있다고 하는, 또 예문(11) 도 많은 종류의 가게들이 있어야 할 백화점에, '식당' '서점' '찻집'만이 존재한다는, 다소 기이한 표현이 되어 부자연스러운 문장이 되어 버린다.

(9) アパートでは犬と猫を飼うことができません。

(아파트에서는 개와 고양이를 키울 수 없습니다.)

(10) ?動物園には熊とキリンがいます。

(동물원에는 곰과 기린이 있습니다.)

(11) ?デパートには食堂と書店と喫茶店があります。

(백화점에는 식당과 서점과 찻집이 있습니다.)

그리고, 다음 예문처럼, 조사 「や」 대신에 「または/あるいは」를 사용하면, 조사 「と」와 마찬가지로 '그 외에 다른 것도 더 있다'는 의미가 사라지고, '한정'의 의미, 특히 '둘 중 하나를 정해서 선택'하는 의미를 나타내게 된다.

(12) 指輪は金 または/あるいは 銀で作ります。

(반지는 금 또는/혹은 은으로 만듭니다.)

한편, ‘그 외에 다른 것도 더 있다’는 의미의 조사 「や」와 그 쓰임이 비슷한 것으로 「とか」가 있다. 「とか」도, 가령, 음료를 요구하는 장면의 다음 예문처럼, ‘마실 것’의 예로 ‘커피’와 ‘주스’를 열거하여 나타내는 것이지만, 조사 「や」보다 더 범위가 넓은 느낌이어서, 예문(16) 은, 만약에 커피나 주스가 없는 경우라면, ‘녹차’등 다른 마실 것을 제공해도 허용될 수 있을 것이다. 반면, 예문(13)의 경우는 마실 것 중, ‘커피’와 ‘주스’ 둘을 ‘지정’해서 둘 다를 요구하는 의미이며, 예문(14) 는 ‘커피’와 ‘주스’ 중 하나를 요구하는 의미라고 해석할 수 있다.

(13) コーヒーとジュースください。(커피와 주스 주세요.)

(14) コーヒーまたはジュースください。(커피 또는 주스 주세요.)

(15) コーヒーやジュースください。(커피나 주스 주세요.)

(16) コーヒーとかジュースください。(커피라든가 주스 주세요.)

<まとめ>

や	2~3개를 열거. 이 외에도 더 있음을 나타냄.	福井さんや浜田さんが来ると思います。 (후쿠이씨와 하마다씨가 올 것 같습니다.)
と	나란히 열거. 한정적. 이 외에는 없음.	村上さんと佐藤さんが来ます。 (무라카미씨와 사토씨가 옵니다.)
とか	대표하여 열거 함. 이 외에도 있음을 나타냄.	コーヒーとかジュースなどを用意します。 (커피라든가 주스 등을 준비하겠습니다.)
または	열거 한 둘 중 하나를 정함.	コーヒーまたはお茶を用意してください。 (커피 혹은 녹차를 준비해 주세요.)

'コーヒー'가 아닌 'コーヒ'(교토 'イノダコーヒ'. 사진: 전성엽)

9. 「ながら」

1) 「ながら」의 다양한 쓰임

조사 「ながら」는, 'AながらB'(A는 동사의 「ます」형)의 형태로, 일반적으로 A와 B의 동작을 동시에 하는 것을 나타내지만, 그 중에서는 B쪽이 중심이 되는 동작이며, A는 부가적인 동작, 행동임을 의미한다. 따라서 동시에 할 수 없는 동작은 'AながらB'의 형태로 나타낼 수 없으며, 부가적인 동작과 주 동작인 A와 B의 위치를 바꾸면 그 의미도 다르게 되므로 주의해야한다.

(1) ×ご飯を食べながら、歯を磨きます。

(밥을 먹으면서, 이를 닦습니다.)

→ご飯を食べてから、歯を磨きます。

(밥을 먹고 나서, 이를 닦습니다.)

(2) 料理の本を見ながら、料理をしました。

(요리 책을 보면서, 요리를 했습니다.)

(3) 辞書を引きながら、日本語の勉強をします。

(사전을 찾으면서, 일본어 공부를 합니다.)

(4) 応援をしながら、サッカーを見ました。

(응원을 하면서, 축구를 봅니다.)

위의 예문에서는 A와B가 '동시동작'이지만, 각각 '요리를 한다' '일본어 공부를 한다' '축구를 본다'가 주된 동작이며, '요리 책을 본다' '사전을 찾는다' '응원을 한다'는 부가적인 동작이 되는 것이다. 가령 이것을 거꾸로 말하여,

(5) ??料理をしながら、料理の本を見ました。

(요리를 하면서, 요리 책을 보았습니다.)

(6) ??日本語の勉強をしながら、辞書を引きます。

(일본어 공부를 하면서, 사전을 찾습니다.)

(7) ?サッカーを見ながら、応援をしました。

(축구를 보면서 응원을 합니다.)

라고 표현하면, 보통은 부자연스러운 표현이 된다. 일반적으로, '요리 책을 보는 것' '사전을 찾는 것'보다는 '요리를 하는 것' '공부를 하는 것'을 주로 하는 일이라고 생각할 수 있기 때문이다. 예문(7) 은 특수한 경우, 가령, 붉은 악마의 응원단장과 같이 축구경기를 관전하는 것이 주된 일이 아니고, 응원을 주도하는 일을 주로 하는 사람이라면 자연스러운 표현이 된다. 그러나 일반적인 사람의 경우라면, 역시 부자연스러운 표현이다.

마찬가지로, 한국어로는 부자연스럽다고는 할 수 없는 '저는 대학을 다니면서 아르바이트를 했습니다.'와 같은 문장도, 일반적으로, '대학을 다니는 일'이 주된 행동이고, '아르바이트를 하는 것'은 부가적인 행동이라고 말할 수 있으므로,

「??私は大学に通いながら、アルバイトをしました」라고 하면 부자연스러운 표현이 되며, 다음 예문(8) 과 같이 표현하는 것이 맞다.

(8) ??私は大学に通いながら、アルバイトをしました。

→私はアルバイトをしながら、大学に通いました。

(저는 아르바이트를 하면서, 대학을 다녔습니다.)

그럼, 위 용법 이외의, 조사「ながら」의 쓰임을 살펴보기로 하자. '동시동작'의 의미의「ながら」외에, '「~のに/~けれども」(~하면서/있는데)의 의미와,「~ながらの」의 형태의 접미사로 쓰여 '「~のままの」「~と変わらない」(~그대로이다, 다르지 않다)의 의미로 사용되는 경우가 있다. 다음의 예문(9) 는「知っているのに」(알고 있지만, 알고 있

으면서)의 의미로 사용된 예이며, 예문(10) 이 접미사 용법의 「なが
ら」의 쓰임이다.

(9) あの人は知っていながら、知らないふりをしていた。

(저 사람은 알고 있으면서, 모르는 척 했다.)

(10) この町には昔ながらの町並みが残っている。

(이 동네에는 옛 그대로의 거리모습이 남아있다.)

<まとめ> 「AながらB」의 주요 쓰임

동시동작(동사ます형연결) B가 주된 동작, A는 부가 동작	ミカンを食べながらテレビを見ます。 (귤을 먹으면서, TV를 봅니다.)
'~하면서/는데' 의 의미	このカメラは小さいながら性能がいいです。 (이 카메라는 작은데 성능이 좋습니다.)
'~의 그대로' 의 의미(접미사)	京都は昔ながらの町並みが残っています。 (교토는 옛날 그대로의 모습이 남아 있습니다.)

10. 「も」

1) 「も」의 다양한 쓰임

조사 「も」는, 주로 같은 것임을 나타내거나 부가하는 의미로 사용되는 조사라고 할 수 있으며, 문장의 뒤에 부정표현(「~ない」「~あり

ません」등의 표현) 을 동반하면, 조사 「も」의 앞 내용이 '전혀 없음(그래서 의외라는 느낌)의 단적인 상황을 나타내기도 한다. 또, 조사 「も」가, 숫자관련 표현인 조수사에 붙으면, 그 수가 많거나(긍정의 경우), 적음(부정의 경우) 을 나타내게 된다.

아래의 예문을 보면, 예문(1) ~(4)가 같은 것임을 나타내거나, 부가의 의미로 사용된 조사 「も」의 용법이다. 그리고 예문(5) ~(9)가, 모두 문장의 뒤에 부정표현이 동반되어, '가방 안에 아무것도 없다' '교실에 아무도 없다' '달걀이 하나도 없다' '히라가나를 읽지 못 한다' '수도와 전기가 없다'는, 단적인 상황, '의외'의 상황인 것을 조사 「も」가 나타내고 있는 것이다.

(1) 金さんは韓国人です。陳さんも韓国人です。
    (김씨는 한국인입니다. 진씨도 한국인입니다.)
(2) 金さんも、陳さんも韓国人です。(김씨도, 진씨도 한국인입니다.)
(3) 私は肉も魚もすきです。(저는 고기도 생선도 좋아합니다.)
(4) この店は味もいいし、値段も安いです。
    (이 가게는 맛도 좋고, 가격도 쌉니다.)
(5) かばんの中には何もありません。(가방 안에는 아무것도 없습니다.)
(6) 教室には、誰もいません。(교실에는, 아무도 없습니다.)
(7) たまごが一つもありません。(달걀이 하나도 없습니다.)
(8) まだひらがなも読めません。(아직 히라가나도 못 읽습니다.)
(9) 水道も電気もありません。(수도도 전기도 없습니다.)

조사「も」는, 다음 예문과 같이 숫자를 나타내는 표현과 같이 쓰이면, 긍정문의 경우는 그 숫자가 많음을, 부정문이면 그 숫자가 적음을 의미하는 기능을 한다. 보통 긍정의 많음을 나타내는 경우는 한국어로 '(이) 나'로, 부정의 경우는 '도'로 해석이 된다.

(10) A選手は身長が 2 mもあります。(A선수는 신장이 2m나 됩니다.)
(11) きのう彼と3時間も話しました。
　(어제 그 사람과 3시간이나 이야기했습니다.)
(12) まだ5月なのに、気温が35度もあります。
　(아직 5월인데, 기온이 35도나 됩니다.)
(13) 歩いても5分もかからないよ。(걸어도 5분도 안 걸려.)
(14) レポートが3ページもないね。(리포트가 3페이지도 안 되네.)
(15) まだ10ページも読んでいません。
　(아직 10페이지도 읽지 않았습니다.)

또 다른 쓰임으로, 다음 예문과 같이, 조사「も」앞의 상황이나 내용보다 더 쉽거나 덜한 것은 '당연'하다는 의미와, 조사「も」가 '「くらい」(정도)와 같은 의미로 쓰이는 용법도 있다.

(16) スミスさんは漢字も読めますよ。
　(스미스씨는 한자도 읽을 수 있어요.)
(17) 大学祭に有名な歌手も来ますよ。
　(대학 축제에 유명한 가수도 와요.)
(18) 500円もあれば、間に合うよ。(500엔 정도 있으면, 충분해.)

(19) 三日も薬を飲めば、治るでしょう。

(3일정도 약을 먹으면, 나을 것입니다.)

위에서 예문(16),(17) 은, 스미스씨가 '한자도' 읽을 수 있다는 것, 대학축제에 '유명한 가수도 온다'는 것을 표현하고 있으나, 이는 보통, 스미스씨가 어려운 한자도 읽을 수 있으니, 이 보다 더 쉬운 히라가나와 같은 문자는 당연히 읽을 수 있다, 또 유명한 가수가 온다는 것은, 유명하지 않는 가수도 당연히 온다, 는 의미를 조사「も」가 나타내고 있는 것으로 해석할 수 있다.

<まとめ>

같은 것을 부가	ひらがなもカタカナも読めます。 (히라가나도 카타카나도 읽을 수 있습니다.)
전혀 없음, 의외임	ひらがなも読めません。 (히라가나도 못 읽습니다.)
숫자가 많거나 적음	10個もあるんですか。/10個もないんですか。 (10개나 있습니까? / 10개도 없습니까?)
덜한 것은 '당연'함	有名なチームも来ます。 (유명한 팀도 옵니다.)
정도(=くらい)	10個もあれば間に合うでしょう。 (10개정도 있으면 될 거예요.)

11. 「だけ」와 「しか」

1) 「だけ」의 다양한 쓰임

조사 「だけ」는, 주로 '한정' '제한'의 의미를 나타내는 조사로, 이것은 두 종류의 경우가 있다. 조수사나 명사에 붙는 경우와 용언에 붙는 경우가 그것이다. 동사, 형용사 등 용언에 붙는 경우는 다음에 살펴 볼 조사 「ばかり」와 바꾸어 쓸 수 있다. '한정' '제한'의 의미의 경우는, 우리말로는 주로 '뿐' '만'에 대응한다. 다음의 예문을 보자.

(1) 免税で持ち込めるお酒は2本だけです。
  (면세로 가져 올 수 있는 술은 2병뿐입니다.)
(2) 図書館で一回に借りられる本は3冊だけです。
  (도서관에서 한 번에 빌릴 수 있는 책은 3권뿐입니다.)
(3) 財布に入っているお金は5千円だけです。
  (지갑에 들어 있는 돈은 5천 엔뿐입니다.)
(4) 文法の試験は1問だけできませんでした。
  (문법 시험은 1문제만 답을 못했습니다.)
(5) 千葉大学へ交換留学に行けるのは毎年二人だけです。
  (치바대학에 교환유학을 갈 수 있는 것은 매년 2명뿐입니다.)
(6) オバマさんは日本語だけでなく、中国語も話せます。
  (오바마씨는 일본어만이 아니라, 중국어도 말할 수 있습니다.)

즉 위 예문에서는 각각, 면세반입 주류, 도서관에서 한 번에 빌릴

수 있는 책, 틀린 시험문제, 교환유학을 갈 수 있는 인원, 에는 '한정' '제한'이 있음을 조사 「だけ」가 나타내고 있다. 예문(6) 은 「Aだけでなく」의 형태로, '한정' '제한'이 A만이 아님을 나타내고 있는 경우이다.

그리고 다음의 예문과 같이, 조사 「だけ」가, 주로 동사, 형용사 등 용언에 「~だけで」의 형태로 붙어, 그 앞의 동사나 형용사의 동작이나 상태에 '한정'이 있음을 나타낸다.

(7) あの人は言うだけで、何もしない。
(저 사람은 말뿐이고, 아무것도 안한다.)
(8) 言うだけでなく、行動をしなさい。(말만 하지 말고, 행동을 하세요.)
(9) あの店は値段が高いだけで、おいしくない。
(저 가게는 가격이 비싸기만 하고, 맛이 없다.)
(10) 漢字が読めないだけでなく、カタカナも書けない。
(한자를 못 읽을 뿐만 아니라, 카타카나도 못 쓴다.)

위 예문처럼 용언에 붙어 '한정' '제한'의 의미를 나타내는 경우, 「だけ」를, 같은 의미로 쓰이는 「ばかり」로 바꾸어 쓸 수 있다.

(11) あの人は言うばかりで、何もしない。
(저 사람은 말뿐이고, 아무것도 안한다.)
(12) 言うばかりでなく、行動をしなさい。
(말만 하지 말고, 행동을 하세요.)
(13) あの店は値段が高いばかりで、おいしくない。
(저 가게는 가격이 비싸기만 하고, 맛이 없다.)

(14) 漢字が読めないばかりでなく、カタカナも書けない。

(한자를 못 읽을 뿐만 아니라, 카타카나도 못 쓴다.)

조사 「だけ」는, 이 외에도, '만큼, 정도, ~한', 'AだけB'(A하는 만큼B), 'AだけにB'(A한 만큼(하니까) B) 등의 의미로도 쓰인다. 다음 예문(15),(16),(17) 이 '만큼, 정도, ~한'의 의미의 용법이고, 차례대로, 'AだけB', 'AだけにB' 용법의 예문이다.

(15) すきなだけ、どうぞ。(원하는(좋아하는) 만큼, 하세요.)

(16) それだけあれば、十分ですよ。(그 정도 있으면, 충분해요.)

(17) できるだけ、早く来て。(가능한 한, 빨리 와.)

(18) 勉強するだけ日本語は上手になる。

(공부하는 만큼 일본어는 는다.)

(19) 大人になるだけ、苦労も多くなる。

(어른이 되는 만큼, 고생도 많아진다.)

(20) ふだん健康なだけに、手術が必要と言われた時にはショックだった。(평소 건강한 만큼, 수술이 필요하다는 말을 들었을 때는 쇼크였다.)

(21) 彼女は優しいだけに、困っていた彼がすきになってしまったのだろう。(그녀는 자상한 만큼, 난처한 처지의 그를 좋아하게 된 것이겠지.)

(22) 山田さんは山に慣れていただけに、油断をしたのだろう。

(야마다씨는 산에 익숙한 만큼, 방심한 것일 테지.)

2)「しか」의 쓰임

위에서 살펴 본 조사「だけ」는, 기본적으로 긍정문과 부정문에 모두 사용할 수 있으나, 조사「しか」는 오로지 부정문에서만 쓰인다. 주로 숫자를 나타내는 표현에 붙어, 그것이 '부족하다', '매우 적다'는 의미를 나타내는 경우가 많다. 위에서 살펴 본 조사「だけ」를 사용한 문장을「しか」를 사용한 것으로 바꾸면 다음과 같이 된다.

(1) 免税で持ち込めるお酒は2本だけです。

(면세로 가져 올 수 있는 술은 2병뿐입니다.)

(23) 免税のお酒は、2本しか持ち込めません。

(면세 술은 2병밖에 가져 올 수 없습니다.)

(2) 図書館で一回に借りられる本は3冊だけです。

(도서관에서 한 번에 빌릴 수 있는 책은 3권뿐입니다.)

(24) 図書館で本は一回に3冊しか借りられません。

(도서관에서 책은 한 번에 3권밖에 빌릴 수 없습니다.)

(3) 財布に入っているお金は5千円だけです。

(지갑에 들어 있는 돈은 5천 엔뿐입니다.)

(25) 財布に入っているお金は5千円しかありません。

(지갑에 들어 있는 돈은 5천 엔밖에 없습니다.)

3) 조사「だけ」와「しか」의 쓰임의 차이

그러나, 다음 예문의 경우처럼, 조사「しか」가 사용되어, 그 수가 '매우 적음'을 나타내고 있지만, 조사「しか」가 쓰이는 표현에 따라

서는 다른 의미가 되는 경우도 있다.

(26) まだ来ていないのは、一人だけです。

(아직 안 온 사람은, 한 사람뿐입니다.)

(27) まだ来ていないのは、一人しかいません。

(아직 안 온 사람은, 한 사람 밖에 없습니다.)

(28) まだ一人しか、来ていません。

(아직 한 사람 밖에, 오지 않았습니다.)

또, 다음의 예문처럼, 조사「だけ」와「しか」를 바꾸어 사용하면, 위에서 본 예문들과는 다르게, 전혀 다른 의미의 문장이 되어버리는 경우가 있으니, 주의하여야 한다. 앞에서 언급한 예문(4)의「だけ」를「しか」로 바꾸면, 가령 10점짜리 10개의 문법시험 문제 중, 1문제만 답을 하지 못했다는 예문(4)의 의미(=90점)가, 10개의 문제 중, 1개밖에 답을 적지 못했다는 전혀 반대의 뜻(=10점) 이 되어 버리는 것이다. 조사「しか」를 사용하여, 예문(4) 와 같은 의미로 바꾸려면, 예문(29)가 아니라, 아래의 예문(30) 과 같이 바꾸어야 한다.

(4) 文法の試験は1問だけできませんでした。

(문법 시험은 1문제만 답을 못했습니다.)

(29) 文法の試験は1問しかできませんでした。

(문법 시험은 1문제밖에 답을 못했습니다.)

(30) 文法の試験でできなかったのは、1問しかありませんでした。

(문법 시험에서 답을 못한 것은, 1문제밖에 없었습니다.)

조사 「だけ」와 「しか」를 좀 더 비교하여 살펴보면, 의외로, 조사 「だけ」의 쓰임이, 특수한 장면이 필요한 경우가 많아, 일반적으로는 그 쓰임이 부자연스럽고 제한적임을 알 수가 있다. 다음 각각의 두 예문을 비교해 보자.

(31) 私は子どもが一人しかいません。
(저는 아이가 한 명밖에 없습니다.)
(32) ?私は子どもが一人だけです。(저는 아이가 한 명뿐입니다.)
(33) ゆうべ、3時間しか寝ませんでした。
(어젯밤, 3시간밖에 못 잤습니다.)
(34) ?ゆうべ、3時間だけ寝ました。(어제 3시간만 잤습니다.)
(35) きょうは千円しか持っていません。
(오늘은 천 엔밖에 가지고 있지 않습니다.)
(36) ?きょうは千円だけ持っています。
(오늘은 천 엔만 가지고 있습니다.)
(37) 私は日本語しか話せません。(저는 일본어밖에 못 합니다.)
(38) ?私は日本語だけ話せます。(저는 일본어만 할 수 있습니다.)

위의 예문에서 조사 「しか」가 사용된 경우는, 각각, '아이가 1명뿐이라 아쉽다' '어제 3시간밖에 잠을 못 자 잠이 부족하다' '천 엔밖에 없어 가진 돈이 부족하다' '일본어밖에 못 해 할 수 있는 외국어가 부족하다'와 같이, 숫자나 명사에 붙어 그것이 일반적인 기준에 비해 부족하다는 것을 나타내고 있다. 그러나 이를 조사 「だけ」를 사용하여 바꾸면, 뭔가 일반적이지 않는, 특별한 이유로 '한정' '제한'

을 했다는 의미가 되어, 일반적인 표현으로는 부자연스러운 표현이 되어 버리는 것이다.

그 외, 조사 「しか」의 쓰임에, '그것 밖에 없음'을 나타내는 용법이 있다. 다음의 예문이 그것이다.

(39) こうなったら、やるしかないね。(이렇게 된 이상, 할 수 밖에 없군.)

(40) 謝るしか、解決の道はないでしょう。

(사죄할 수밖에, 해결의 길은 없겠죠.)

<まとめ>

<table>
<tr><td rowspan="5">だけ</td><td>한정, 제한
(조수사, 명사에 접속)</td><td>残っている人は3人だけです。
(남아 있는 사람은 3명뿐입니다.)</td></tr>
<tr><td>한정, 제한
(용언에 접속)
=ばかり</td><td>あの人は聞いているだけで、何も言わなかった。
(그 사람은 듣기만 할뿐, 아무 말도 하지 않았다.)</td></tr>
<tr><td>만큼, 정도, ~한</td><td>もやしは、それだけあれば十分ですよ。
(콩나물은, 그 정도 있으면 충분해.)</td></tr>
<tr><td>AだけB
(A하는 만큼B)</td><td>練習するだけ、上手になるよ。
(연습하는 만큼, 잘하게 될 거야.)</td></tr>
<tr><td>AだけにB
(A한 만큼
(하니까) B)</td><td>期待していただけに、失望も大きい。
(기대한 만큼, 실망도 크다.)</td></tr>
<tr><td rowspan="2">しか</td><td>한정, 제한
(부정표현과 함께)</td><td>財布のなかには、2千円しかありません。
(지갑 안에는, 2천 엔밖에 없습니다.)</td></tr>
<tr><td>그것 밖에 없음</td><td>明日が土曜日だから、きょう、行くしかないですね。
(내일이 토요일이니까, 오늘, 갈 수 밖에 없네요.)</td></tr>
</table>

12. 「ばかり」

1)「ばかり」의 다양한 쓰임

조사 「ばかり」는, 여러 가지 형태로, 다양한 의미로 쓰인다. 먼저, 다음의 예문과 같이, 명사, 그리고 동사의 'て형(～て＋ばかり＋いる)에 붙어, 상황이나 행동이, '그것만 한다' '그런 일이 많다'는 의미를 나타내는 용법이 있다.

(1) テレビばかり見ています。(TV만 보고 있습니다.)

(2) 山田さんはさきからあくびばかりしています。
(야마다씨는 아까부터 하품만 하고 있습니다.)

(3) 先生の話は聞かないで、友だちと話ばかりしています。
(선생님의 이야기는 듣지 않고, 친구와 이야기만 하고 있습니다.)

(4) 試験期間なのに、遊んでばかりいます。
(시험기간인데, 놀기만 합니다.)

(5) 野球を見に行きましたが、田中さんは野球を見ないで、食べてばかりいました。(야구를 보러 갔습니다만, 타나카씨는 야구는 보지 않고, 먹기만 했습니다.)

(6) 週末はどこへも行かないで、寝てばかりいました。
(주말은 아무데도 가지 않고, 자기만 했습니다.)

또, 다음의 예문처럼, 「~た+ばかり」의 형태로, 앞 동사의 동작이, 직전에 시작했거나 끝났음을 나타내는 용법으로 쓰이기도 한다.

(7) いま食べたばかりです。(지금 막 먹었습니다.)

(8) 来たばかりです。(금방 왔습니다.)

(9) 始まったばかりです。(이제 막 시작했습니다.)

(10) 終わったばかりです。(금방 끝났습니다.)

그리고, 앞에서도 살펴 본 것처럼, 「ばかり」가 주로 「~ばかりで」의 형태로, 조사 「だけ」와 같은 '한정' '제한'의 의미로 쓰이는 경우도 있다. 다음의 예문이 그것이다.

(11) 山田さんは言うばかりで、何もしない。

(야마다씨는 말만 할뿐, 아무것도 하지 않는다.)

(12) 姉は食べるばかりで、自分では作らない。

(누나는 먹기만 할뿐, 자기가 요리하지는 않는다.)

(13) あの店は値段が高いばかりで、おいしくない。

(저 가게는 가격만 비쌀 뿐, 맛이 없다.)

(14) このバナナは大きいばかりで、おいしくない。

(이 바나나는 크기만 클 뿐, 맛이 없다.)

그 외의 조사 「ばかり」의 쓰임으로, 'くらい(ぐらい)(정도)의 의미, '앞으로 남은 일(할 일) 이 그것 만임'을 나타내는 의미, '~たばかりに~(원인, 이유가 그것임)을 나타내는 의미, 그리고 '~ばかりか~も~(~뿐만이 아니라, ~도)등의 의미로 쓰이는 용법이 있다. 아래에 차례대로 그 예문을 제시해 둔다.

(15) お金を使いすぎて、今月は5万円ばかり赤字になってしまった。

(돈을 많이 써, 이번 달은 5만 엔 정도, 적자가 났다.)

(16) 電車の事故で、駅で１時間ばかり待たされました。

(전차 사고로, 역에서 1시간정도 기다려야했다.)

(17) 5人ばかり、こちらの仕事を手伝ってください。

(5명 정도, 이 쪽 일을 도와주세요.)

(18) 準備も終わって、あとは、開会を待つばかりです。

(준비도 끝났고, 이제 개회를 기다릴 뿐입니다.)

(19) 留学の準備も終わって、あとは、日本へ行くばかりです。

(유학 준비도 끝났고, 이제 일본에 가기만 하면 됩니다.)

(20) 料理も全部できて、もう食べるばかりになっています。

(요리도 모두 되었고, 이제 먹기만 하면 되는 상태입니다.)

(21) たばこの火を消すのを忘れたばかりに、火事になってしまった。

(담배 불 끄는 것을 잊었기 때문에, 불이 나 버렸다.)

(22) 料理がおいしかったばかりに、食べすぎてしまった。

(음식이 맛있어서, 과식해 버렸다.)

(23) 親が留守だったばかりに、子どもがけがををしてしまった。

(부모가 집을 비운 탓에, 아이가 다쳐 버렸다.)

(24) 普段元気だったばかりに、入院したと聞いたとき、びっくりした。

(평소 건강했기에, 입원했다고 듣고, 깜짝 놀랐다.)

(25) その旅行には学生ばかりか、先生もたくさん参加します。

(그 여행에는 학생뿐만이 아니라, 선생님도 많이 참가합니다.)

(26) 山田さんはフランス語ばかりか、スペイン語も上手です。

(야마다씨는 프랑스어뿐만 아니라, 스페인어도 잘합니다.)

(27) この店は味がいいばかりか、量も多いです。

(이 가게는 맛뿐만이 아니라, 양도 많습니다.)

(28) 山田さんはピアノが上手なばかりか、歌も上手です。

(야마다씨는 피아노뿐만이 아니라, 노래도 잘 합니다.)

<まとめ>

<table>
<tr><td rowspan="8">ばかり</td><td>명사+ばかり</td><td>兄はゲームばかりしています。
(형/오빠는 게임만 하고 있습니다.)</td></tr>
<tr><td>~て+ばかり
+いる</td><td>明日テストなのに、遊んでばかりいます。
(내일 테스트인데 놀기만 합니다.)</td></tr>
<tr><td>~た+ばかり</td><td>日本に来たばかりです。
(막 일본에 왔습니다.)</td></tr>
<tr><td>~ばかりで</td><td>父は家では言うばかりで、何もしません。
(아버지는 집에서는 말만하고, 아무것도 하지 않습니다.)</td></tr>
<tr><td>정도</td><td>5分ばかりお待ちください。
(5분정도 기다려주십시오.)</td></tr>
<tr><td>앞으로 남은
일(할 일)이
그것 만임</td><td>旅行の準備が終わって、あとはヨーロッパへ行くばかりです。
(여행 준비도 끝나고, 이제 유럽에 가기만하면 됩니다.)</td></tr>
<tr><td>~たばかりに~</td><td>運転中スマホを落としたばかりに、事故になってしまった。
(운전 중에 스마트폰을 떨어트렸기 때문에, 사고가 나 버렸다.)</td></tr>
<tr><td>~ばかりか~も~</td><td>彼は英語ばかりか、日本語も話せます。
(그는 영어뿐만 아니라, 일본어도 말할 수 있습니다.)</td></tr>
</table>

13. 「ほど」와 「くらい(=ぐらい)」

1) 「ほど」의 다양한 쓰임

조사 「ほど」는, 한국어로 '만큼' '정도'의 뜻으로, 주로 '대략적인 수량이나 정도', '~만큼은 ~아니다) '~만큼 (~한 것은 없다) '(~하면) 할수록' 등의 의미로 쓰인다. 다음의 예문처럼 보통, 수조사 뒤에 붙는 경우는 '대략적인 수량이나 정도'의 의미, '~ほど~くない'의 형태로 쓰이면, '~만큼은 ~아니다)의 의미, '~ほど~ない'의 형태는 '~만큼 (~한 것은 없다)의 의미, 주로 관용적으로 쓰이는 '~ば~(する) ほど'의 형태는 '(~하면) 할수록'의 의미가 된다.

(1) 5分ほど待ってください。(5분정도 기다리세요.)

(2) このハイブリッド車は1リットルのガソリンで20キロほど走ります。
(이 하이브리드 자동차는 1리터의 휘발유로 20km정도 달립니다.)

(3) ごみが山ほどたまっています。(쓰레기가 산만큼 쌓여 있습니다.)

(4) Aさんほど日本語ができるようになればいいなあ。
(A씨만큼만 일본어를 잘할 수 있게 되면 좋으련만.)

(5) 歩くことができないほど、疲れました。
(걸을 수 없을 정도로, 지쳤습니다.)

(6) バナナはすいかほどは高くないです。
(바나나는 수박만큼은 비싸지 않습니다.)

(7) 北海道は京都ほどは暑くないです。
(북해도는 교토만큼은 덥지 않습니다.)

(8) ダイヤモンドほど美しい宝石はありません。

(다이아몬드만큼 아름다운 보석은 없습니다.)

(9) 北へ行くほど寒くなります。(북쪽으로 갈수록 추워집니다.)

(10) 北へ行けば行くほど、寒くなります。

(북으로 가면 갈수록, 추워집니다.)

(11) 勉強すればするほど、日本語が上手になりますよ。

(공부하면 할수록, 일본어를 잘하게 됩니다.)

2)「くらい(=ぐらい)」의 다양한 쓰임

조사「くらい」(탁음이 있는「ぐらい」로도 씀) 는, 주로 '대략적인 수량이나 정도'의 의미로 쓰이는 것이지만, '최소한(간단한/낮은 기준)의 정도'의 의미나, 또 '만큼'의 의미로, '~만큼 ~한 것은 없다'의 의미, '~할 정도라면(~할 것 같으면)의 의미로 쓰이는 경우도 있다.

(12) 大阪から京都まではどのくらいかかりますか。

(오사카에서 교토까지는 어느 정도 걸립니까?)

(13) 車で50分ぐらいかかります。(자동차로 50분정도 걸립니다.)

(14) 肉はそのくらいでいいです。(고기는 그 정도로 됐습니다.)

(15) 息子は私の同じぐらい背が高いです。

(아들은 저와 비슷할 정도로 키가 큽니다.)

(16) コップの水が凍るくらい寒かったです。

(컵의 물이 얼 정도로 추웠습니다.)

(17) テレビぐらいは、持っていますよ。

(텔레비전 정도는 가지고 있어요.)

(18) 一日2食ぐらい食べないと元気になりませんよ。

(하루에 두 끼 정도 먹지 않으면 회복되지 않습니다.)

(19) チェルシーのアザールぐらいドリブルのうまい選手はいません。

(첼시의 아자르만큼 드리블을 잘하는 선수는 없습니다.)

(20) 後輩に謝るぐらいなら会社を辞める方がましだ。

(후배한테 사죄할 정도라면, 회사를 그만두는 것이 낫다.)

3) '정도(대략적인 수량)'의 용법의 「ほど」「くらい≒ぐらい」「ばかり」

위에서 조사「ほど」와「くらい」를 살펴보았으나, 사실 이 두 조사는, 「ばかり」와 함께, 대략적인 수량이나 정도의 의미를 나타내는 경우, 서로 바꾸어 쓸 수 있는 경우가 많다. 특히, 다음의 예문(21) -(24) 과 같은 경우는,「ほど」「くらい」「ばかり」가 모두 다 사용 가능하며, 예문(25)의 경우는 조사「ばかり」만 사용할 수 없다.

(21) 1時間ほど待った。(1시간정도 기다렸다.)

(22) 1時間くらい待った。(1시간정도 기다렸다.)

(23) 1時間ばかり待った。(1시간정도 기다렸다.)

(24) この鳥は身長が10センチ　くらい/ほど/ばかり　しかない。

(이 새는 키가 10cm 정도밖에 되지 않는다.)

(25) あの鳥は身長は１ｍ　くらい/ほど/×ばかり　もある。

(저 새는 키가 1m정도나 된다.)

위 예문(25)처럼, 조사「ばかり」는 나머지 두 조사에 비해 그 쓰임이 제한적이지만, 다음의 예문(26) -(29) 와 같이,「ほど」와「くらい」는 더 많은 경우에 서로 바꾸어 쓸 수 있다.

(26) 猫の額　ほど/くらい　の土地。(손바닥만 한 땅)

(27) クラスの半分　ほど/くらい　が女の子です。

(학급의 반 정도가 여학생입니다.)

(28) ソウル　ほど/ぐらい　家賃の高い都市はない。

(서울만큼 방값이 비싼 도시는 없다.)

(29) 彼女　ほど/ぐらい　親切な人はいないと思います。

(그녀만큼(정도로) 친절한 사람은 없다고 생각합니다.)

그러나 다음 예문과 같은, '최소기준'의 의미의「くらい」의 용법과, 거의 관용적으로 쓰이는 '~くらいなら' '~と同じくらい'등의 용법은 조사「くらい」만 가능하고,「ほど」,「ばかり」와는 바꾸어 쓸 수 없다.

(30) それ　くらい/×ほど/×ばかり　できるよ。(그 정도는 할 수 있어.)

(31) 掃除　くらい/×ほど/×ばかり　自分でしなさい。

(청소정도는 본인이 직접 해.)

(32) 1日　くらい/×ほど/×ばかり　授業を休んでも大丈夫だよ。

(하루정도는 수업에 빠져도 괜찮아.)

(33) 不真面目な彼と結婚する　くらい/×ほど/×ばかり　なら、ずっと独身でいたい。(불성실한 그 사람과 결혼할 정도라면, 평생 독신으로 있고 싶다.)

(34) 韓国の大邱も日本の京都と同じ くらい/×ほど/×ばかり 暑い。

(한국의 대구도 일본의 교토와 비슷할 정도로 덥다.)

위의, '최소한의 낮은 기준'의 의미의 예문에서는 조사「くらい」만 사용할 수 있다면, 조사「ほど」만 가능한 경우도 있다. '~할 정도는(만큼은) ~아니다', 즉, '생각한 높은 기준에는 이르지 못하여, 그 정도(만큼) 는 아니다'의 의미 쓰이는 경우가 그것이다.

(35) 心配するほどのけがではない。(걱정할 정도의 상처는 아니다.)

(36) 泣くほどのことではない。(울 정도의 일은 아니다.)

(37) びっくりするほどのことではない。(깜짝 놀랄 정도의 일은 아니다.)

(38) 死ぬほど辛い経験をした。(죽을 정도로 힘든 경험을 했다.)

(39) それほど難しいとは思わなかった。(그 정도로 어려운지 몰랐다.)

(40) 暑いといっても、死ぬほどではない。

(덥다고 해도 죽을 정도는 아니다.)

<まとめ>

<table>
<tr><td rowspan="3">ほど</td><td rowspan="2">대략적인 정도, 수량</td><td>大阪から京都まで電車で1時間ほどかかります。
(오사카에서 교토까지 전차로 1시간정도 걸립니다.)</td></tr>
<tr><td>台風で海のゴミが山ほどあります。
(태풍 때문에 바다쓰레기가 산만큼 있습니다.)</td></tr>
<tr><td>~ほど~ではない/~くない</td><td>特急ラピートは新幹線ほどは早くない。
(특급 라피트는 신칸센만큼은 빠르지 않다.)</td></tr>
</table>

	~ほど~いない (ない)	メッシーほどサッカーのうまい人はいない。 (메시만큼 축구를 잘하는 사람은 없다.)
	~すれば~する ほど	日本語は勉強すればするほど、難しくなる。 (일본어는 공부하면 할수록, 어려워진다.)
くらい (ぐらい)	대략적인 정도, 수량	関西空港から大阪の難波までラピートで40分ぐらいかかる。 (칸사이 공항에서 오사카 난바까지 라피트로 40분정도 걸린다.)
	최소한의 낮은 기준	電車のチケットくらい、自分で買いなさい。 (전차 티켓 정도는 혼자 사세요.)
	~くらい~ない (いない)	彼女ぐらい親切な人はいない。 (그녀만큼 친절한 사람은 없다.)
	~くらいなら、	おまえと一緒に飯を食べるくらいなら、食べないほうがましだ。 (너하고 같이 밥을 먹을 것 같으면, 안 먹는 것이 낫다.)

〈ほど、くらい、ばかり 의 쓰임의 차이〉

	ほど	くらい	ばかり
きょう息子の友だちが3人(　) 来ます。 (오늘 아들친구가 3명 정도 옵니다.)	○	○	○
3坪(　) の広さの部屋。 (세평정도 넓이의 방.)	○	○	?
謝る(　) のことではない。 (사죄할 정도의 일은 아니다.)	○	×	×
スマホ(　) 持ってるよ。 (스마트폰 정도는 가지고 있어.)	×	○	×

14. 「きり」

1)「きり」의 쓰임

조사 「きり」는, 그 쓰임이 앞에서 살펴 본 조사 「だけ」나 「しか」와 같다. 다시 말하면, 조사 「きり」를 사용할 수 있는 문장이면, 조사 「だけ」나 「しか」를 사용해서 표현할 수 있고, 오히려 「きり」보다 「だけ」나 「しか」쪽을 더 많이 사용한다고 말할 수 있다. 「きり」가 조수사에 붙으면 '한정된 수량'을 나타내고, 동사의 「た」형에 붙어서, '그 상태가 지금도 이어지고 있음'의 의미를 나타낸다.

(1) 二人きりで行きましょう。=二人だけで行きましょう。
(둘이서만 갑시다.)
(2) もう、これきりありません。=もう、これしかありません。
(벌써, 이것밖에 없습니다.)
(3) 山田さんとはあれきり会っていない。=山田さんとはあれしか会っていない。(야마다씨와는 그 때 이후로 만나지 않습니다.)

다음의 예문은, 모두 동사의 「た」형에 「きり」가 붙어서, 조사 「きり」 앞의 상태, 즉, '외출한 상태' '멈춘 상태' '헤어진 상태' '누워서 지내는 상태'가 지금도 변하지 않고 지속되고 있음을 나타내고 있다. 한국어로는 주로 '~한 채'로 해석이 된다.

(4) 朝、出たきり、まだ帰っていません。
(아침에 나간 채, 아직 돌아오지 않고 있습니다.)

(5) 電車が止まったきり、30分も動きません。

(전차가 멈춘 채, 30분이나 움직이지 않고 있습니다.)

(6) 彼とは2年前に別れたきりです。

(남자 친구와는 2년 전에 헤어진 채 만나지 않고 있습니다.)

(7) おばあさんは、3年間、寝たきりの状態です。

(할머니는 3년간 누워서만 지내고 있습니다.)

<まとめ>

한정된 수량 =だけ、しか	カラオケに行ったのは、一回きりです。 (카라오케에 간 것은 한번 뿐입니다.)
	勉強会には3人きり集まりませんでした。 (공부모임에는 3명밖에 모이지 않았습니다.)
상태의 지속	外へ出たきり、授業に戻ってきません。 (밖으로 나간 채, 수업에 돌아오지 않습니다.)

15. 「こそ」

1) 「こそ」의 쓰임

조사 「こそ」는, 주로 체언에 붙어 그 내용을 강조하는 역할을 하는 조사로, 크게 다른 조사로 바꾸어 쓸 수 있는 경우와, 관용적으로 사용되어 다른 조사로는 바꾸어 쓸 수 없는 경우가 있다. 다음 예문에서는, 조사 「こそ」를, 조사 「は」「が」「を」로 바꾸어 쓸 수 있음을 알 수 있다.

(1) 今度こそ絶対勝ってやる!。=今度は絶対勝ってやる!
(이번에야말로/이번에는 이길 거야!)
(2) 社長こそ責任を取るべきです。=社長が責任を取るべきです。
(사장이야말로/사장이 책임을 져야합니다.)
(3) そのような子どもこそ、みんなで助けなければならない。=そのような子どもを、みんなで助けなければならない。(그런 아이야말로/그런 아이를, 모두가 도와야 한다.)

한편, 다음의 조사「こそ」는, 그 쓰임이 관용적이어서, 다른 조사로 바꾸어 쓸 수 없는 경우이다. 또, 예문(4) 는「こそ」를 생략하는 것이 불가능하지만, 예문(5) 는 생략할 수도 있다. 그리고 예문(6) 은, 동사의「ます」형에 연결되어「~こそすれ/~こそあれ」의 형태로, 한국어로 '~할지언정'의 의미로 사용되는 관용적 표현이다.

(4) こちらこそ失礼しました。(저야말로 실례했습니다.)
(5) 努力したから(こそ) 、合格したのです。
(노력했기 때문에, 합격한 것입니다.)
(6) あの人は人をだましこそすれ、人にだまされるような人ではない。
(저 사람은 다른 사람을 속일지언정, 다른 사람에게 속을 사람은 아니다.)

<まとめ>

강조의 의미	今日こそ(=は) 彼女に声をかけよう。 (오늘은 그녀에게 말을 걸어야지.)
	田中さんこそ(=が) 部長になるべきです。 (타나카씨야말로 부장이 되어야 합니다.)
	このような本こそ(=を) 大学生に読ませるべきです。 (이런 책이야말로 대학생에게 읽혀야 합니다.)
관용적 쓰임	こちらこそ、ありがとうございました。 (저야말로, 감사했습니다.)
	君こそ大変だったでしょう。 (자네야말로 힘들었겠네.)
	愛すればこそ、こう言っているのだ。 (사랑하기 때문에 이런 말을 하는거야.)
	苦しみこそあれ、決して楽しい毎日ではなかった。 (고생스러웠을지언정, 결코 즐거운 나날은 아니었다.)

16. 「さえ」

1) 「さえ」의 쓰임

조사 「さえ」는, 주로 '단적인 상황' '최종적인 상황', 혹은 '그러한 상황이 있거나 없는 것이 가장 중요하다'등의 의미를 나타내는 조사이다. 이러한 경우 대부분, 같은 의미의 다른 조사로 바꾸어 쓸 수 있다. 다음의 예문은 '단적인 상황'을 나타내는 것으로, 이 경우는 조사「も」와 바꾸어 쓸 수 있다.

(1) 疲れて、歩くことさえ(=も) できなかった。

(피곤해서, 걷는 것조차도 할 수 없었다.)

(2) 病気がひどくなって、水さえ(=も) 飲むことができないそうだ。

(병이 심해져, 물조차 마실 수가 없다고 한다.)

(3) もう、足のけがが治って、走ることさえ(=も)　できるようになった。

(이제 다친 다리가 나아서, 뛰는 것도 가능하게 되었다.)

다음의 예문에서 사용된「でさえ」의 형태도 '단적인 상황'의 의미를 나타내는 경우이며, 이것은 조사「でも」와 바꾸어 쓸 수 있다.

(4) この問題はたぶん先生でさえ(=でも) できない。

(이 문제는 아마 선생님조차 못 푼다.)

(5) この問題はたぶん小学生でさえ(=でも) 分かる。

(이 문제는 아마 초등학생도 알 것이다.)

(6) それは親でさえ(=でも) 知らなかったそうだ。

(그것은 부모조차 몰랐다고 한다.)

또 다음의 예문은 '더 이상 있기 힘든, 심한 상황'의 의미를 나타내는 것으로, 이 경우는 조사「まで」와 바꾸어 쓸 수 있다.

(7) 東京で道に迷った。夜になり、雨さえ降ってきた。

(동경에서 길을 잃었다. 밤이 되고 비까지 왔다.)

(8) 授業でゲームをすることさえ、何とも思わなくなってしまった。

(수업 시간에 게임을 하는 것조차 아무렇지 않게 생각하게 되어 버렸다.)

그리고 다음 예문이 '그러한 상황이 있거나 없는 것이 가장 중요하다'등의 의미를 나타내는 경우이다. 예를 들어, 아래 예문 중, 'ご飯さえあれば'는 '(반찬이 아니라) 밥이 있는 것이 가장 중요하다'는 의미이며, '彼/彼女さえそばにいれば'는 '남자친구/여자 친구가 옆에 있는 것이 가장 중요하다'는 의미를 나타내고 있다.

(9) ご飯さえあれば、おかずは何も要らない。

(밥만 있으면, 반찬은 아무것도 필요 없다.)

(10) 彼/彼女さえそばにいれば、それで幸せです。

(그 사람/그녀 만 곁에 있으면, 그걸로 행복합니다.)

(11) けがさえなければ、二ケタ得点は問題ないでしょう。

(다치지만 않으면, 두 자리 수 득점은 문제없겠지요.)

(12) 金さえあれば何でもできるというのは大きな間違いです。

(돈만 있으면 뭐든지 할 수 있다는 것은 큰 착각입니다.)

(13) 授業に出さえすれば、単位がもらえるわけではない。

(수업에 출석만 하면, 학점을 받을 수 있는 것이 아니다.)

(14) たばこをやめさえすれば、体が元気になるよ。

(담배를 끊기만 하면 몸이 좋아져.)

<まとめ>

<table>
<tr><td rowspan="3">단적인 상황,
심한 상황
(=も、でも、
まで)</td><td>島には電気さえありません。
(섬에는 전기조차 없습니다.)</td></tr>
<tr><td>この単語の意味は子どもでさえ知っているよ。
(이 단어의 뜻은 어린이도 알아.)</td></tr>
<tr><td>台風19号、20号の影響で飛行機さが欠航となり、帰りの電車さえ運休になってしまった。
(태풍19호와 20호의 영향으로 비행기가 결항이 되고, 돌아가는 전차마저 운휴가 되어 버렸다.)</td></tr>
<tr><td rowspan="2">그러한 상황이
중요함</td><td>けがさえしなければ、皿は壊れてもかまわないよ。
(다치지만 않았다면, 접시는 깨어져도 상관없어.)</td></tr>
<tr><td>子どもの体さえ元気ならば、それでいいんです。
(아이의 몸만 건강하다면, 그것으로 됐습니다.)</td></tr>
</table>

17. 종조사

1)「か」

종조사 「か」는, 문장의 끝에서 주로, '질문' '반어' '비난' '납득' '명령'의 의미로 쓰인다.

(1) あした、来ますか。(내일 옵니까?)(질문)

(2) こんなところには、二度と来ますか。

(이런 곳에 두 번 다시 옵니까?)(반어)

(3) そんなひどいことをするやつがいるか。

(그런 심한 짓을 하는 녀석이 어디 있냐.)(비난(반어)

(4) なるほど、これが讃岐(さぬき) うどんか。

(그렇구나, 이게 사누끼 우동이구나.)(납득)

(5) 早くしないか！(빨리 하지 못할까!)(명령)

2) 「の」

종조사 「の」는, 주로 '질문'의 의미와, 그 반대의 '단정'의 의미(주로 여성) 로도 쓰이는 조사이다. 질문의 의미로 쓰이는 경우도, 조사 「の」가 원래 가지는 '설명'의 의미와 무관하지 않아, 가령, 예문(6)의 「どこへ行くの?」의 경우라면, 화자의 질문의 초점은 상대가 '가는지?, 안 가는지?'에 있는 것이 아니라, '어디'에 가는지, 즉 간다는 것은 이미 화자가 알고 있는 정보이고, 궁금한 것은 그 장소인 것에 맞춰져 있는 상황이라고 설명할 수 있다.

(6) どこへ行くの?/いらっしゃいますの? (어디에 가? / 가세요?)(질문)

(7) 私、先週、東京に行ったの。(나, 지난주에 동경에 갔었어.)
(단정)

(8) これはいただいたものですの。(이건 받은 거예요.)(단정(여성)

3) 「ね(ねえ)」

종조사 「ね(ねえ)」는, 주로 상대에게 화자 자신이 가지고 있는 정보를 상대방에게 '확인'하거나, 그 정보에 대해 '공감'해 주기를 바

랄 때, 그리고 화자 자신의 의견을 상대방에게 가볍게 '주장'하는 등의 의미로, 일본어에서 가장 많이 쓰이는 종조사 중의 하나이다.

(9) 山田さんも行きますね。(야마다씨도 가지요?)(확인)

(10) 私はそれでいいと思いますねえ。
 (저도 그렇게 해도 된다고 생각해요.)(부드러운 주장)

4) 「よ」

종조사 「よ」는, 세부적으로는 '충고' '알림' '명령' '응답' 등의 의미를 나타낸다고 말할 수 있으나, 기본적으로, 화자 자신이 가지고 있는 정보를 상대방에게 '전달'하고 '주장'하는 기능을 하는 조사이다.

(11) 薬、飲んだほうがいいよ。(약, 먹는 것이 좋아.)(전달, 주장(충고)

(12) 出発しますよ。(출발합니다.)(전달, 주장(알림)

(13) そこに座れよ。(거기 앉아.)(전달, 주장(명령)

(14) 分かったよ。(알았어.)(전달, 주장(응답)

5) 「な(なあ)」

종조사 「な(なあ)」는, 문장의 끝에서, '금지' '느낌' '의심' '명령' '다짐' 등, 다양한 의미로 사용된다.

(15) 食べるな。(먹지 마.)(금지)

(16) うん?変だなあ。(응? 이상한데.)(느낌(독백)

(17) 早く寝な。(빨리 자거라.)(명령)

(18) あしたは遅刻しないな。(내일은 지각 안 하지?)(다짐, 확인)

(19) おかしいなあ。間違えたのかな。(이상한데...틀렸나?)
(느낌, 의심(독백)

6)「ぞ」

종조사「ぞ」는, 주로 자기의 다짐이나 결심, 그리고 화자가 말하는 내용을 강조하여 나타낼 때 쓰이는 조사이다.

(20) 今度は頑張るぞ。(이번에는 잘해야지.)(다짐)

(21) もう12時だぞ。早く寝ろ。(벌써 12시야. 빨리 자라.)(강조)

7)「さ」

종조사「さ」는, '단정'의 의미의, 친한 친구나 손아랫사람에게 사용하는 거칠고 막된 말투에서 흔히 쓰이는 조사이다.

(22) A: あした、行くの? B: うん、行くさ。(A: 내일 가니? B: 응, 가.)
(단정)

(23) やればできるさ。(하면 돼.)(단정)

8)「わ」

종조사「わ」는, 주로 여성이, 상황에 대한 자기의 생각이나 의지를 '단정적으로 드러내는' 의미로 사용되지만,「わ」를 2번 반복하여 사용하여, '정도가 심함'의 의미를 나타내는 용법으로도 쓰인다.

(24) あら、雨が降っているわ。(어머, 비가 오네.)

(자기의 생각을 단정적으로 드러냄)(여성)

(25) 私は、そのほうがいいと思うわ。(저는 그 쪽이 좋아요.)

(자기의 생각이나 의지를 단정적으로 드러냄.)(여성)

(26) お客さんが、来るわ来るわ、大変だった。

(손님이 너무 많이 밀려와서 힘들었다.)(정도가 심함)

9)「かしら」

종조사 「かしら」는, 주로 여성이 문장의 끝에서 사용하여, '의심' '질문' '반어' ' 희망' 등의 의미를 나타낸다.

(27) あら、雨かしら。(어머, 비가 오나?)(의심)

(28) あした、いらっしゃるかしら。(내일 오시려나?)(질문(의심)

(29) あんな小さい店にあるかしら。(저런 조그마한 가게에 있을까?) (반어)

(30) 早く夏休みにならないかしら。(빨리 여름방학이 되면 좋으련만 /오지 않으려나?)(희망)

10)「とも」

종조사 「とも」는, 주로 화자의 '확신'의 의미를 나타내는 조사로, 한국어로는 '~(하) 고 말고'로 해석이 된다.

(31) A:おいしい? B:おいしいとも。(A:맛있니? B:맛있고말고.)

(32) A:行きますか。B:行きますとも。(A:갑니까? B:가고말고요.)

교토 료안지(竜安寺) 사진: 전성엽

제2부

일본어 형용사, 동사, 조동사의 세계

제4장 ▌ 일본어 형용사의 세계

형용사는 사람, 사물, 사건의 '성질', '상태', '감정', '감각' 등을 표현하는 단어를 말하는데, 일본어에는 두 종류가 있다. 일반적으로, 일본의 학교에서는 '형용사(形容詞)와 '형용동사(形容動詞)라는 용어를 주로 사용하고, 외국인에게 일본어를 가르치는 '일본어교육' 에서는 주로 'い形容詞'(い형용사) 'な形容詞'(な형용사)라는 용어를 사용한다. 본서에서도 'い형용사' 'な형용사'라는 용어를 사용하기로 한다.

사실 'な형용사'는 그 형태적 특징이 'い형용사'와는 전혀 다르고, 그 활용형도 명사 술어와 같기 때문에, 형태적으로는 '형용사'라는 이름보다는 '명사'에 가까우나, 문법적인 기능으로는 'い형용사'와 전혀 다르지 않기 때문에, 형용사로 취급하는 것이 옳다고 할 수 있다. 이것은 한국어로 해석할 경우, '~하다'로 해석되는 경우가 많다.

1. 일본어 'い형용사'의 활용

일본어「い형용사」는,「おいしい」「おもしろい」「高い」「安い」처럼 형용사의 끝이「~い」로 끝나는 형용사를 말한다. 이것을 정중하게 말하고 싶으면「です」를 붙이면 된다.「い形容詞」의 부정표현은 끝「い」를「~くない」형태로, 과거표현은「~かった」로 바꾸면 된다. 단, 유일한 예외로,「いい/よい」는「よい」를 활용에 사용하여, 부정형은「よくない」, 과거형은「よかった」가 된다(「×いくない」「×いかった」는 쓰지 않는다). 또한, 일본어 い형용사는 뒤에 명사가 이어지는 경우에도, 그 형태는 바뀌지 않는다. 즉, 한국어의 경우, 예를 들어, [좋다+사람], [맛있다+김치]의 경우, [좋은 사람], [맛있는 김치]와 같이 [좋다]나 [맛있다]의 형태가 바뀌지만, 일본어는「いい人」「おいしいラーメン」처럼 い형용사의 형태가 바뀌지 않는다. 일본어 い형용사의 연결형에는 다음과 같이「~くて」「~が/けど」、「~く(て)」、「~기본형+し」등의 방법이 있다.

① おいしい＋安い店です＝おいしくて、安い店です

＝おいしいし、安い店です。

② 味もいい＋広い＋値段が安い店です＝味もよく、広くて、値段も安い店です。

＝味もいいし、広いし、値段も安い店です。

③ 味もいい＋広い＋値段が高い店です＝ 味もよく、広いけど、値段が高い店です。

〈표〉 일본어 い형용사의 활용형태

기본형식			부정	과거	과거부정
おいしい	보통	おいしい	おいしくない	おいしかった	おいしくなかった
	정중	おいしいです	おいしくないです ＝おいしくありません	おいしかったです	おいしくなかったです ＝おいしくありませんでした
あたたかい	보통	あたたかい	あたたかくない	あたたかかった	あたたかくなかった
	정중	あたたかいです	あたたかくないです ＝あたたかくありません	あたたかかったです	あたたかくなかったです ＝あたたかくありませんでした
いい/よい	보통	いい/よい	よくない	よかった	よくなかった
	정중	いい/よいです	よくないです ＝よくありません	よかったです	よくなかったです ＝よくありませんでした

'楽しい日々を'(즐거운 나날을) (후쿠오카에서. 사진: 전성엽)

2. 일본어 'な형용사'의 활용

일본어 'な형용사'는 'い형용사'와 달리, 기본형이 「すきだ」「きれいだ」「有名だ」처럼 「~だ」형태로 끝나며, 한국어로는 '좋아하다' '깨끗하다/예쁘다' '유명하다'와 같이 주로 '~하다'가 되는 경우가 많다. 기본형은 「すきだ」「きれいだ」이지만, 여성들의 회화체 표현에서는 「だ」형태가 생략되어, 「私、これすき。」「まあ、きれい!」처럼 쓰이기도 한다. 그리고 보통의 질문표현에서는 남, 여 상관없이 「ぼくのこと、すき?」「私、きれい?」와 같이 「だ」형태가 생략되거나, 「~なの?」와 같은 조사를 붙여 쓰는 것이 일반적이다. 명사와 같이 「~だ」형태로 끝나는 「な형용사」는, 그 활용형도 명사와 다르지 않다. 그래서 이름을 [명사형용사]라고 부르는 경우도 있다(일본의 학교에서는 일반적으로 [형용동사(形容動詞)]라고 한다). 「な형용사」라는 이름은, 「な형용사」에 명사가 이어질 경우, 「きれいだ+海=きれいな海」처럼 기본형의 「~だ」형태가 「な」로 바뀌는 특징에서 지어진 이름이다.

「な형용사」의 연결형은, 명사처럼 「で」나 「が/けど」를 사용한다.

① 金海はきれいだ+歴史の古い町です=金海はきれいで、歴史の古い町です。(김해는 깨끗하고, 역사가 오래된 도시입니다.)
② 金海は交通が便利です+きれいだ+町です=金海は交通が便利で、きれいな町です。(김해는 교통이 편리하고, 깨끗한 도시입니다.)
③ きれいだが/きれいだけど、交通が便利ではない。(깨끗하지만, 편리하지 않다.)

④ 交通が便利ですが、きれいな町ではない。(편리하지만, 깨끗한 도시는 아니다.)

또한, 한국어의 경우, [나는 수박을 좋아합니다]처럼 [좋아한다]의 대상을 조사[을/를]로 표시하지만, 일본어 「な형용사」의 일부 중에는 「私はすいかが好きです」와 같이 조사 「を」가 아니라, 「が」조사를 사용하는 경우가 있으니 주의해야한다. 「好きだ」와 함께, 그 대상을 조사 「が」로 표시하는 것에는 다음과 같은 것들이 있다. 「すきだ」「きらいだ」「上手だ」「下手だ」「得意だ」「苦手だ」(+い형용사 「ほしい」도)(*한국어 [서투르다]는, 일본어 「苦手だ」와 마찬가지로, [나는 영어가 서투르다]처럼 그 대상을 [을/를]이 아니라, [이/가]를 사용해서 표시)

〈표〉 일본어 な형용사의 활용형태

기본형식			부정	과거	과거부정
すきだ	보통	すきだ	すきではない	すきだった	すきではなかった
	정중	すきです	すきではです ＝すきではありません	すきだったです ＝すきでした	すきではなかったです ＝すきではありませんでした
きれいだ	보통	きれいだ	きれいではない	きれいだった	きれいではなかった
	정중	きれいです	きれいではないです ＝きれいではありません	きれいだったです ＝きれいでした	きれいではなかったです ＝きれいではありませんでした
便利だ	보통	便利だ	便利ではない	便利だった	便利ではなかった
	정중	便利です	便利ではないです ＝便利ではありません	便利だったです ＝便利でした	便利ではなかったです ＝便利ではありませんでした

제5장 ▌ 일본어 동사의 세계

일본어 동사(動詞) 는 원래의 의미인 '움직임'을 나타내는 것부터, '변화' '존재' '상태'등 다양한 의미를 나타내는 표현이다. 예를 들어 '달리다'(走る)처럼 너무나 '움직임'이 잘 느껴지는 것이 있는가 하면, '(산이) 우뚝 솟아있다'(そびえる)처럼 '상태성'의 성질을 지녀, 움직임이라고는 전혀 느낄 수 없는 동사도 있어 그 성질이 매우 다양함을 알 수 있다.

또, 일본어 동사는 그 '기본형'의 끝이 반드시 '가나50음도'의 'う段'(う단) 으로 끝난다.

〈일본어 가나50음도(1)〉

あ行	あ行	か行	さ行	た行	な行	は行	ま行	や行	ら行	わ行
	↓	↓	↓	↓	↓	↓	↓	↓	↓	↓
		k	s	t	n	h	m	y	r	w
あ段 → a	あ	か	さ	た	な	は	ま	や	ら	わ
い段 → i	い	き	し	ち	に	ひ	み	(い)	り	(ゐ)
う段→ u	**う**	**く**	**す**	**つ**	**ぬ**	**ふ**	**む**	**ゆ**(2)	**る**	(う)
え段 → e	え	け	せ	て	ね	へ	め	(え)	れ	(ゑ)
お段 → o	お	こ	そ	と	の	ほ	も	よ	ろ	を
										+ん

(1) 일본어 가나를 일정한 순서로 배열한 것을 일컫는 이름. 요즈음은 사용하지 않는 'ゐ'(=/i/) 'ゑ'(=/e/) 등과 중복된 것을 제외하면 현재는 50음(글자) 이 아니라 모두 46음(글자).

위 '50음도'에서 알 수 있듯이, '단(段)은 같은 '모음'의 가나를 의미하며, '행(行)은 같은 '자음'의 가나를 의미한다. '買う' '書く' '話す' '立つ' '死ぬ' '呼ぶ' '読む' '帰る' '食べる' '見る' 'する' '来る'등 모든 일본어 동사는 'う단'으로 끝난다. 그리고 이 '단'은 일본어 동사의 활용과 밀접한 관련이 있다. 동사에 정중한 의미를 더하는 'ます형'은, '5단 활용 동사'의 경우, 'い단'에 접속하고, 부정의 의미를 더하는 'ない형'은 'あ단'('買う'등 'う'로 끝나는 동사는 '~わない'가 됨)에 접속한다.

그럼, 일본어 동사의 종류와 활용에 대해 자세히 살펴보기로 하자.

1. 일본어 동사의 종류

일본어 동사의 종류는 그 활용 형태에 따라, 다음과 같이 3가지 종류로 나누어진다.

1) 1단 활용 동사(=II그룹 동사)
2) 5단 활용 동사(= I 그룹 동사)
3) 변격 활용 동사(=III그룹 동사)

'5단 활용 동사' 등은 주로 '학교문법' 즉, 일본의 학교에서 일본

---

(2) 'う단' 중에, '-ゆ'로 끝나는 동사는 현대어에는 없다. '-ぬ'로 끝나는 동사도 '死ぬ'하나뿐이다.

학생들이 배울 때 사용하는 용어이고, ‘ I 그룹 동사’(혹은 ‘그룹 I 동사’) 등의 용어는 외국인들이 일본어를 배울 때 사용하는 용어이다. ‘ I 그룹 동사’등의 용어가 편리하긴 하나, 대부분의 일본어사전에는 ‘5自’ ‘1他’와 같이 ‘5단 활용 동사’ ‘1단 활용 동사’쪽의 용어를 사용하고 있기 때문에, 본서에서는 ‘5단활용동사’, ‘1단활용동사’ ‘변격활용동사’를 사용하기로 하고, 아래 표에 각각의 활용 동사의 ‘형태적 구분방법’을 우선 정리해 둔다.

〈표〉 일본어 동사의 종류와 기본형의 특징

<table>
<tr><th colspan="2">동사의 종류</th><th>예</th><th>구분방법</th></tr>
<tr><td rowspan="2">1단 활용 동사</td><td>상1단</td><td>見る、起きる、いる、
伸びる、着る、借りる 등</td><td>1) 1단 동사는 모두
기본형의 끝이 ‘る’
2) ‘る’앞이 모두 ‘い단’ 즉,
‘-iる’인 것</td></tr>
<tr><td>하1단</td><td>食べる、寝る、教える、
かける、投げる、捨てる 등</td><td>1) 1단 동사는 모두
기본형의 끝이 ‘る’
2) ‘る’앞이 모두 ‘え단’ 즉,
‘-eる’인 것</td></tr>
<tr><td colspan="2" rowspan="2">5단 활용 동사</td><td>買う、書く、話す、立つ、
死ぬ、呼ぶ、読む 등</td><td>기본형의 끝이 ‘る’가 아닌 것.</td></tr>
<tr><td>分かる、売る、乗る 등</td><td>기본형의 끝이 ‘る’이지만,
(‘-iる’, ‘-eる’가 아니라,
‘-aる’ ‘-uる’ ‘-oる’ 인 것</td></tr>
<tr><td colspan="2">변격활용동사</td><td>来る、する</td><td>‘来る’ 와 ‘する’ 2개뿐</td></tr>
</table>

+

예외 5단 활용 동사	帰る、知る、走る、入る、 切る、要る、減る、蹴る、 いじる、握る、散る 등	이들은 위 표의 1단 활용 동사처럼, ‘-iる’, ‘-eる’ 의 형태를 하고 있으나, 예외로, 5단 활용을 한다.

위 표의 '1단 활용 동사'에서, '상(上) 1단 활용 동사'와 '하 (下) 1단 활용 동사'의 '상(上) '하(下)는, 앞에서 언급한 '50음도'중 'う단'을 기준으로 했을 때, '見(m-iる) '起き(ok-iる) 'い(i) る'와 같이 동사의 끝 'る'앞이 모두 'い단'(iる) 이어서 'う단'의 '위'에 위치한다는 의미로 '상(上) 1단'이라고 이름을 붙인 것이며, '食べる(tab-eる) '寝る(n-eる) '教える(oshi-eる)등은 모두 동사의 끝 'る'앞이 'え단'(eる) 이기 때문에 '아래'의 '하(下) 1단'이라고 한 것이다. 이 둘은 합쳐서 '1단 활용 동사'라고 기억해도 무방하나, 일본어사전에서는 예를 들어, '食べる'는 '他下1'(타동사 하1단) 과 같이 표기하고 있기 때문에 알아 둘 필요가 있다.

1) 1단 활용 동사

먼저, '활용'이라는 용어부터 정확하게 확인해 두자. 활용은 다른 말로 '어미변화' '끝바꿈'이라고도 하는데, 용언(동사나 형용사 등)의 어간에 여러 가지 형태가 붙어, 각각의 동사의 기본적인 의미를, 때(시제) 나 화자의 표현의도(서법) 를 다르게 바꾸는 것을 말한다. 예를 들어, 한국어의 '먹다'라는 동사는, 과거로 때(시제) 를 바꾸어 표현하려면 '먹었다'로 그 형태를 바꾸어 표현해야 하고, '희망'을 말하고 싶으면 '먹고 싶다', 추측을 말하려면 '먹을 것 같다', '조건 표현'은 '먹으면', 그리고 '권유'는 '먹자', '명령'의 의미는 '먹어라' 처럼 그 형태를 바꾸어야 한다. 이와 같이 여러 가지 의미를 표현하기 위해, 그 형태를 바꾸어 주는 것을 '활용'이라고 한다.

그러면, 먼저, 일본어 동사의 '1단 활용 동사'는 어떤 방식으로 활용하는 것인지 알아보기로 하자. 즉, 일본어 동사의 '1단 활용'이란 무엇을 말하는 것인지를 자세히 살펴보자.

활용이란, 다양한 의미를 표현하기 위해 용언(동사, 형용사 등)의 형태를 바꾸어 말하는 것이었으니, 일반적으로 많이 사용하는 의미를 이용해 동사의 활용을 설명하는 경우가 대부분이다. '일반적으로 많이 사용'하는 표현들이란, 일본어에서는 보통, '정중'하게 말하는 경우, '부정'을 말하는 경우, 뒤의 명사를 '수식'하는 경우, '가정'의 의미를 말하는 형태, 그리고 '명령'의 형태는 어떻게 되는가, 등을 대표로 해서 연습한다.

〈표〉 1단 활용 동사의 활용

학교 문법	+형식 (의미)	おきる (起きる 일어나다)	いる (있다)	おしえる (教える 가르치다)	たべる (食べる 먹다)
연용형	+ます (정중)	おきます	います	おしえます	たべます
미연형	+ない (부정)	おきない	いない	おしえない	たべない
	+よう (의지)	おきよう	いよう	おしえよう	たべよう
연체형	+とき (時)(+명사)	おきるとき	いるとき	おしえるとき	たべるとき
가정형	+ば(가정)	おきれば	いれば	おしえれば	たべれば
명령형	명령형 (명령)	おきろ	いろ	おしえろ	たべろ
연용형	+て(연결) (-하고)	おきて	いて	おしえて	たべて

위 표에서, '연용형/연체형' '미연형' '가정형' 등은 '학교문법'에서 사용하는 용어로 그 의미는 다음과 같다.

- **연용형(連用形)** -용언(用言)(동사, 형용사 등)에 이어지는 형태
- **연체형(連体形)** -체언(体言)(명사, 대명사 등)에 이어지는 형태
- **미연형(未然形)** - '아직 그러하지 아니하다'라는 뜻으로, 예를 들어, 동사 '食べる'의 미연형인 '食べない' '食べよう'는, 각각 '먹지 아니하다' '먹어야지/먹자'라는 뜻으로, '먹다'라는 동작에 '이르지 아니함'을 나타낸 의미에서 가져온 이름이라고 설명할 수 있다. 따라서 보통 '부정형'이라고 표현하는 '食べない'형태의 'ない'형은 먹는 것을 부정하는 의미가 아니라, '아직 먹는 동작에 이르지 못하다'의 뜻을 나타내는 것이라고 볼 수 있다.
- **가정형(假定形)** - '조건'이나 '가정'의 의미를 나타내는 형태

그리고, 위 표에서 알 수 있듯이, 1단 활용 동사를 여러 가지 의미로 활용시켜 보면, 그 형태가 일정하게 바뀌고 있음을 확인할 수 있다. 즉, '상1단활용동사'인 'おきる'(일어나다) 'いる'(있다) 는 동사의 끝 'る'앞이 모두 'い단'의 'き' 'い'인 것을 알 수 있고, '하1단활용동사'인 'おしえる' 'たべる'는 동사의 끝 'る'앞이 모두 'え단'의 'え' 'べ'이다. 즉, 이들은 모두 동일하게, 'あ段、い段、う段、え段、お段'의 5개의 단 중에서, 각각 'おきる'(일어나다) 와 같은 1단활용동사는 'い段'1개의 단에서만, 'おしえる'와 같은 1단활용동사는 'え段'1개의 단에서만 그 활용의 형태가 나타나고 있는 것이다. 바로 이와 같은 이

유에서 그 이름을 '1단 활용 동사'라고 부르는 것이다.

그렇다면, '5단 활용 동사'는 그 활용의 형태가 5개의 단 모두에서 나타난다는 것을 의미함을 쉽게 이해할 수 있을 것이다.

2) 5단 활용 동사

'5단 활용 동사'에는, 동사 기본형의 끝이 'る'가 아닌 것, 'る'인 것 중에서는 '-aる' '-uる' '-oる'인 것, 그리고 예외 인 것 등이 있었다. 다음의 표와 같이, 각각의 대표동사 하나씩 그 활용형을 적어 보기로 하자. 대표 동사를 한 두 개씩만 그 활용형을 적어 보면, 규칙을 발견할 수 있고, 규칙에서 벗어 난 것도 알 수 있는 등, 우리에게 많은 것을 알려준다.

〈표〉 5단 활용 동사의 활용 (음영부분 예외5단)

	+ます (-합니다)	+ない (-않는다)	+う (-하자)	+時 (-할 때)	+ば (-하면)	명령형 (-해라)
かう(買う)	かいます	かわない	かおう	かうとき	かえば	かえ
かく(書く)	かきます	かかない	かこう	かくとき	かけば	かけ
はなす(話す)	はなします	はなさない	はなそう	はなすとき	はなせば	はなせ
たつ(立つ)	たちます	たたない	たとう	たつとき	たてば	たて
しぬ(死ぬ)	しにます	しなない	しのう	しぬとき	しねば	しね
あそぶ(遊ぶ)	あそびます	あそばない	あそぼう	あそぶとき	あそべば	あそべ
よむ(読む)	よみます	よまない	よもう	よむとき	よめば	よめ
とmaる(止まる)	とまります	とまらない	とまろう	とまるとき	とまれば	とまれ
uる(売る)	うります	うらない	うろう	うるとき	うれば	うれ
noる(乗る)	のります	のらない	のろう	のるとき	のれば	のれ
かえる(帰る)	かえります	かえらない	かえろう	かえるとき	かえれば	かえれ
しる(知る)	しります	しらない	しろう	しるとき	しれば	しれ
はいる(入る)	はいります	はいらない	はいろう	はいるとき	はいれば	はいれ

철도 건널목의 'とまれ' 표시(사진: 전성엽)

사실, 위의 '5단 활용 동사'의 활용표는 우리에게 다음과 같은 많은 정보를 제공하고 있다.

①먼저, 표를 가로로 보면, 예를 들어, 위 사진에도 있는 동사 '止まる(とまる)(멈추다)의 활용형은, 순서대로, 'とまります' 'とまらない' 'とまろう' 'とまる時' 'とまれば' 'とまれ'로 활용하여, 그 활용형태가 '5개의 단'모두에서 나타나는 것을 알 수 있다. 이렇게 활용하는 경우의 동사를 '5단 활용 동사'라고 이름 부르는 것이다.

②세로 첫 번째 줄의, 정중한 의미를 더하는 'ます'형의 경우, 모두 'ます'형 앞의 동사 끝이 'い段'으로 규칙적으로 바뀌어 있는 것을 알 수 있다. 즉, 5단 활용 동사의 'ます'형은 동사의 끝을 'い단'으로 바

꾼 다음 'ます'형을 붙이는 것이 규칙인 것이다.

③세로 줄 세 번째의 'ない'형은 모두 'ない'형 앞의 동사 끝이 'あ단'으로 규칙적으로 바뀌어져 있는 것을 알 수 있다('かう'가 'かあない'가 아니라, 'かわない'로 되는 것에 대해서는 아래 ⑧에서 따로 설명). 즉, 5단 활용 동사의 'ない'형은 동사의 끝을 'あ단'으로 바꾼 다음 'ない'형을 붙이는 것이 규칙인 것이다.

④4번 째 줄의 '+う'형은, '의지'나 '권유'의 의미로 사용하는 형태인데, 'う'앞의 동사 끝의 형태가 모두 'お단'으로 바뀌어져 있는 것을 알 수 있다. 즉, 5단 활용 동사의 '의지/권유'의 형태는 동사의 끝을 'お단'으로 바꾼 다음 'う'를 연결하는 것이 규칙이다.

⑤5번 째 세로 줄의 '-ば'형은, 동사의 '조건/가정'의 의미를 나타내는 형식으로, 이 경우, '-ば'형 앞의 동사 끝이 모두 'え단'으로 바뀌어 있는 것을 알 수 있다. 즉, 5단 활용 동사의 '조건/가정'의 의미를 만드는 규칙은 동사의 끝을 'え단'으로 바꾼 다음, '-ば'형태를 연결하는 것이다.

⑥마지막으로, '명령'의 의미는, 동사의 끝을 'え단'으로 바꾸어 표현하면, '강한 명령'의 표현, 또는 앞의 사진과 같이 공공표식에서도 사용하는 형태로 바꿀 수 있다.

⑦ '帰る' '知る' '入る'는 예외로 5단 활용을 하는 동사의 대표로, 이들을 '1단 활용 동사'와 구분하는 한 가지 방법으로, 'ない'형을 몇 개 외워보면 알 수 있다. 5단 활용 동사의 'ない'형은 예외 없이 동사의 끝이 'あ단'으로 바뀌기 때문이다.

〈표〉 형태가 같은 1단활용동사와 5단활용동사의 'ない'형

1단 활용 동사의 예		5단 활용 동사의 예	
きる (着る:입다)	きない (着ない)	きる (切る:자르다)	きらない (切らない)
いる (있다)	いない	いる (要る:필요하다)	いらない (要らない)
かえる (変える:바꾸다)	かえない (変えない)	かえる (帰る:돌아가다)	かえらない (帰らない)
へる (経る:경과하다)	へない (経ない)	へる (減る:줄다)	へらない (減らない)

⑧ '-わない'형에 대하여

5단 활용 동사 중, 동사의 끝이 'う'로 끝나는 동사, 즉, '買う'(사다), '会う'(만나다), '思う'(생각하다), '言う'(말하다), '洗う'(씻다), '吸う'(들이마시다, 피우다) 등의 'ない'형은 '-わない'가 되는데, 사실 이 현상은 다른 동사의 경우와 다르다. 가령, '書く'나 '話す'등은, 각각 '書かない' '話さない'처럼, 같은 '행'안에서 'ない'형으로 바뀌지만, 'う'로 끝나는 동사는 같은 행에서가 아니라 'わ행'으로 건너 뛰어, '-わない'형태로 만들어진다. 즉, 이 경우는 2개의 행에 걸쳐 활용형이 만들어지는 셈이다.

<書く>	<話す> ⟷	<買う>	
かない	さない	~~あない~~ ····	わない
き	し	い	
かく	はなす	かう ↗	
け	せ	え	
こ	そ	お	

3) 변격활용동사: '来る', 'する'

동사 중, '변격활용동사'라고 분류되는 것은 '来る'와 'する'둘 뿐이다. '변격'이라고 이름 붙인 것은, 이 두 개의 동사는 그 활용형태가 위에서 살펴본 '1단 활용 동사'와 '5단 활용 동사'그 어느 쪽에도 포함되지 않기 때문이다. 이 두 개의 동사는 아래와 같이 활용한다.

	<来る>	**<する>**
+ます	きます	します
+ない	こない	しない
+よう	こよう	しよう
+時	くるとき	するとき
+ば	くれば	すれば
명령형	こい	せよ / しろ
+て	きて	して
+た	きた	した
		(さ-せる さ-れる)

즉, 이 둘은 모두 명령형의 형태가 불규칙적이며 '来る'는 'ない'형이 'お단'인 반면, 'する'는 'い단'이다. 또한 'する'는 '-せる' '-れる'에 연결되는 형태까지 생각하면, '규칙적이지 않게' 활용형이 나타나고 있음을 알 수 있다. 그래서 보통 이 둘을 하나로 묶어 '변격활용동사'로 이름 부른다.

2. 일본어 동사의 「て」형 (일본어의 '音便形'(음편형)

일본어 동사의 'て형'(te-form) 이라는 표현은 주로 '일본어교육'의 입장에서, '동사'에 한정하여 사용하는 용어이고, '학교문법'에서는 보다 넓은 의미로 '音便形(おんびんけい)(음편형) 이라는 용어를 사용하지만, 지금은 주로 '5단 활용 동사'의 'て형'(3)을 좁은 의미로 '음편형'으로 부르기도 한다. 어느 나라 말이든, 오랜 세월에 걸쳐 사용하다 보면, 그 형태가 변하기 마련인데, 일본어 동사에서도 'て'나 'た'등의 형식에 이어질 때의 소리가, 시간의 흐름 속에서 자연스럽게, 보다 편하게, 변화가 일어났다. 이러한, 발음하기 편하게 소리가 변한 현상이나 형태 등을, 오늘날의 학자들이 모아서 이름 붙인 것이 '音便形'(음편형) 인 것이다. 일본어 음편형의 역사는 비교적 오래되어서, 이미 헤이안(平安) 시대(8c-12c)의 초기에 그 흔적을 찾아 볼 수 있다고 알려져 있다.

---

(3) '~た'형, '~たり'형, '~たら'형 등에 연결될 때도 동일한 음편현상이 일어난다.

'소리를 편하게 발음하는'현상인 음편형은, 실은 동사뿐만이 아니라, 형용사나 명사에도 있다. 예를 들어, 일본어문자를 의미하는 'かな'도, 'かりな'→ 'かんな'→ 'かな'와 같이 소리가 변한 것이며, '(매월) 1일'을 뜻하는 'ついたち'도 'つき(月) たち(立ち)('달이 시작됨'의 의미) → 'ついたち' 와 같이, 'つき'가 'つい'로 소리가 편하게 변한 것이다.

일본어의 음편형에는 다음과 같이 4가지 종류가 있다.(4)

1) 'う'**음편**: 여러 형태가 있지만(5), 현대어에서는 주로 '형용사' 'く' 음이 'ございます'에 연결 될 때 'う'로 변하는 것.
2) 'い'**음편**: 5단 활용 동사의 연용형 'き' 'ぎ' 'り'등의 음이 'い'로 변하는 것.
3) 'っ'**음편**(促音便: そくおんびん: 촉음편) : 5단 활용 동사의 연용형 'ち' 'ひ(い) 'り'가 촉음 'っ'로 변하는 것.
4) 'ん'**음편**(撥音便: はつおんびん: 발음편) : 5단 활용 동사의 연용형 'に' 'び' 'み'가 'ん'으로 변하는 것.

1) 'う'음편

형용사의 경우는, 주로 'ございます'에 연결될 때 일어나는 'う음편'

(4) 1단 활용 동사, 변격활용동사, 그리고 '-す'로 끝나는 5단 활용 동사의 'て'형, 즉, '食べて' '見て' '来て' 'して' '話して' 등은 '음편현상'이 없었다, 는 설명이 된다.

(5) 옛 일본어에서는 남자가 같은 모계의 여성(연상연하 모두) 을 'いも' 라고 불렀다. 현대일본어의 '여동생'을 의미하는 'いもうと(妹)는 'いも' + 'ひと(人) 의 'いも**ひ**と'가 'う'음편으로 변하여 'いも**う**と' 가 된 것.

이 대부분으로, 요즈음은 일반적으로 사용하지는 않는 표현이지만, 대표적인 몇 개와 이미 그 음편의 형태가 굳어져 음편화한 것임을 알아차리기 어려운, '감사합니다' '안녕하십니까(아침인사) '축하드립니다'등의 표현을 함께 소개해 둔다.

- 寒い＋ございます → さむうございます
- よろしい＋ございます → よろしゅうございます
- うれしい＋ございます → うれしゅうございます
- ありがたい→ありがたく＋ございます → ありがとうございます
- お早う→お早く＋ございます → おはようございます
- おめでたい→おめでたく＋ございます → おめでとうございます

2) 'い'음편

'い'음편은 5단 활용 동사의 연용형, 'き'와 'ぎ', 그리고 'り'가, 주로 'て'나 'た', 'ます'등의 형식에 이어질 때, 'い'로 변하는 것을 말한다. '急ぐ'처럼 동사의 끝이 'ぐ'인 경우는, 'て' 'た' 'たり' 'たら'등의 형태가 유성음(탁음) 이 되어, 'で' 'だ' 'だり' 'だら'로 된다. 그리고 'い'음편에는 유일한 예외의 동사 '行く'가 있다. '行く'는 규칙대로라면 '行いて'의 형태가 되어야 하나, 예외적으로 '行って'로 변하였다.

또, 'ござる' 'くださる' 'いらっしゃる' 'おっしゃる'등이 'ます형'에 연결될 때, 'り'가 'い'로 변하는 현상도 'い'음편이다. 바꾸어 말하면, 'くださいます' 'いらっしゃいます'의 동사기본형은 'くださう' 'いらっしゃう'가 아니라 'くださる' 'いらっしゃる'인 것이다.

〈표〉 'い'음편('て형'과 'ます형')의 예

동사 기본형	옛 연용형의 형태	'い'음편형 (て형)
聞く	ききて	きいて
咲く	さきて	さいて
急ぐ	いそぎて	いそいで
泳ぐ	およぎて	およいで
行く	いきて	(예외) いって

동사 기본형	옛 연용형의 형태	'い'음편형 (ます형)
ござる	ござります	ございます
くださる	くださります	くださいます
いらっしゃる	いらっしゃります	いらっしゃいます
おっしゃる	おっしゃります	おっしゃいます

3) 'っ'음편(促音便: そくおんびん: 촉음편)

'っ'음편은, 5단 활용 동사의 연용형, 'ひ(지금의 い) 'ち' 'り' 'き(유일한 예외인 '行く'의 경우) 가, 'っ'음(촉음(促音: つまる音) (6)으로 변하는 것을 말한다.

(6) 크기가 작은 'っ'이다. 한국어로 말하면 받침과 같은 역할을 한다고 볼 수 있는데, 일본어에서는 촉음도 한 음절로, 1박자의 소리의 길이를 가진다.

〈표〉 ‘っ’음편(て형)

동사 기본형(옛 형태)	옛 연용형의 형태	‘っ’음편(て형)
言う(いふ)	いひて	いって
買う(かふ)	かひて	かって
打つ	うちて	うって
待つ	まちて	まって
ある	ありて	あって
降る	ふりて	ふって
行く (예외)	いきて	いって

4) ‘ん’음편(撥音便: はつおんびん: 발음편[7])

‘ん’음편은, ‘ん’글자가 비교적 늦게 만들어졌기 때문에, ‘ん’음편도 무로마치시대[8] 무렵, 즉, 근세이후에 나타난 것으로 알려져 있다. 그 이전에는 문자 ‘ん’이 없었기 때문에, ‘む’ ‘い’등 다른 문자로 표기하거나, 아예 표기를 생략하기도 했다. 5단 활용 동사 이외에도, 예를 들어, 현대어에서 ‘そうなのです’가 ‘そうなんです’로, ‘つまらない’가 ‘つまんない’로 되는 것도 ‘ん’음편이며, 또 ‘日(ひ) ＋向かし’→ ‘ひむかし’→ ‘ひんかし’→ ‘ひがし(東)로 그 음이 변한 것도 ‘ん’음편과 관련이 있다.

5단 활용 동사의 경우, 그 연용형의 활용어미 ‘に’ ‘び’ ‘み’가, ‘ん’

(7) ‘撥’ (일본어 ‘はねる’) 은 ‘튀기다, 치다, 위로 뻗게 하다, 자르다’ 등의 뜻으로, 음성학적 특성에서 붙인 이름인 ‘촉음(促音)과는 달리, ‘撥音(발음)이라는 이름은, 실은 히라가나 ‘ん’도 카타카나 ‘ン’도 모두 ‘위로 뻗친 모양’의 글자라는 뜻의, ‘글자의 형태’에서 유래한다.

(8) ‘室町’時代(무로마치시대) :14c-16c, 교토의 무로마치에 막부를 둔 시대.

음으로 변하는 것을 말한다. 'ん'음으로 음편화하면, 이어지는 'て' 'た' 'たり' 'たら' 등의 형태가 유성음(탁음) 이 되어, 'で' 'だ' 'だり' 'だら'로 된다.

〈표〉 'ん'음편(て형)

동사 기본형	옛 연용형의 형태	'ん'음편(て형)
死ぬ	しにて	しんで
飛ぶ	とびて	とんで
呼ぶ	よびて	よんで
噛む	かみて	かんで
読む	よみて	よんで

5) 5단 활용 동사의 'て형'

일본어 '동사'의 음편현상은, 위의 표에서 확인할 수 있듯이, 'い음편' 'っ음편' 'ん음편' 모두, 동사의 연용형 'き、ぎ、り、い(ひ) 、ち、り、に、び、み'와 같이 '-i 모음'에서, 그것도 모두 '5단 활용 동사'에서만 음편현상이 일어난 것을 알 수 있다. 현재도, 일본어의 '음편형'은 '5단 활용 동사'에서만 생기는 형태이며, '1단 활용 동사' 등 다른 활용형은, 음편현상과 '상관이 없다' 혹은 '음편현상이 일어나지 않는다'라고 설명하는 것이 일반적이다.

그러나 이 설명은 오히려 거꾸로, 동사의 'て형'등에서 음편현상이 일어나지 않은 형태를 모아 '1단 활용 동사'로 하였고, 위에서 살펴 본 것과 같은 '음편현상'이 일어나고 또 다른 활용 형태들이 생기는 것들을 모아서 '5단 활용 동사'로 분류한 것이라고 해석하는 것이 타당하다고 여겨진다. 아무튼, 5단 활용 동사의 'て형'은 보통 다음과 같이 정리되고 있다.

〈표〉 5단 활용 동사의 'て형'

5단 활용 동사의 기본형	옛 연용형의 형태	지금의 て형	음편형의 종류
書く	かきて	かいて	い음편
騒ぐ	さわぎて	さわいで	
笑う	わらひて	わらって	っ음편 (촉음편)
立つ	たちて	たって	
売る	うりて	うって	
(예외) 行く	いきて	いって	
死ぬ	しにて	しんで	ん음편 (발음편)
飛ぶ	とびて	とんで	
読む	よみて	よんで	

'とまって'(후쿠오카에서. 사진: 전성엽)

3. 일본어 동사의「~た」「~ている」「~る?」형

앞에서는 일본어 동사, 특히 5단 활용 동사의 'て형' 'た형'을 '활용'의 측면에서 살펴보았지만, 여기서는 이들의 '의미'적인 면, 특히 이들 형태가 일본어의 '시제'(tense), 즉 '때'의 의미를 담당하고 있는 형식의 하나라는 것에 주목하고자 한다.

일본어에서, 시제와 관련하는 형식으로는 동사의 기본형인 'る'형(9)과 소위 '과거형'인 'た'형, 그리고 '~ている'형이 있다.

먼저, 동사 기본형인 'る'형부터 살펴보기로 하자.

1) 동사의 'る'형

동사 'る'형은 일본어에서 과연 어떤 시제를 담당하고 있을까? '현재'의 시제를 나타내는 형식일까? 이를 알 수 있는 방법은 비교적 간단해서, 동사의 기본형을 사용해 가족이나 친구에게 질문을 하는 장면을 생각해 보면 된다.

(1) らーめん、なに食べる? みそラーメン?

(2) ねえ、コーヒー、飲む?

(3) きょう、どうする? 行く?

(4) 京都にも行きますか。 それとも大阪だけですか。

(5) 京都にはいつ行くんですか。

---

(9) 기본형이 'る' 이외의 'う' 'く' 'す'... 등도 포함한, 동사 기본형의 대표로서 'る'형을 의미한다.

위와 같은 예문에서 쓰이고 있는 동사 기본형인 'る'형 또는 그것의 정중한 형태인 'ますか'나 'のですか'형의 쓰임의 의미는 이를 한국어로 옮겨 보면 더 알기 쉽다. 즉,

(1) 라면, 뭐 먹을래? 된장라면?

(2) 저기, 커피 마실래?

(3) 오늘, 어떻게 할래? 갈래?

(4) 교토에도 갑니까? 아니면 오사카만입니까?

(5) 교토에는 언제 가는 겁니까?

와 같이, 이들 모두가 현재시제가 아닌, 미래의, 앞으로 일어날 일에 대해 말하고 있음을 알 수 있다. 다시 말하면, 일본어 동사의 기본형이 시제를 담당할 때는, '현재'가 아니라 '미래'를 담당하는 것이다. 그럼, 일본어에서 현재 눈앞에서 일어나고 있는 일을 표현할 때는 어떤 형식을 사용할까?

2) 일본어 동사의 '현재 진행형'

동사 '食べる'(먹다), '飲む'(마시다), '走る'(달리다) 등의 기본형이, '食べる?'(먹을래?), '飲む?'(마실래?), '走る?'(뛸래?) 와 같이, 시간적으로 '앞으로'의 일을 나타내는 것이라면, '먹고 있다', '마시고 있다', '뛰고 있다'와 같은 '현재진행'의 표현은 어떻게 하면 될까? 일본어에서는 다음의 예문과 같이, '~ている'형식을 사용한다.

(6) なに食べているの?

(7) A: いまなに飲んでいるんですか。 B: コーヒー飲んでいるよ。

(8) A: 田中はいま何している? B: あ、運動場を走っています。

(6) 뭐 먹고 있어?

(7) A: 지금 뭐 마시고 있습니까? B: 커피 마시고 있어.

(8) A: 다나카는 지금 뭐하고 있어? B: 아, 운동장을 뛰고 있습니다.

그런데, 이 '~ている'형식이, 항상 '현재진행'의 의미를 나타내는 것이 아니라는 점을 주의해야한다. 다음의 예문을 보자.

(9) 田中さんはネクタイをしめています。

(10) 田中さんは眼鏡をかけています。

위의 예문은, 어떻게 한국어로 옮길 수 있을까? 실은 이 두 예문은, 다음과 같이, '현재진행'과 '상태'두 가지 의미의 해석이 모두 가능하다. 이는 기본적으로 이러한 종류의 동사가 가지는 고유의 '성질'에 의한 것이다. 즉, 동사는 제각기 가지고 있는 기본적인 '성질'이 다르다고 말할 수 있다.

(9) 다나카씨는 넥타이를 매고 있습니다.(현재 눈앞에서 넥타이 매는 동작을 진행 중)
다나카씨는 (빨간색) 넥타이를 매고 있습니다.(이미 넥타이를 맨 현재의 상태)

(10) 다나카씨는 안경을 쓰고 있습니다.(현재 눈앞에서 안경 쓰는

동작을 진행 중)

다나카씨는 (흰색) 안경을 쓰고 있습니다.(이미 안경을 쓰고 있는 현재의 상태)

또, 다음과 같은 동사의 '~ている'형은 '동작성'없는, 늘 '상태성'을 나타내고 있는 경우라고 말할 수 있다.(10)

(11) 大学の前には神漁山がそびえている。

(12) 山田さんはお父さんに似ているそうです。

(13) この論文はとても優れている。

(11) 학교 앞에는 신어산이 우뚝 솟아 있다.

(12) 야마다씨는 아버지를 닮았다고 합니다.

(13) 이 논문은 뛰어나다.

'~ている'의 의미(11), 특히 '상태'의 의미를 나타내는 것에 대해서는, 뒤에 '~ている' '~てある'절에서 다시 살펴보기로 하고, 여기서는 일본어 동사를 가지고 '현재 진행'의 의미를 나타내려면, '동작성'의 동사에 '~ている'형식을 붙여 사용하면 된다는 것을 알아 두기로

---

(10) 金田一春彦(1950)(1953)의 동사 분류에서의 '상태 동사'는 '~ている'형태가 만들어지지 않는 것을 말한다. 金田一(1950) 는 동사를, 1) 상태동사 2) 계속동사 3) 순간동사 4) 제4종류의 동사, 의 4종류로 나누고 있다. '상태 동사'에는 'ある' 'いる' 'できる'등이, '계속동사'에는 '読む' '書く' '降る'등이, '순간동사'에는 '死ぬ' 'つく' '消える' '終わる' 등이, '제4종류의 동사'에는 'そびえる' 'すぐれる' '似る' 등이 있다.

(11) '-ている'형의 의미용법에는, '동작의 진행' 외에, '상태' '결과의 지속' '반복' '경험' '완료' 등의 다양한 용법이 있다.

하자.

3) 일본어 동사의 'た'형

'た'형 만들기는, 앞에서 살펴본 'て'형의 'て'를 대신하여 'た'를 사용하면 된다. 'て'형에도, '~ている' '~てから' '~てもらう' '~てしまう' '~てある' '~てください' 등 다양한 'て'형을 이용한 표현형식이 있듯이, 'た'형에도 '~たら' '~たり' '~たあと' '~たほうがいい' '~たばかり' '~たことがある'등 많은 표현형식이 있다.

〈표〉 동사의 'て'형과 'た'형

기본형	て형	た형	기본형	て형	た형
聞く	きいて	きいた	死ぬ	しんで	しんだ
行く	いって	いった	飛ぶ	とんで	とんだ
買う	かって	かった	読む	よんで	よんだ
立つ	たって	たった	来る	きて	きた
帰る	かえって	かえった	する	して	した
話す	はなして	はなした	ある	あって	あった
勉強する	勉強して	勉強した	いる	いて	いた

'た'형은 기본적으로 '과거'의 의미를 나타낸다. 다음의 예문을 보면, 어제 라면을 먹었던 일은 분명히 '과거'의 일이다.

(14) きのう、ラーメンを食べた。(어제, 라면을 먹었다.)

그러나 'た'형이 항상 '과거'의 일을 나타내는 것은 아니다. 다음 예문을 보자.

(15) (친구와 같이 버스를 기다리다가, 멀리 보이는 버스를 보고 친구에게)
来た、来た、バス来たよ。(왔다, 왔다, 버스 왔다!)

이 경우는, 화자가 기다리고 있는 버스정류장에 아직 버스가 도착하지 않았음에도 'た'형을 사용하여, '오고 있는 중'의 버스를 '왔다'로 표현하고 있는 장면인데, 이는 분명히 '과거'의 일은 아니다. 그럼, 어떻게 설명할 수 있을까? 이는 화자가 물리적으로는 아직 도착하지 않은 상황이지만, 이미 도착한 것으로, 즉 '완료'한 것으로 간주하고 'た'형을 사용하고 있다고 해석할 수 있다. 즉, '과거'가 아니라, '완료'의 기능을 하고 있는 형식이라고 생각하면, 위의 두 가지 용법의 예문 어느 쪽에도 맞는 설명이 가능하다.

4) 'する' 'した' 'している' 'していた'에 대하여

'している'형태가 여러 가지 의미를 나타내는 형식이지만, 앞에서는 동사의 '현재 진행'의 의미를 표현하기 위해서, 가장 먼저 떠올려야 할 형식임을 말하였다. 다시 한 번 정리하면, 다음과 같다.

- する-시간의 표현에서 '앞으로'의 일, 즉, 미래의 일을 표현할 때 사용
- した-시간의 표현에서, '완료'된 일, 즉, 이미 지나간 일을 표현할 때 사용

• している-시간의 표현에서, '현재진행'의 일, 즉, 지금 눈앞에서 일어나고 있는 동작을 표현할 때 사용

그러나, 사실, 위의 3형식과 또 하나 더, 'していた'의 형식의 상관관계는 단순한 시제의 관계만이 아니라, 동사의 동작이나 상태가 어떠한 '과정'에 있는가가 문제가 되는, 아스펙트(aspect) 와 밀접한 관련이 있다. 다음은, 쿠도(1995)가 시제(tense) 와 아스펙트의 관계를 나타낸 표이다.

〈표〉 쿠도(1995)의 시제와 아스펙트의 관계

		アスペクト (aspect)	
		完成相 (perfective)	未完成相 (imperfective)
テンス (tense)	非過去 (non-past)	る形 -ru	ている形 -tei-ru
	過去 (past)	た形 -ta	ていた形 -tei-ta

위의 표를, 간단하게 예를 들어 설명하면,

(16) きのう雨が降った。 (어제 비가 왔다.)

는 '어제'라는 '과거'에 '비가 오다'라는 상황이 '종료되었다' 는 것을 시제의 관점에서만 표현한 것이고,

(17) 明日も雨が降るそうだ。 (내일도 비가 온다고 한다.)

는 '내일'이라는 '미래'에 '비가 올 것이다'는 상황을 시제의 관점에서 전달하여 표현하는 것이며,

(18) きょうも雨が降っている。 (오늘도 비가오고 있다.)

는 '비가 오다'라는 상황이 과거의 어느 시점으로부터 오늘까지 '계속' 이어지고 있는 상황을 '과정'의 관점에서 표현한 것이며,

(19) きのう私がアパートを出たとき、雨が降っていた。
(어제 내가 아파트를 나섰을 때, 비가 오고 있었다.)

는 '어제 내가 집을 나섰을 때'라는 '과거'의 시점에서, '비가 오다'라는 상황이 '이어지고 있었다'라는 '과정'의 관점으로도 표현한 것이라는 차이가 있는 것이다.

4. 존재동사 「ある」와 「いる」

金田一(1950)(1953) 는 동사 'ある'와 'いる'를 '상태 동사'라고 분류하였지만, 이 책에서는 그 본래의 의미를 중요시하여 '존재동사'로서 설명하기로 한다.

먼저, 동사 'ある'와 'いる'의 기본적인 쓰임은 다음과 같이 정리할 수 있다.

• ある-물건등 사물이나, 생명은 있으나 스스로 움직일 수 없는 식물의 존재를 말할 때.
• いる-동물, 사람 등, 스스로 움직이는 생명체가 존재하는 것을 말할 때.

(16) あそこに大きい木がありますね。(저기에 큰 나무가 있지요?)
(17) 公園には子どもがたくさんいます。
(공원에는 어린이가 많이 있습니다.)
(18) 子どもと遊んでいる犬もいますね。
(아이와 놀고 있는 강아지도 있군요.)

이렇게 보면 우리 한국어는 '동물, 사람'이 존재하는 경우나, '물건, 식물'이 존재하는 경우나 모두, 구분 없이 '있다'를 사용한다. 이는 영어의 경우도 다르지 않다.

(19) There is a book on the desk. (책상 위에 책이 있다.)
(20) There is a dog on the desk. (책상 위에 강아지가 있다.)

일본어는 이러한 구분을 언제부터, 왜 하게 되었을까? 아쉽지만, 이에 대한 정설은 아직 없는 듯하다. 다만, 한자가 일본어에 들어오게 된 다음, '존재하다'의 의미로, '在る'(ある) '有る'(ある) '居る'(いる) 등이 사용되면서 나누어진 것으로 알려져 있다. 오늘날의 일본어에서는, 앞에서 말한 기준으로, 일반적으로 동사 'ある'와 'いる'를 구분하여 사용하고 있다.

그러나, 이러한 기본적인 동사 'ある'와 'いる'의 용법과는 다른, 다음과 같은 'ある'와 'いる'의 쓰임도 종종 볼 수 있다.

(21) 弟が二人あります。(남동생이 두 명 있습니다.)

(22) 昔々、あるところにおじいさんとおばあさんがありました。お爺さんは山へ柴刈りに行き、お婆さんは川へ洗濯に行きました。
(옛날 옛날에, 어떤 곳에 할아버지와 할머니가 있었습니다. 할아버지는 산에 나무하러 가고, 할머니는 강에 빨래하러 갔습니다.)

(23) あそこにパトカーがいるよ。(저기 경찰차가 있어.)

(24) よかっか。まだ、バス、いるよ。
(다행이다. 아직 버스가 (안 가고) 있어.)

위의 예문에서, 가족이 있다는 것을 말하는 경우와, '옛날이야기'에서 할아버지와 할머니가 있었다는 표현을 'ある'가 쓰인 것은 왜 그럴까? 물건이나 식물처럼 생각해서 일까? 아니면 물건이나 식물과 같이 '겸양'하여, 즉 낮추어서 표현한 것일까? 이러한 경우에서, 'ある'와 'いる'가, '존재 동사'임을 잘 알 수 있다. 즉, 물건이나 식물처럼 생각하거나, 낮추어서 표현한 것이 아니라, 단지, '존재한다' '존재했다'는 사실, '있었다'는 사실을 표현하고 있는 것이다.

그러면, 그 다음의 예문, 'パトカーがいる'(경찰차가 있다) 'バス(が) いる'(버스가 있다) 는 표현은, 어떻게 해석할 수 있을까? 이것은 경찰차나 버스를 사람처럼 생각하여 말하는 것일까? 물론 그렇게 생각하고 감정이입을 하여 말하는 사람도 있을지도 모르지만, 'いる'동사의 '움직이는 생명체의 존재'를 말하는 것이라는 기본적인 의미에 주목할 필요가 있다. 즉, 이들은 스스로 움직이지는 못하지만, '항상 움직이는' 속성을 가진 탈 것이라는 점이다. 종종 'いる' 동사가 쓰이는 경찰차, 버스, 택시 등의 '탈 것'은, 움직이지 않으면 탈 것으로서의 의미가 없다고 말할 수 있다.

그리고, 존재동사 'ある'와 'いる'의 부정형은, 다음 표와 같다. 현대어에서는 동사 'ある'의 부정형은 형용사 'ない'를 사용한다. 옛 일본어에는 'あらず'라는 부정의 형태가 있었으나, 오늘날은 그 형태가 없어지고, 일부 숙어에 그 흔적만 남아있다.

〈표〉 'ある'와 'いる'의 부정형

	옛 형태	부정형
ある	あらず	ない
いる	いず	いない

사실, 동사 'ある'의 경우는, 'ない'가 '否定形'(부정형) 이라는 표현은 정확하지 않다. 옛 형태인 'あらず'는 'ある'의 부정형이라고 할 수 있으나, 'ない'는 '부정'이 아니라, '반대어'(反対語)라고 할 수 있다. 'あらず'는 옛날 지금의 교토/오사카지역, 즉 '수도권'이었던 관서지방에서 많이 쓰였던 형태였고, 'ない'의 옛 형태 'なふ'는, 지금의 도쿄지방, 즉 '지방'이었던 관동지방의 사투리였는데, '에도시대'가 열리면서, 새로운 수도권으로 등장한 관동지방의 'なふ'가 세력

을 얻고, 반대로 'あらず'는 세력을 잃어, 동사 'ある'의 '부정표현'이 'ない'형태로 정착되었다고 설명할 수 있다. (12)

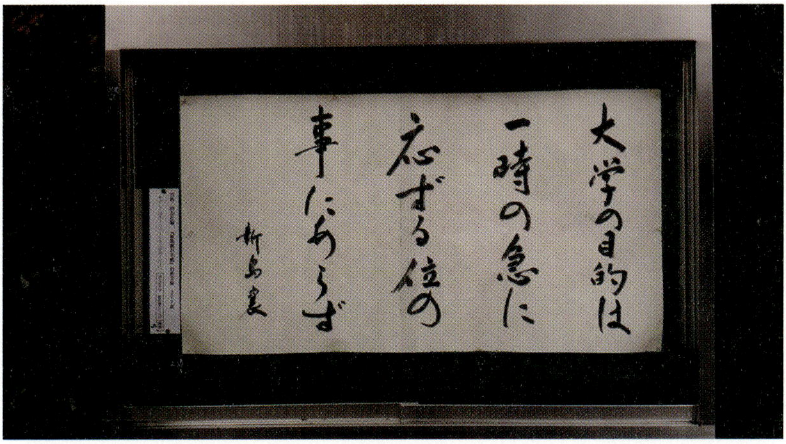

'大学の目的は一時の急に応ずる位の事にあらず'
(대학의 목적은 일시적으로 급하게 반응하는 정도의 것에 있지 않다)
(교토 同志社大学에서, 사진: 전성엽)

5. 동사「貸す」와「借りる」

일본어 동사 '貸す'와 '借りる'는 한국인 일본어학습자를 혼란스럽게 하는 동사 중에 하나이다. 이 중, '借りる'는 한국어로 '빌리다'가 되어, '동작의 주체가 다른 사람에게 물건을 빌리다'의 의미로 사용하는 것을 문제없이 쉽게 짐작할 수 있는데, 주로 '혼란'을 일으키고

(12) 두 종류의 부정형 '在らず' '有らず' 와도 관련이 있을지도 모른다.

문제가 되는 경우는, 동사 '貸す'의 경우와, 이 동사들과 '~てください'의 요구표현과 같이 쓰일 때, 그리고 허락을 구하는 '~てもいいですか'표현과 같이 쓰이는 경우이다.

먼저, 한국어 '빌려주다'가, '빌리다+주다(빌려서+주다)의 의미가 아닌 것에 주의할 필요가 있다. 그냥 '물건의 주인(보통, 나(가족포함), 즉, 소유자의 물건을 다른 사람에게 빌려주다'의 의미인 것이다. 다음의 예문을 보자.

(1) 私のノート、貸すよ。 (내 노트, 빌려줄게.)
(2) 友だちに本を貸しました。 (친구에게 책을 빌려주었습니다.)
(3) 田中さん、かさ、貸しましょうか。 (다나카씨, 우산 빌려줄까요?)
(4) 社長、かさ、お貸ししましょうか。 (사장님, 우산 빌려드릴까요?)

위의 예들은 모두, 나의 '노트, 책, 우산'을 다른 사람(친구, 다나카씨, 사장님) 등에게 '빌려주는' 것을 표현한 것이다.

한편, '借りる'의 쓰임은 다음 예문과 같다. 이들은 모두, 내가 다른 사람(친구, 사장님)에게 '펜, 책, 우산' 등을 '빌린' 것을 표현한 것이다.

(5) ペン、借りるよ。 (펜, 빌릴게.)
(6) 友だちに本を借りました。 (친구에게 책을 빌렸습니다.)
(7) 友だちから借りた本はおもしろかった。
(친구에게 빌린 책은 재미있었다.)
(8) 社長に(から) かさをお借りしました。

(사장님에게 우산을 빌렸습니다.)

그런데, 이 동사들을 '~てください'의 요구표현이나 '~てもいいですか'의 허락을 구하는 표현과 함께 사용하면 어떻게 될까? 가령, '貸してください'는 말하자면, '빌려주다+해주세요.'가 되는 셈이다. 다시 말하면, '貸す' + 'てください'가 되므로, 즉, '소유자'의 물건을 빌려주다+해주세요.'의 의미가 되는 것이다. 다음 예문을 보자.

(9) (友だちに) 消しゴム、貸して。 (친구에게)(지우개 빌려 줘.)
(10) 田中さん、鉛筆貸してください。 (다나카씨, 연필 빌려주세요.)

위 예문은 모두, 화자가 '친구, 다나카씨'에게, 친구 소유의 지우개, 다나카씨 소유의 연필을, 소유주가 아닌 다른 사람(=나)에게 '빌려주다'라는 행동을 '해 주세요'라고 요구하는 표현이라고 설명할 수 있다. '貸す'는 소유주의 물건을 다른 사람에게 빌려주다, 라는 의미이므로, '貸す'동사의 사용에는 문제가 없다. 단, '나'의 입장에서는, 내가 빌려주는 것이 아니라, 내가 다른 사람 소유의 물건을 빌려 사용하는 상황이기 때문에, 그 행동을 상대방에게 '요구'해야 할 필요가 있는 것이다. 그래서 '~てください'표현을 함께 사용한 것이다.

같은 의미의 표현을, 다른 방법으로도 할 수 있다. 즉, 친구의 지우개를 빌리고 싶으면, 친구에게 '빌려주다'의 동사가 아니라, '빌리다'라는 동사를 사용해 그 동작에 대해 허락을 받는 방법이 그것이다.

(11) (友だちに) 消しゴム、借りてもいい?

(친구에게)(지우개 빌려도 돼?)

(12) 田中さん、鉛筆借りてもいいですか。

(다나카씨, 연필 빌려도 되나요?)

위의 두 종류의 표현의 의미는 전혀 다르지 않다. 전자는 소유주의 물건을 빌려 줄 것을 요구한 것이고, 후자는 소유주에게 물건을 빌려도 되는지 허락을 구하는 표현으로, 이 두 표현은 같은 의미이기 때문이다.

(9) (友だちに) 消しゴム、貸して。

= (11)(友だちに) 消しゴム、借りてもいい?

(10) 田中さん、鉛筆貸してください。

= (12) 田中さん、鉛筆借りてもいいですか。

다음의 예문은, 친구에게 일본어 책을 빌려 줘도 되는지를, 책의 소유주인 '엄마'에게 허락을 구하는 장면이다.

(13) お母さん、友だちにお母さんの日本語の本、貸していい?

(엄마, 친구에게 엄마 일본어 책, 빌려줘도 돼?)

가족인 엄마 소유의 책을 다른 사람인 친구에게 '빌려주다'의 경우를, 책 주인인 엄마에게 허락을 받는 장면이므로, '貸す'와 'て(も)

いい'형태를 사용하여 표현한 것이다.

다음의 경우는, 사장님이 다나카씨에게 자료실에 가서 책을 빌려와 달라고 요구하는 장면이다.

(14) (社長が田中さんに) 田中さん、図書館に行って韓国語の辞書を借りてきてください。
(사장님이 다나카씨에게) 다나카씨, 도서관에 가서, 한국어사전을 빌려와주세요.)

여기에서 중요한 것은, 한국어사전의 소유주가 '도서관'이라는 점이다. 도서관 소유의 사전을 '빌리는' 것이므로, '借りる'동사가 사용된 것이다.

다음 장면은, 다나카씨가 도서관에 가서, 사전을 빌리는 장면에서, 도서관의 직원이, 일반적으로 대출이 안 되는 '사전'을, 꼭 잠시 빌리고 싶어 하는 사람이 있는데, 어떻게 하면 좋을지를 상사에게 확인하는 상황이다.

(15) 少々お待ちください・・・。あの、課長、あの方がこの韓国語の辞書を借りたいそうですが、貸してもいいですか。
(잠시만 기다려 주십시오... 저, 과장님, 저 분이 이 한국어사전을 빌리고 싶다는데, 빌려줘도 됩니까?)

위의 예문에서는, 다나카씨가 도서관 소유인 한국어사전을 '빌리는'경우이므로 '借りる'동사가 쓰인 것이고, 도서관 직원은, 자신들 소유의 사전을 '빌려주는' 것을 상사인 과장님에게 허락을 구하는 상황이므로, 동사 '貸す'에, 허락의 의미의 'てもいいですか'를 더해서 '貸してもいいですか'라는 표현이 된 것이다.

다음은 친구에게 급히 1만원을 빌려달라고 말하는 장면이다.

(16) A: 急に、ごめん。1万ウォン貸してもらえる?
(갑자기 미안. 만원 빌려줄 수 있어?)
B: 1万ウォンでいいの? (만원이면 돼?)
A: うん。ありがとう。来週まで借りていい?
(응, 고마워. 다음 주까지 빌려도 돼?)
B: うん、いいよ。 (응, 괜찮아.)

먼저, 다음 주까지 빌려도 되는지를 묻는 표현에서는 친구의 돈을 '빌리는' 경우 이므로 '借りる'를 사용하고, 허가를 구하는 'て(も) いい'를 붙여 표현한 것이다. 빌려 줄 수 있는지 여부를 묻는 표현 '貸しもらえる?'는, 다음의 표현들과 '공손한 정도'에서 차이가 날뿐, 그 의미는 다르지 않다. 즉, '1만원'은 친구의 소유이므로, 동사 '貸す'를 사용해서, 이 돈을 '빌려주다'라는 행위를 해달라고 '요구'하거나 '가능'한지를 묻는 표현이 된 것이다.

(17) 1万ウォン貸して。 (만원 빌려 줘.)
1万ウォン貸してください。 (만원 빌려 주세요.)
1万ウォン貸してくれる? (만원 빌려 줄래?)
1万ウォン貸してもらえる? (만원 빌려 줄 수 있어?)

6. 일본어의 가능표현과 가능동사

'가능표현'이란, 동사 '가다'는 '갈 수 있다', '하다'는 '할 수 있다', '먹다'라면 '먹을 수 있다'와 같은 표현을 말한다. 일본어에서 가능표현을 만드는 방법에는 몇 가지가 있는데, 다음과 같이 정리할 수 있다.

①명사+「ができる」

②동사+「ことができる」

③조동사「れる」「られる」를 사용

④5단 활용 동사의 경우, '가능동사'를 사용

그리고, 일본어 '동사'를 따로, 동사의 종류별로 그 가능형태를 어떻게 만들 수 있는지를 살펴보면, 다음과 같다.

(1) 1단 활용 동사

見る	見·られる	食べる	食べ·られる
起きる	起き·られる	考える	考え·られる
着る	着·られる	捨てる	捨て·られる

위에서 알 수 있듯이, 1단 활용 동사는 동사의 미연형(='ない'형)에 조동사「られる」형태를 붙여, 가능표현을 만든다.

(2) 변격 활용 동사

来る	来られる
する	できる

변격동사 'する'의 경우는 'できる'형태가 되고, '来る(くる)동사는 조동사 'られる'를 미연형에 접속하여 '来(こ) られる'가 된다. '来る' 동사의 'ない형'이 'こ·ない'이므로, 'こ·られる'가 되는 것이다.

(3) 5단 활용 동사

5단 활용 동사의 '가능'형태는 위의 동사와 달라서, 동사의 끝 어미를 'え단'으로 바꾼 다음, 'る'를 붙여 가능형태를 만든다.(13) 이를 보통 '가능동사'라고 한다. 5단 활용 동사의 '가능동사'는, 1단 활용 동사의 가능형태 '食べられる'와는 다르게, '가능'의 의미뿐이며, 이것도 가능동사가 되는 순간 1단 활용 동사가 된다.

買う	買える	行く	行ける
話す	話せる	立つ	立てる
死ぬ	死ねる	飛ぶ	飛べる
読む	読める	帰る	帰れる
なる	なれる	入る	入れる
分かる	分かる		

여기에서, 동사 '分かる'(알다/이해하다) 는, 가능동사의 형태도 그대로 'わかる'를 사용하여, 그 형태가 바뀌지 않는다.

또, 5단 활용 동사의 경우, 1단 활용 동사처럼, 미연형에 조동사

(13) '行ける'와 같은 가능의 의미의 형태는, 이미 무로마치시대(14c-16c)에 등장했다. 당시 가능의 의미로도 쓰였던 '行かれる'형태를 대신하여 등장하였고, 이후 세력을 얻어 정착하게 되었다.

「れる」형태를 붙여, 가능표현으로 사용하기도 한다. 그러나 이것은 '가능'의 의미를 나타내는 '전용'형태가 아니기도 하고(14), 최근에는 가능의미의 전용형태라고 할 수 있는 앞의 '가능동사'를 주로 사용한다고 말할 수 있다.

(4) 買う　買われる　行く　行かれる
　　読む　読まれる　帰る　帰られる

그럼, 일본어의 가능표현을 하나하나 살펴보기로 하자.

1) 명사+「ができる」표현

이 표현은, 일부의 명사에 붙여, 그 명사의 내용이 가능하다는 것을 나타내는 표현이라고 할 수 있다. 그 '명사'는, 주로 '언어, 스포츠, 악기, 기술'등과 관련된 것이 대부분이며, 그 명사의 내용이 가능함을 나타낸다. 다음의 예를 보면 쉽게 알 수 있다.

(5) 車の運転ができる。 (자동차 운전을 할 수 있다.)
(6) 日本語ができる。 (일본어를 할 수 있다.)
(7) スキーができる。 (스키를 탈 수 있다.)
(8) バイオリンができる。 (바이올린을 켤 수 있다.)
(9) 料理(が) できる? (요리 할 수 있어?)

---

(14) 뒤에서 설명하지만 조동사 'れる/られる'는 '가능'의 의미 외에도, '수동, 존경, 자발' 등의 의미로도 쓰이며, 요즈음은 주로 '수동'의 의미로 쓰인다고 말할 수 있다.

이들 표현은, 예를 들어,

(10) 料理をする →料理ができる
料理を作る →料理が作れる →料理ができる
日本語を話す→日本語が話せる→日本語ができる

와 같은 표현의, 동사의 가능형태를 대신하여 명사에 바로 '~ができる'를 붙여, '언어, 스포츠, 악기, 기술'등의 명사의 내용을 할 수 있음을 나타내는 표현이라고 말할 수 있다.

2) 동사+「ことができる」표현

'ことができる'표현은 모든 동사에 접속하여 사용할 수 있다는 점에서는 매우 편리한 가능표현이라고 말할 수 있다. 그러나 말의 경제성의 원칙, 즉 간결하고 알기 쉽게 전달해야한다는 측면에서는, 다소 그 효용성이 떨어지는 것도 사실이다.

(11) 買うことができる　　行くことができる
話すことができる　　立つことができる
飛ぶことができる　　読むことができる
帰ることができる　　入ることができる
食べることができる　　見ることができる
起きることができる　　教えることができる
来ることができる　　勉強することができる

이 'ことができる' 형태의 부정형은, 보통 다음 예처럼, 'ことができない'를 사용하면 된다. 그러나 두 개의 내용을 '비교'하여 표현하는 경우는 'ことはできる'와 'ことはできない' 형태로도 사용할 수 있다.

(12) A: 「春夏秋冬」の漢字が書けますか。
(‘춘하추동’의 한자를 쓸 수 있습니까?)
B1: 私はその漢字を書くことができません。
(저는 그 한자를 쓸 수 없습니다.)
B2: 私は「春夏秋冬」の漢字を書くことはできませんが、読むことはできます。(저는 '춘하추동'의 한자를 쓸 수는 없습니다만, 읽을 수는 있습니다.)

3) 5단 활용 동사의 '가능동사'

5단 활용 동사의 경우, 위에서도 보았듯이, 가령 '行く'동사라면, '行かれる' '行くことができる'와 같은 가능표현을 사용할 수도 있지만, '行かれる' 표현은 다른 의미와의 혼란의 문제가 있고, '行くことができる'는 만들기는 쉽지만, 말의 경제적 효율성의 측면을 무시할 수 없다고 생각한다.(15) 즉, 의미가 중복되지 않아 착각할 일이 없으며, 간결하게 '가능'의 의미를 전달할 수 있는 형태가 바로 5단 활용 동사의 '가능동사'이다.

가능동사는 5단 활용 동사의 어미를 'え단'으로 바꾼 다음, 'る'를 붙여 만든다.

---

(15) 조금 뒤에서 설명하는 'ら抜きことば' 와 관련이 있다.

(13) 買う　買える　　　行く　行ける
急ぐ　急げる　　　話す　話せる
立つ　立てる　　　死ぬ　死ねる
飛ぶ　飛べる　　　読む　読める
帰る　帰れる　　　なる　なれる
入る　入れる　　　切る　切れる

'가능동사'를 사용한 표현은, 그 형태자체에 '가능'의 의미밖에 없으므로, 알기 쉽다.

(14) この水は飲めません。 (이 물은 마실 수 없습니다.)

(15) ここから中に入れません。
(여기부터 안쪽으로 들어갈 수 없습니다.)

(16) 田中さんはピアノがひけますか。
(다나카씨는 피아노를 칠 수 있습니까?)

(17) 50メートルぐらいなら泳げます。
(50미터 정도라면 헤엄칠 수 있습니다.)

(18) 田中さんは韓国語も中国語も話せます。
(다나카씨는 한국어도 중국어도 말할 수 있습니다.)

(19) この道路は工事中で通れません。
(이 도로는 공사 중이어서 지나갈 수 없습니다.)

(20) 山田さんは自転車に乗れますか。
(야마다씨는 자전거를 탈 수 있습니까?)

앞에서도 잠깐 언급했지만, 예를 들어 '다나카씨는 다음 주 갈 수 있습니까?'라는 표현을 할 때, 아래 3종류의 가능표현이 모두 사용 가능하다. 그러나 아래와 같이, 하나는 가능의 의미 전용의 표현인 반면, 또 하나는 의미가 중복되며, 나머지는 표현이 길다는 단점이 있으므로, 만약 장차 하나의 표현만 살아남아야 한다면, 어느 쪽이 살아남을지는 분명해 보인다.

(21) 田中さんは来週行けますか。

(가능)(다나카씨는 다음 주에 갈 수 있습니까?)

田中さんは来週行かれますか。

(가능)(다나카씨는 다음 주에 갈 수 있습니까?)

(존경)(다나카씨는 다음 주에 가십니까?)

田中さんは来週行くことができますか。

(가능)(다나카씨는 다음 주에 갈 수 있습니까?)

동사의 가능표현의 경우, 주의할 점이 있다. '조사'의 쓰임인데, 다음 예문과 같이, 기본적으로 동사의 가능표현에서 그 대상어에 붙는 조사 'を'를, 'が'로 바꾸어 사용하는 경우가 많고, 초급 일본어의 단계에서는 그렇게 알아두는 것이 맞다.

(22) さしみを食べる。→さしみが食べられる。(생선회를 먹을 수 있다.)

(23) 日本語の新聞を読む。→ 日本語の新聞が読める。

(일본어 신문을 읽을 수 있다.)

(24) お酒を飲む。→お酒が飲めない。 (술을 마실 수 없다.)

(25) テニスをする。→テニスができる。(테니스를 할 수 있다.)

그러나 항상 조사 'が'로 그 대상어를 나타내는 것은 아니다. 예를 들어 '~을/를 하러 가다/오다'의 표현에서 대상어를 나타내는 조사 'を'와, '출발점'을 나타내는 'を', 그리고, 'に'나 'へ'와 같은, 'を'이외의 조사의 경우는 'が'로 바꾸어 쓸 필요가 없다.

(26) いまご飯を食べに行く。→いまご飯を食べに行ける。

×いまご飯が食べに行ける。

(지금 밥을 먹으러 가다) (지금 밥을 먹으러 갈 수 있다.)

(27) 9時には家を出る。→9時には家を出られる。

×9時には家が出られる。

(9시에는 집을 나서다.) (9시에는 집을 나설 수 있다.)

(28) 一人で家へ帰ります。→一人で家へ帰れます。

×一人で家が帰れます。

(혼자 집에 갑니다.) (혼자 집에 갈 수 있습니다.)

(29) 一人で自転車に乗る。→一人で自転車に乗れる。

×一人で自転車が乗れる。

(혼자 자전거를 타다.) (혼자 자전거를 탈 수 있다.)

그리고 통과하는 장소를 나타내는 'を'도, 주어의 능력을 나타내는 경우에는, 보통 'が'보다는 'を'조사를 그대로 사용한다. 그러나 주어의 '능력'을 나타내는 의미가 아니라, '그러한 상태'를 나타내는 경우는 'が'로 바꾸어 사용하는 것이 보통이다.

(30) 魚は水の中を早く泳ぎます。→魚は水の中を早く泳げます。

(물고기는 물속을 빠르게 헤엄칠 수 있습니다.)

(31) 私は、1km(キロメートル) のグラウンドを3分30秒で走る。

→私は 1 キロのグラウンドを3分30秒で走れる。

(나는 1킬로미터의 운동장을 3분30초에 달릴 수 있다.)

(32) 橋を渡ります。→工事中で、橋が渡れません。

(공사 중이어서, 다리를 건널 수 없습니다.)

(33) 道を通ります。→工事中で、道が通れません。

(공사 중이어서, 길을 지나갈 수 없습니다.)

'太く書けるボールペン' (사진: 전성엽)

4) ‘ら抜きことば’에 대하여

‘ら抜きことば’(‘ら’를 뺀 단어) 란, 다음과 같이, 1단 활용 동사의 가능표현에서, ‘ら’를 뺀 단어를 말한다. 아래의 예와 같은 ‘ら抜きことば’의 역사는 의외로 오래되어, 이미 1900년대의 초반에 등장했고, 1950년을 전후로 해서 젊은 층을 중심으로 폭 넓게 사용되었다고 알려져 있다. 처음에는 ‘見る’ ‘寝る’ ‘出る’와 같은 2음절의 동사를 중심으로 ‘ら’를 빼고 사용하기 시작했고, 차츰 ‘食べる’ ‘起きる’ ‘受ける’와 같은 3음절의 단어들로 확대되어 갔다고 한다. 2015년의 일본 문화청의 조사에 의하면, 이 때 처음으로, 일상생활에서는 ‘ら抜きことば’를 사용하는 사람이, 사용하지 않는 사람보다 더 많은 것으로 조사되었으나, 일본어문법이나 일본어교육 분야에서는 아직은 공식적으로 인정을 받고 있지 못하는 표현이다.

(34) 見ーれる →見れる　　来られる →来れる
出られる →出れる　　食べられる →食べれる
寝られる →寝れる　　起きられる →起きれる
受けられる →受けれる

한편, 이러한 ‘ら抜きことば’의 현상이 왜 일어나는가, 에 대해서는 여러 가지 설이 있겠으나, 1단 활용 동사도, 결국 아래와 같이 ‘5단 활용 동사’의 가능동사가 만들어지는 규칙을 따라가고 있다고 생각할 수도 있을 것이다. 즉, 동사는 그 끝을 ‘え단’으로 하여 ‘る’를 붙이는, 같은 규칙이 되어 가고 있는 셈이다. 그러나 이러한 경향, 현상은 있지만, 모든 1단 활용 동사를 'ら抜きことば'로 해서 사용할 수 있는 것은 아니므로, 아직은 그 쓰임에 주의할 필요가 있다.

(35) 買う 買える　　見る 見れる
行く 行ける　　出る 出れる
話す 話せる　　寝る 寝れる
立つ 立てる　　来る 来れる(これる)
飛ぶ 飛べる　　食べる 食べれる
読む 読める　　起きる 起きれる
帰る 帰れる　　受ける 受けれる

7. 「ている」「てある」형식–일본어 동사의 짝(자동사와 타동사)

앞에서, '동사+ている'의 형태가, 눈앞에서 동작이 일어나고 있는 상황을 나타내는 '현재진행'의 의미를 담당한다는 이야기와 함께, 실은 이 형태가 동작의 현재진행의 의미뿐만이 아니라, '동사의 성질'에 따라 다른 의미도 나타내는 형식임을 잠깐 언급한 적이 있다. 여기서는 일본어의 '동사+ている'형태의 의미를 '동사+てある'형태와 관련해서 좀 더 자세하게 설명하고자 한다. 이것은 일본어 동사의 자동사와 타동사의 이야기이기도 하다.

'자동사'란, 누군가의 인위적인 동작을 가하지 않는 동작의 동사를 말하며, '타동사'란 누군가가 인위적으로 동작을 가해서 그 동작이 일어나는 경우의 동사를 말한다. 예를 들면 '문이 열리다'와 '문을 열다'에서, '열리다'는 인위적인 동작이 가해지지 않은 경우이며, '열다'는 보통 누군가가 문손잡이를 잡아서 돌리거나 미는 등의 인위적인 동작이 가해지는 경우 일어나는 움직임인 것은 쉽게 알 수 있다. 이 '열리다'동사를 자동사, '열다'를 타동사라고 한다. 이 자동사와 타동사의 관계는, 서로에게 부족한 의미를 보완해주는 '짝'인 셈이다. 대부분의 일본어 동사는 짝이 있으나, 짝이 없는 동사, 즉 자동사만 있거나 타동사만 있는 경우도 있다.

1) 자동사와 타동사—동사의 '짝'

일본어 자동사와 타동사의 일부를 모아보면 다음과 같다.

(1)

<자동사>	<타동사>	<자동사>	<타동사>
起きる	起こす	落ちる	落とす
倒れる	倒す	汚れる	汚す
壊れる	壊す	治れる	治す
回る	回す	返る	返す
変わる	変える	破れる	破る
切れる	切る	折れる	折る
割れる	割る	集まる	集める
決まる	決める	始まる	始める
閉まる	閉める	点く/付く	点ける/付ける
消える	消す	入る	入れる

出る	出す	溶ける	溶かす
増える	増やす	冷える	冷やす
温まる/暖まる	温める/暖める	焼ける	焼く
沸く	沸かす	見つかる	見つける

<자동사만 있는 동사>	<타동사만 있는 동사>		<자·타 같은 형태>
いる	書く	殴る	開く(ひらく)
ある	置く	断る	終わる
わかる	作る	疑う	引く
泳ぐ	話す	なめる	生じる
死ぬ	忘れる	感じる 등	バックする
走る	たたく		決定する
座る 등	ほめる		解消する 등

이렇게 자동사와 타동사를 모아보면, 자동사에는 'る'형태인 것이 많고, 타동사에는 'す'형태로 끝난 것이 많으나, 타동사 중에도 'る' 형태가 있기 때문에 결정적인 기준은 아님을 알 수 있다. 그 기준은 보통, 조사와 함께 쓰일 때, 즉, 'を'조사와 함께 쓰일 수 있으면 타동사, 함께 쓸 수 없으면 자동사로 구분한다.

(2) ラーメンを食べる。 :「食べる」 → 타동사
　学校に行く。 :「行く」 → 자동사
　本を読む。 :「読む」 → 타동사
　子どもができる。 :「できる」 → 자동사

テレビを見る。　　　:「見る」　→타동사

友だちに(と)会う。:「会う」　→자동사

단, 명사가 '장소'의 의미를 나타내는 것인 경우는, 'を＋동사'의 형태라도 자동사이다.

(3)

	<장소>	<자동사>
駐車場を通る。(주차장을 통과하다)	: 駐車場	「通る」
バスを降りる。(버스를 내리다)	: バス	「おりる」
空を飛ぶ。(하늘을 날다)	: 空	「飛ぶ」
グラウンドを走る。(운동장을 달리다)	: グラウンド	「走る」
廊下を曲がる。(복도를 돌다)	: ろうか	「曲がる」
部屋を出る。(방을 나서다)	: 部屋	「出る」
大学を卒業する。(대학을 졸업하다)	: 大学	「卒業する」

2) 자동사, 타동사 '+ている'형태

그럼, 여기서 타동사와 자동사에 'ている'형태를 연결해 보자.

(4) 窓を開ける　　　　窓が開く

窓を開けている　　　窓が開いている

(창문을 열고 있다)　(창문이 열려 있다)

(5) 机を並べる　　　　机が並ぶ

つくえを並べている　つくえが並んでいる

(책상을 배열하고 있다)　(책상이 배열되어 있다)

(6) 車を止める　　車が止まる
車を止めている　　車が止まっている
(차를 세우고 있다)　　(차가 서 있다)

(7) 火を消す　　火が消える
火を消している　　火が消えている
(불을 끄고 있다)　　(불이 꺼져 있다)

(8) 車を動かす　　車が動く
車を動かしている　　車が動いている
(차를 움직이고 있다)　　(차가 움직이고 있다)
(내가 직접 움직이지 않는 상황)

(9) 弟を起こす　　弟が起きる
弟を起こしている　　弟が起きている
(동생을 깨우고 있다)　　(동생이 일어나 있다)

(10) いすを汚す　　いすが汚れる
いすを汚している　　いすが汚れている
(의자를 더럽히고 있다)　　(의자가 더러워져 있다)

위 동사들의 경우를 알기 쉽게 정리하면 아래와 같이 나타낼 수 있을 것이다.

(11) 타동사+ている →'현재진행'의 의미
자동사+ている →'그렇게 된 상태'의 의미

'車が止まっている'(차가 서 있다) 나 '火が消えている'(불이 꺼져 있다) 는, 나는 아무런 동작을 하지 않았지만, 이미 그러한 상태가 되어 있는 상태인 것을 나타낸 표현이다. '車が動いている'(차가 움직이고 있다) 도, 자동차가 가만히 서 있는 상황은 아니지만, 말하는 화자가, 본인은 자동차에 아무런 동작을 가하지 않았음을 표현한 것이라고 말할 수 있다. 이렇게 보면, 'を+타동사+ている' 표현과, 'が+자동사+ている' 표현의 기본적인 의미의 차이를 쉽게 이해할 수 있을 것이다.

문제는, 'ている' 앞의 동사의 성질이다. 동사는 각기 다른 성질을 가지고 있고, 이에 따라 그 의미도 달라지는 것이다. 다음의 예를 보자.

(12) 山がそびえている。(산이 솟아있다.)
　　この作品は優れている。(이 작품은 뛰어나다.)
　　いまの話はばかげている。(지금 이야기는 어처구니없다.)
　　父に似ている。(아버지를 닮았다.)
　　このようなものはありふれている。(이 같은 것은 넘쳐나고 있다.)
　　この作品がずば抜けている。(이 직품은 빼어나다.)
　　この作品を知っている。 (이 작품을 알고 있다.)
　　金海に住んでいる。 (김해에 살고 있다.)

위 예문의 동사 중, 특히 'そびえる' 'すぐれる' 'ばかげる' '似る' 'ありふれる' 'ずばぬける' 등은, '동작성'을 거의 느낄 수 없는 성질을 가지고 있어서, 동사라고하기보다 '형용사'에 가깝다. 위와 같은 동사에 'ている'형태가 붙어도, 모두 '상태'를 나타낸다.

다음과 같은 표현은, 동사가 '순간적'인 동작을 나타내는 성질을 가지고 있어, 이들 동사에 '+ている'형태가 붙으면, 순간적으로 동작이 일어났고, 그리고 그대로 유지가 되고 있는 '상태'를 나타내는 경우이다. 이와 같은 동사에는 이외에도, '倒れる, つく, 消える, 触れる, 届く, 始まる, 終わる'등이 있다.

(13) ゴキブリが死ぬ → ゴキブリが死んでいる
(바퀴벌레가 죽어있다.)
映画が始まる → 映画が始まっている
(영화가 시작되었다.)
ポスターがはがれる → ポスターがはがれている
(포스트가 벗겨져 있다.)

'동작성'의 동사가 'ている'와 같이 쓰이면 보통 '하고 있다'의 현재진행 의 의미를 나타내지만, 다음의 예문과 같이, '늘, 항상'의 의미를 나타내는 표현과 함께 쓰이면, '반복적인 상태'의 의미를 나타내게 된다.

(14) 毎日、薬を飲んでいる。(매일 약을 먹고 있다.)
毎朝、餌をやっている。(매일 아침에 먹이를 주고 있다.)
この頃、7時に起きている。(요즈음 7시에 일어나고 있다.)
いつも半袖のシャツを着ている。(늘 반소매 셔츠를 입고 있다.)

다른 표현과의 관련에서 'ている'형태의 의미가 달라지는 경우를 알기 쉽게 정리 하면, 다음과 같이 정리할 수 있다.

(15) 彼は 今 酒を飲んでいる。(현재 진행) (지금 마시고 있다.)
彼は 朝から 酒を飲んでいる。(계속 이어지는 상태)
(아침부터 마시고 있다.)
彼はもう 酒を飲んでいる。(이미 일어난 일. 완료)
(벌써 마셨다.)
彼は よく 酒を飲んでいる。
(자주 일어나는 일. 반복되는 습관)(자주 마신다)

이렇게, 동사의 성질에 따라, 또 함께 사용되는 다른 표현에 따라, '동사+ている'형태가 여러 가지 의미로 사용되고 있다는 것을 알 수 있다. 부사 등 다른 표현과 함께 사용되는 경우를 생각하지 않는다면, 앞에서도 말했지만 기본적으로,

(16) を +타동사 + ている (현재 진행)
が +자동사 + ている (상태)

와 같이 나타낼 수 있는데, 사실 '현재진행'을 나타내는 경우는 간단하지만, '상태'의 의미를 나타내는 경우는, 실은 더 복잡해서, 또 다른 형태가 더 쓰이고 있다. 다음과 같은, 얼핏 보면 같은 '상태'를 나타내는 표현을, 다음 절에서 자세히 살펴보기로 하자.

(17) が　+ 자동사 + ている(상태)
　　が/を + 타동사 + てある(상태)
　　が　+ 타동사 + (ら) れている(상태) (16)
　　を　+ 타동사 + ておく(상태)

　　机が並ぶ(자동사) / 机を並べる(타동사)
　　→机が並んでいる (책상이 배열되어 있다)
　　机 が/を 並べてある (책상을 배열해 놓았다)
　　机が並べられている (책상이 배열되어져 있다)
　　机を並べておく (책상을 배열해 두다)

3) '상태'를 나타내는 'ている' 'てある' 'ておく'와 + '(ら) れている'

요컨대, 다음의 'ている' 'てある' 'ておく', 그리고 '(ら) れている'표현들은 같은 '상태'의 의미를 나타내고 있지만, 그 쓰임의 차이는 어떻게 다른가를, 다음의 예문을 통해 살펴보기로 하자.

(17) 机が並んでいる。 (책상이 배열되어 있다)
　　机 が/を 並べてある。 (책상을 배열해 놓았다)
　　机を並べておく。 (책상을 배열해 두다)
　　机が並べられている。 (책상이 배열되어져 있다)

---

(16) 타동사밖에 없는 동사, 예를 들어, '書く'나 '置く' 에 'ている'를 사용하고 싶을 때도 '漢字が書かれている' 'いずがおかれている'와 같이 쓰여, 마찬가지로 '상태'의 의미를 나타낸다.

(18) ドアにかぎがかかっています。 (문이 잠겨 있습니다.)
ドアにかぎ が/を かけてあります。 (문을 잠가 두었습니다.)
ドアにかぎをかけておきます。 (문을 잠가 두겠습니다.)
ドアにかぎがかけられています。 (문을 잠굼을 당했습니다.)

(19) いすが汚れています。 (의자가 더러워져 있다.)
いす が/を 汚してあります。 (의자를 더럽혔습니다.)
いすを汚しておきます。 (의자를 더럽혀두겠습니다.)
いすが汚されています。 (의자를 더럽힘을 당했습니다.)

(20) ケータイが壊れている。 (휴대폰이 고장 났다.)
ケータイ が/を 壊してある。 (휴대폰을 고장 내 놓았다.)
ケータイを壊しておく。 (휴대폰을 고장 내 두겠다.)
ケータイが壊されている。 (휴대폰을 고장냄을 당하다.)

위의 표현들을 다시 각 형태별로 따로 모아서 보면,

A 机が並んでいる。
ドアにかぎがかかっています。
いすが汚れています。
ケータイが壊れている。

B 机 が/を 並べてある。
ドアにかぎ が/を かけてあります。
いす が/を 汚してあります。
ケータイ が/を 壊してある。

C 机を並べておく。
ドアにかぎをかけておきます。
いすを汚しておきます。
ケータイを壊しておく。

D 机が並べられている。
ドアにかぎがかけられています。
いすが汚されています。
ケータイが壊されている。

A그룹의 '자동사+ている' 형태의 표현(이하 A) 은, '문이 잠겨 있습니다.'의 경우에서 알 수 있듯이, 그냥 단순히 그러한 상태인 것, 있는 그대로의 상태인 것을 말하는 표현이다. 즉, A그룹의 표현은, 동사의 그러한 상태인 것만을 나타내는 표현이며, 그 이외의 내용, 즉 누구에 의해서, 왜 그렇게 되었는가에 대해서는 관심을 두지 않는 표현이라고 말할 수 있다.

그런데, B그룹 'てある' 형태의 표현(이하 B) 과, C그룹 'ておく' 형태의 표현(이하 C) 은, 한국어의 해석 '~해 놓았다' '~해 두겠다'에서도 짐작할 수 있지만, 동일한 상태의 의미를 나타내는 것이지만, 그 상태가 되도록 '준비해 두다'의 의미가 포함된다. 즉, B와 C는 기본적으로 '준비해 둔 상태'라는 의미를 나타내는 것은 다르지 않으나, C는 보통, 화자 자신이, 즉 '내가' 해 두겠다는 의미로 사용되는 표현인 반면, B는 그 '상태'가 주어가 되어, 그러한 상태가 준비되어 있다, 라는 뉘앙스로 표현하는 것이라고 말할 수 있다. B그룹 표현의 조사는 'が'와 'を' 모두 사용할 수 있다.

한편, D그룹의 표현, '(ら) れている'는 수동의 형태가 사용되어 있는 것에서 쉽게 짐작할 수 있지만, '의도'를 문제 삼거나, '준비'를 나타내는 것이 아니라, '누군가에 의해서'의 뉘앙스를 나타내는 표현이다. 따라서 이러한 경우는, 보통 D표현에 앞에 '누구에 의해서' 라는 동작의 주체에 대한 언급이나, 아니면 바로 '누가?'라는 질문이 뒤따르는 것이 일반적이라고 말할 수 있다.

B나 C그룹의 '준비'의 상태를 나타내는 표현, 특히 B그룹에서는, 그 준비를 지시하거나 이미 알고 있는 상황이라면 질문이 필요 없겠

지만, 모르는 상황이라면, 보통 '왜?'라는 질문이 따라 나오는 것이 일반적이다. 예를 들면,

(21) a 先生、ドアにかぎがかかっています。

(선생님, 문이 잠겨 있습니다.)

b 先生、ドアにかぎ が/を かけてあります。

(선생님, 문을 잠가 놓았습니다.)

c 先生、ドアにかぎをかけておきました。

(선생님, 문을 잠가 두었습니다.)

의 표현이, 가령, 수업시간이 되었는데 학생들이 교실에 있지 않고 모두 복도에 서서 웅성거리고 있는 상황에서, 선생님이 수업을 와서 학생들에게, '왜 다들 복도에 있느냐'라는 질문에 대한 학생의 답변으로 쓰이는 경우라면, 이 때 가장 적절한 표현은, 당연히, 학생들이 일부러 교실 문을 잠가두었을 리는 없으므로, 있는 그대로의 상태를 표현한, (21) a, 즉 A의 표현이어야 이 상황에 맞는 표현이 된다. B나 C의 표현은 '준비해 두었다'는 의미가 되므로, 이 경우는 부적절하다. 따라서 다음의 표현들도 실제로는 거의 쓰임이 없거나 특수한 경우에만 쓸 수 있는 표현이라고 말할 수 있다.

(22) ?いす が/を 汚してある。(의자를 의도적으로 더럽히다)?

ケータイ が/を 壊してある。

(휴대폰을 의도적으로 부수어 두다)

?いすを汚しておきます。

(의자를 의도적으로 더럽혀두겠습니다.)
?ケータイを壊しておく。
(휴대폰을 부수어 놓겠다./고장 내 두겠다.)

반면에 아래 예문들의 경우는, 시험을 치기 위해서라든가, 평소와는 다른 책상배열을 준비하는 장면을 쉽게 생각할 수 있고, 가령, 도둑이 들지 않도록 문을 잠가 두는 경우와 같은 것을 흔히 생각할 수 있어, 위의 예문과는 그 쓰임이 다르다고 할 수 있다. 다시 말하면, 일생생활에서의 상식적인 '준비'의 의미이면 그 쓰임에 문제는 없다.

(23) 試験のため、机 が/を 並べてある。
(시험을 위해 책상을 배열해 두다.)
(24) どろぼうが入らないよう、ドアにかぎ が/を かけてあります。
(도둑이 들지 않도록 문을 잠가 좋았습니다.)

또, 다음 예문도 '준비'의 의미로 사용 가능하며, 보통 생각할 수 있는 상황은, 누군가의 말이나 지시에 따라, 그렇다면, '내가 곧 준비해 두겠다.'라는 뉘앙스가 강하다. 즉, 화자는 드러나지 않더라도 보통 '나'의 경우가 일반적이다. 'てある'와 'ておく'의 형태가, '내가 준비 했다/하겠다.'의 의미를 나타내는 경우가 아니라면, '(누군가에 의해) 되어 있다/미리 해 두다.'의 '방임'이나 '조치'의 의미가 된다.

(25) (私が) 机を並べておく。(내가 책상을 배열해 두겠다.)

(26) (私が) ドアにかぎをかけておきます。(내가 문을 잠가 두겠다.)

(27) 試験の前にトイレに行っておきなさい。

(시험 전에 화장실에 가 두어라.)

준비를 나타내는 경우의 'ておく'와 'てある'형식에서 주의할 점은, 'ておく'는 'ておいた/ておきました'와 같이 '과거/완료'의 형태로도 많이 사용하지만, 특히, 이제부터 바로 준비하겠다, 의 의미로도 사용 가능하다는 점이다. 그러나 'てある'형식은 그 자체가 '이미' 준비가 되어 있다는 것을 나타내는 표현이므로, '이제부터' 준비하겠다는 뜻으로는 사용할 수 없다. 이것은 'ておく'가 '사람'중심의 표현이라면, 'てある'는 '상황'중심의 표현이라고 할 수 있는 것과 무관하지 않다고 생각한다.

(28) 会議室の電気は私がすぐつけておきます。

(회의실 불은 제가 곧 켜 두겠습니다.)

×会議室の電気は私がすぐつけてあります。

(29) ホテルは私が明日までに調べておくから。

(호텔은 내가 내일까지 알아봐 둘 테니까.)

×ホテルは私が明日までに調べてあります。

지금까지 설명한 내용을 요약하면, 다음의 예문과 같이 정리할 수 있을 것이다.

(30)「切れる」(자동사)「切る」(타동사)

切る→「切ら·れる」

A 電話線が 切れている。

(그냥 보이는 상태. 있는 그대로의 상태)

(전화선이 (보니까) 끊어져 있다.)

B 電話線 が/を 切ってある。(의도, 누군가가 미리 준비된 상황)

(전화선을 (미리) 끊어 놓았다.)

C 電話線を 切っておく。 (준비. (내가) 그렇게 해 두겠다)

((내가) 전화선을 (곧) 끊어 두겠다.)

D 電話線が 切られている。 ('누군가'에 의해 일어난 상황)

(전화선이 (누군가에 의해) 끊어져 있다.)

E 電話線を (今) 切っている。 (눈앞에서 진행 중의 동작)

(전화선을 지금 끊고 있다.)

8. 「あげる」「もらう」「くれる」-일본어 수수동사

'수수(授受)동사란, 즉 '주다', '받다'의 의미로 쓰이는 동사를 말한다. 일본어에는 'やる' 'あげる' 'くれる' 'もらう'가 있다. 한국어로도 '주다'와 '받다'가 쓰이는데, 한국어는 '내가 친구에게 선물을 주었다'나 '친구도 나에게 선물을 주었다'도 모두 같은 형태의 '주다'동사를 사용하는데 비해, 일본어에서는 내가 '주다'의 경우와, 친구가

‘주다’의 동사가 서로 다르다는 점에서 우선 큰 차이가 있다.

(1) 私は友だちにプレゼントをあげた。(나는 친구에게 선물을 주었다.)
(2) 友だちも私にプレゼントをくれた。(친구도 나에게 선물을 주었다.)

또, ‘あげる’(주다) 는 옛 일본어에서는 정중한 의미가 있었다고 하나, 지금은 정중한 의미는 사라지고 없다고 보는 것이 맞다. 즉, ‘드리다’의 의미는 아닌 것이다. 그리고 동등한 사이나 손아랫사람, 또는 동물에게 ‘주다’라고 할 때 주로 사용했던 ‘やる’표현도 요즈음은 남성들은 사용하지만, 여성들은 거의 사용하지 않는다고 말할 수 있다.

(3) 花に水を やる。(남성) /あげる。(여성, 남성) (꽃에 물을 주다.)
(4) 猫にえさを やる。(남성) /あげる。(여성, 남성)
(고양이에게 먹이를 주다.)

그리고, 일본어의 수수동사는 기본적으로, 상대방에게 좋은 것, 도움이 되는 것을 주고, 받을 때 사용하는 경우가 많다. 부담이 되는 것이나, 고통이 되는 것을 표현할 때는 보통 잘 사용하지 않는다. 그러나 ‘やる’형식은 그렇지 않은 쓰임도 있다(다음 절 참조).

(5) 山田先生は学生に ×宿題をあげた。 /○宿題を出した。
(야마다 선생님은 학생에게 숙제를 주었다./내었다.)
(6) 社長が わいろを ×もらったそうだ。/○受け取ったそうだ。
(사장님이 뇌물을 받았다고 한다.)

(7) 田中に出張のスケジュール表を ×あげた。/○渡した。

(다나카에게 출장 스케줄 표를 주었다./건넸다.)

일본어의 수수표현에도 다음과 같이, 당연히 경어표현이 있다. 이 경어표현의 쓰임도 여기서 같이 설명하기로 하겠지만, 경어표현이라고 해서 어렵게 생각할 필요는 없다. 상대가 손윗사람인 것만 다를 뿐, 보통의 수수동사와 그 쓰임이 다르지 않으나, 한국어와 비교했을 때, 한국어는 '내가 사장님에게 책을 받다'를 경어의 의미를 담아 말하려면, '사장님이 내게 책을 주시다'라고 사장님을 주어로 해서 표현하는 것이 보통이지만, 일본어는 사장님을 주어로 하지 않고도, 'もらう'(받다)의 겸영표현인 'いただく'를 사용하여 표현할 수 있다는 점이 다르므로, 주의할 필요가 있다.

(8) あげる/やる (주다)	さしあげる (드리다)
くれる(주다)	くださる (주시다)
もらう(받다)	いただく (주시다)

수수표현은, 크게 '물건'을 직접 주고받는 경우의 표현과, '教えてあげる/くれる/もらう'(가르쳐 주다/ 받다) 와 같이 '동작'을 주고받는 경우의 표현으로 나눌 수 있다.

이하, 「あげる/~てあげる」「くれる/~てくれる」「もらう/~てもらう」표현의 쓰임을 그들의 경어표현과 함께 자세히 살펴보기로 하자.

1) 「あげる/～てあげる」, 「さしあげる/～てさしあげる」표현

먼저, 'あげる' 표현(이하, 특별한 언급이 없으면 'やる' 'さしあげる' 등도 포함) 은, 주어가 화자 자신, 즉, '나' 인 경우에 사용한다. '나'에는 나의 가족도 포함된다. 또, 다른 사람(=제3자) 이 다른 사람에게 물건을 '주다' 라고 표현할 때도, 'あげる' 표현을 사용한다.

(9) 私は友だちの誕生日にプレゼントをあげた。
(나는 친구에게 생일선물을 주었다.)
(10) 私の妹も友だちにプレゼントをあげた。
(내 여동생도 친구에게 선물을 주었다.)
(11) 山田さんも田中さんにプレゼントをあげた。
(야마다씨도 다나카씨에게 선물을 주었다.)

물건을 주는 상대방이 손윗사람인 경우, 'さしあげる'를 사용한다. 그러나 이 'さしあげる' 형식은 그 쓰임에 특히 주의해야한다. 이 표현을 상대방에게 직접 말하는 경우에 사용하면, '생색내는' 뉘앙스가 생겨, 경어표현의 쓰임으로는 오히려 부자연스럽다. 또 'さしあげる' 표현은, 다른 사람에게 말하는 경우, 가족 안의 손윗사람에게도 사용하지 않는다.

(12) きのう社長に日本旅行のお土産を差し上げた。
(어제 사장님에게 일본여행의 선물을 드렸다.)
(13) ×社長、日本旅行のお土産を差し上げます。
(사장님, 일본여행 선물을 드리겠습니다.)

○社長、日本旅行のお土産です。どうぞ。

(사장님, 일본여행 선물입니다.)

(14) 私はおじいちゃんの誕生日にプレゼントを ×差し上げた。/○あげた。

(다른 사람에게)(나는 할아버지 생신에 선물을 드렸다.)

위에서 한국어로는 '할아버지 생신에 선물을 드렸다.'이지만, 일본어 표현으로는 '할아버지 생일에 선물을 주었다.'가 되는 셈이며, 가족 사이의 일을 다른 사람에게 말할 때, 낮추어 말하는 것은 일본어의 '상대경어'로서의 특징과 다르지 않다. (제8장 참조.)

한편, 'やる'형식은, 그 사용이 점점 줄어들고는 있지만, 다음과 같은, 정해진 일이나, 동사 '殴る'(때리다) 나 '殺す'(죽이다) 와 같이 사용하는 경우에는 보통 'やる'를 사용한다고 말할 수 있다. 'なぐる' '殺す'동사와 함께 쓰이는 경우는 당연한 말이지만, 상대에게 좋은 일이거나 은혜를 주는 일은 아니다.

(15) 赤ちゃんにミルクを4時間おきにやっています。

(아기에게 우유를 4시간마다 주고 있습니다.)

(16) 花に水をやるのは私の担当です。

(꽃에 물을 주는 일은 제 담당입니다.)

(17) あの野郎、殺してやる！/ ×殺してあげる！ (저 새끼, 죽일 거야!)

(18) あの野郎、ぶん殴ってやる！/×ぶん殴ってあげる！

(저 새끼, 패 버릴 거야!)

이를 정리하면 다음과 같다.

(19) 나(가족포함) が 다른 사람(동식물) に あげる(やる)
다른 사람 が 다른 사람(동식물) に あげる(やる)
나(가족포함) が 손윗사람 に さしあげる*

*(당사자에게 직접 사용 제외)

물건을 '주는' 것만이 아니라, 동작을 '해 주는' 경우에도 그 쓰임은 다르지 않다. 다음의 예문을 보자.

(20) ここで液体を暖めてやると、色が変わってきます。
(여기서 액체를 데워주면, 색이 변하기 시작합니다.)
(21) 私は田中に韓国語を教えてあげた。
(나는 다나카에게 한국어를 가르쳐 주었다.)
(22) 私の妹は田中に韓国語の本を買ってあげた。
(내 여동생은 다나카에게 한국어 책을 사 주었다.)
(23) 私は去年山田社長に韓国のお菓子を買って差し上げた。
(저는 작년에 야마다사장님에게 한국 과자를 사 드렸다.)

'~てさしあげる' 표현도, 직접 말하는 경우에는 생색을 내는 표현이 되어, 오히려 실례가 되어, 경어표현의 사용으로는 부적절한 경우가 있으므로 주의해야한다. 이 경우는 한국어로는 전혀 문제가 없는 표현이어서, 일본어표현을 사용할 때 더욱 주의할 필요가 있다.

(24) ??社長、お荷物、私が持って差し上げましょうか。

(→私が持ちます。)(사장님, 짐, 제가 들어드릴까요?)

(25) ??社長、釜山は私が案内して差し上げます。

(→案内いたします。)

(사장님, 부산은 제가 안내해 드리겠습니다.)

2) 「くれる/〜てくれる」, 「くださる/〜てくださる」표현

위의 (19) 표현을, 이번에는 '다른 사람'을 주어로 하여 나타내면 다음(23) 과 같고, 다른 사람이 나에게 '주다'라는 표현에서는 'くれる'동사를 사용한다. 다른 사람이 손윗사람이면 'くださる'를 사용한다. 그러나 다른 사람이 다른 사람에게 주다의 의미를 표현하는 경우에는 'くれる'는 사용하지 않는다. 위에서 말한 대로, 'あげる'를 사용한다.

여기에서, 또 한 가지 주의할 필요가 있는 점은, '조사'의 사용이다. 앞의 예에서 알 수 있듯이, 'あげる'와 'くれる'를 바꾸어 사용할 경우, 당연한 이야기지만, 조사도 바꾸어서 사용해야한다.

(26) 다른 사람　が　나(가족포함)　にくれる

손윗사람　が　나(가족포함)　にくださる

×다른 사람　が　다른 사람(동식물)　に~~くれる~~

(27) 友だちの田中が私に日本語の本をくれました。

(친구인 다나카가 나에게 일본어 책을 주었습니다.)

(28) 田中が私の妹に日本語の本をくれました。

(다나카가 내 여동생에게 일본어 책을 주었습니다.)

(29) ×山田が田中にプレゼントをくれました。

○山田が田中にプレゼントをあげました。

(야마다가 다나카에게 선물을 주었습니다.)

(30) 山田社長が私に日本語の本をくださいました。

(야마다사장님이 저에게 일본어 책을 주셨습니다.)

'~てくれる' '~てくださる' 표현은 다음과 같이 쓰인다. 'くれる' 표현의 쓰임과 다르지 않다.

(31) 友だちの田中が私に日本語の本を買ってくれました。

(친구인 다나카가 나에게 일본어 책을 사 주었습니다.)

(32) 田中が私の妹に日本語の本を買ってくれました。

(다나카가 내 여동생에게 일본어 책을 사 주었습니다.)

(33) 山田社長が私に日本語の本を買ってくださいました。

(야마다사장님이 저에게 일본어 책을 사 주셨습니다.)

3) 「もらう/~てもらう」, 「いただく/~ていただく」표현

'もらう' 표현은 '받다'의 의미로, 한국어에서도 자주 사용하는 표현이라고 할 수 있다. 다음의 예문을 보자.

(34) 私は田中さんに(から) 日本語の本をもらいました。

(나는 다나카씨에게 일본어 책을 받았습니다.)

(35) 私の妹も田中さんに(から) プレゼントをもらいました。

(내 동생도 다나카씨에게 선물을 받았습니다.)

(36) 私は山田社長に(から) 日本語の本をいただきました。

(저는 야마다사장님에게 일본어 책을 ~~받았습니다~~.

→야마다사장님이 저에게 책을 주셨습니다.)

(37) 山田さんも田中さんに(から) プレゼントをもらいました。

(야마다씨도 다나카씨에게 선물을 받았습니다.)

위와 같이, 그 기본적인 쓰임은 일본어의 경우와 비슷하다고 할 수 있으나, 다른 점도 많다. 'もらう'는 '友だちが私(家族) にプレゼントをもらう'(친구가 나(가족)에게 선물을 받았다.) 와 같은 표현으로는 사용하지 않는다. 이 경우는, 'あげる'를 사용하여, '내가/가족이 친구에게 선물을 주었다'라고 표현한다. 또, 주는 사람이 손윗사람이면, 'もらう'대신에 'いただく'를 사용한다. 이 때, 한국어로는, '내가 받다'를 정중하게 표현할 방법이 없으므로, 한국어로 표현할 때는 손윗사람이 나에게 '주시다'라고 표현해야 한다. 즉, 다음의 경우는, 한국어로 보면 같은 표현이 되는 것이다.

(38) 社長が私に本をくださいました。＝私は社長に本をいただきました。(사장님은 저에게 책을 주셨습니다.)(사장님은 저에게 책을 주셨습니다.)

(39) 나(가족포함) が 다른 사람 にもらう

다른 사람 が 다른 사람 にもらう

나(가족포함) が 손윗사람 に いただく

×다른 사람 が 나(가족포함) に ~~もらう~~

(40) ×田中が私の妹にプレゼントをもらった。

(다나카가 내 여동생에게 선물을 받았다.)

○私の妹が田中にプレゼントをあげた。

(여동생이 다나카에게 선물을 주었다.)

'もらう'표현의 경우, 조사 'に'는 대부분 'から'로 바꾸어 쓸 수 있다. 이것은 물건을 받는 경우이든, 동작을 받는 경우이든 모두, 'から'앞을 '이동의 기점'또는 동작이 '나오는 곳'으로 볼 수 있기 때문이다.

그리고 조사 'に'가 아니라, 조사 'から'가 주로 쓰이는 용법이 있다. 그것은 '나오는 곳'이 '단체/기관/조직'의 경우로, 한국어로는 보통 '~로부터'로 번역된다.

(41) 会社から賞金10万円をもらった。

(회사로부터 상금10만 엔을 받았다.)

(42) 昨年学会から学術賞をいただいたんですが、賞金はありませんでした。(작년에 학회로부터 학술상을 받았습니다만, 상금은 없었습니다.)

'~てもらう' '~ていただく'표현의 쓰임도, 'もらう' 'いただく'표현의 쓰임과 다르지 않다. 그런데, 일본어의 쓰임은 다르지 않으나, 한국어

표현은 그렇지 않다. 한국어에서는 '책을 사 받다' '선물을 사 받다' 라는 표현은 사용하지 않기 때문이다. 한국어로는 '내가 친구에게 책을 사 받다'가 아니라, 친구를 주어로 해서, '친구가 나에게 책을 사 주다'의 표현이 되어야 한다.

(43) 私は田中さんに(から) 日本語の本を買ってもらいました。

(나는 다나카씨에게 일본어 책을 ~~사 받았습니다~~. →다나카씨가 나에게 책을 사 주었습니다.)

(44) 私の妹も田中さんに(から) プレゼントを買ってもらいました。

(내 동생도 다나카씨에게 선물을 ~~사 받았습니다~~. 다나카씨가 내 동생에게 선물을 사 주었습니다.)

(45) 私は山田社長に(から) 日本語の本を買っていただきました。

(저는 야마다사장님에게 일본어 책을 사 ~~받았습니다~~. →야마다사장님이 저에게 책을 사 주셨습니다.)

4) 「~てくれる」표현과 「~てもらう」표현의 차이

그렇다면, 위에서 살펴본, 다음의 표현은 같은 표현일까? 다르다면 어떠한 차이가 있을까?

(31) 友だちの田中が私に日本語の本を買ってくれました。

(친구인 다나카가 나에게 일본어책을 사 주었습니다.)

(43) 私は田中に(から) 日本語の本を買ってもらいました。

(나는 다나카에게 일본어 책을 사 받았습니다.)

'다나카가 나에게 책을 사 주다'와 '내가 다나카에게 책을 사 받다'는 결국 책은 '나'에게로 이동한 것이니, 같은 의미의 표현이라고 할 수 있다. 그럼, 'てくれる' 표현을 사용하는 경우와, 'てもらう'를 사용하는 경우에, 어떠한 뉘앙스의 차이가 있을까? 다음의 예문도 같이 보자.

(46) 父が新型のノートパソコンを買ってくれた。
(아빠가 최신형 노트북을 사 주셨다.)
父に新型のノートパソコンを買ってもらった。
(아빠에게 최신형 노트북을 사 받았다.)

(47) 彼/彼女が 誕生日のプレゼントを買ってくれた。
(그/그녀가 생일 선물을 사 주었다.)
彼/彼女に 誕生日のプレゼントを買ってもらった。
(그/그녀에게 생일 선물을 사 받았다.)

(48) 日曜日、ひまなところ、ちょうど田中が来てくれた。
(일요일, 한가한 차에, 마침 다나카가 와 주었다.)
日曜日、ひまだったので、田中に来てもらった。
(일요일, 한가해서, 다나카에게 와 받았다.)

일요일, 심심하던 차에, 친구가 놀러 와 주거나, 아무런 언질도 하지 않았는데, 그/그녀가 선물을 사주고, 또 아버지가 선물을 사 주시면, 보통 '고맙다'는 마음이 들 것이다. 'てくれる'는 사태내용에 대하여 상대방이 한 행동에 고마움을 느낀 것을 나타내는 표현이라고 말할 수 있다. 반면에, 'てもらう'는 '졸라서', '겨우' 그 사태내용을 얻어 냈다는 뉘앙스가 강하다.

교토 '여우신사'(사진: 전성엽)

제6장 일본어 조동사의 세계

일본어의 조동사는, 주로 일본어 동사의 활용형에 붙어, 그 동사의 의미에 추가적으로 어떠한 의미를 더하는 것을 말한다('だ'와 같이 명사나 일부 조사에 접속하고, '형용동사'와 동일하게 활용하는 것도 있다). 앞 장에서 살펴 본 '~た'형도 품사로는 '조동사'이며, 예를 들어 '食べる'(먹다)의 활용형의 어간 '食べ-'에 붙으면, '食べ-た'(먹었다)가 되어, '완료/과거'의 의미를 더하게 된다.

일본어 '조동사'의 특징은 다음과 같다.

- 자립어 뒤에 붙는 부속어이다. 단독으로는 쓰이지 못하고, 반드시 동사나 명사 등 다른 단어의 뒤에 붙는다. (食べ(자립어) + ます(부속어)
- 활용을 한다. 용법에 따라 그 형태가 바뀐다.
  ('食べます→食べません→食べました→食べましょう')
  (정중) (부정) (과거) (권유)
- 여러 가지 다양한 의미를 더하는 기능을 한다. 일본어에서는

'시제', '부정'의 의미, '아스펙트'의 의미, '수동'과 '사역'의 의미, 그리고 다양한 '모달리티'의 의미(단정-추측-질문 등으로 이어지는 화자의 사태내용(명제)에 대한 다양한 '판단'과 관련된 의미) 를 조동사가 담당한다.

또, 일본어 조동사는 일본어문장에서 주로 다음 그림과 같은 위치에서, 문장의 사태(명제)에 대하여 어떠한 의미를 더하는 역할을 한다.

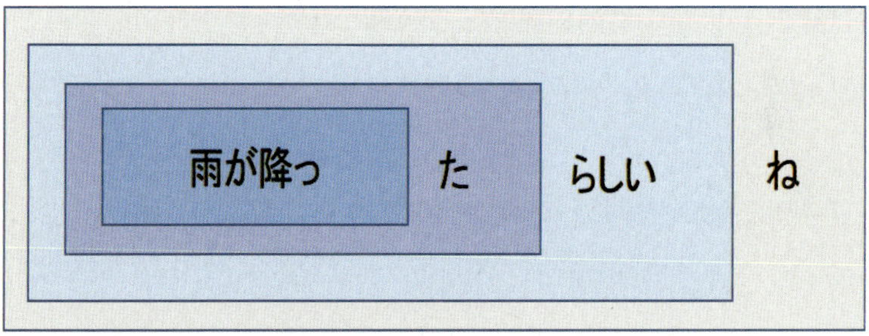

〈그림 2〉 문장에서의 조동사와 종조사의 위치의 일례

즉, 위 그림에서는, 사태내용(명제) 인 '雨が降る'(비가 오다)에, '완료된 일'로 화자가 파악하여 '완료/과거'의 의미를 더하는 조동사 'た'를 사용하였고, 또 나아가 화자는 이 사태내용을 단정적인 것으로 표현하는 것이 아니라, '불확실한 추측'의 의미를 더하는 조동사 'らしい'를 사용하여, 문장 전체를 추측의 의미의 '비가 온 것 같다'로 인식한 다음, 청자에게 그 내용을 '확인'하는 의미에서 종조사 'ね'를 사용하여 전달하고 있는 것이다. 이와 같이 '조동사'는 문장에서

그 사태내용(명제)의 뒤에 붙어서 각자의 기능을 하게 된다.

그럼, 이 장에서는 먼저, 일본어의 다양한 '조동사'를, 조동사 각각의 기본적인 의미와 함께, 그 활용형과 쓰임, 그리고 주변적인 용법 등을 중심으로 자세히 살펴본 다음, 뒷부분에서는 조동사와 마찬가지로 문장의 뒤에 위치하여, 문장에 화자의 '표현의도'를 더하는 표현, 즉, 아래의

- 「~なければならない」「~するといけない」「~してはいけない」
- 「~したほうがいい」「~するほうがいい」
- 「~てもいい」「~ていい」
- 「~かもしれない」「~にちがいない」「~はずだ」
- 「~ことだ/~ものだ」
- 「~のではない?/~じゃない?」
- 「~という」(전문의 형식)

등의 형식들도 이 장에서 함께 설명하기로 한다.

1. 「だ」(である), 「です」, 「ます」형식-일본어의 '단정'표현

위의 형식, 「だ」(である), 「です」, 「ます」는 모두 '단정'의 의미를 나타낸다는 점에서 동일한 형식이다. 「だ」(である) 는 한국어로 '~이다'에 해당하고, 「です」와 「ます」는 '~입니다/~(ㅂ) 니다'에 해당하여, 하는 역할은 같지만, 「です」는 명사, 대명사, い형용사, な형용사, 일부의 조동사 등에 접속하고, 「ます」는 동사와 일부 조동사에 접속

하는 점이 다르다.

1)「だ」(である) 형식

'だ'는 '단정'의 의미를 더하는 조동사로, 명사나 대명사 등 체언이나 일부 조사의 뒤에 붙는다. '단정'의 의미는, 보통, 화자가 문장의 사태내용에 대하여, 확실한 정보를 가지고, '그렇다'라고 판단을 내리는 것을 말한다.

(1) あれはプードルだ。(저것은 푸들이다.)

위 문장은 화자가 강아지의 종류 중에서 '푸들'의 종류임을 확신을 가지고 '그렇다'라고 판단하고, 조동사 'だ'를 사용하여 '저것은 푸들이다'라고 보통표현으로 나타낸 것이다.

만약, 화자에게, 강아지가 '푸들'의 종류인 것에 대한 확실한 정보가 없다면, 추측의 표현('あれはプードルだろう(1)'(저것은 푸들이겠지.) 이 되거나, 다른 사람에게 질문을 하는, 질문표현('あれはプードルですか'(저것은 푸들입니까?) 이 될 것이다.

다음은 조동사 'だ'의 활용표이다.

---

(1) 'だろう'는 'だ'의 활용표처럼, 원래 'だろ+う'이나, 지금은 보통 한 단어의 추측의 형태 'だろう'로 생각하여 사용하는 것이 일반적이다.

〈표〉 ‘だ’의 활용표

	だ	이어지는 형태 (제한적)
미연형	だろ	う
연용형	だっ で	た ある、ない
종지(끝맺는) 형	だ	(끝맺는 형태)
연체형	な	ので、のに
가정형	なら	ば

위의 표에서 알 수 있듯이, 조동사 ‘だ’의 활용은 ‘형용동사’의 활용 형태와 비슷하지만, 같지는 않다(형용동사의 연용형의 형태가 더 많다).

그리고 조동사 ‘だ’는 항상 명사나 대명사 등 체언과 일부 조사에만 붙지만, 그 활용형들은 동사, 형용사 등에도, 다음과 같이, 접속한다.

(2) 彼は日本人だ。(그는 일본 사람이다.)

(3) この本は先生のだよ。(이 책은 선생님 것이야.)

(4) 彼は日本人だろう。
あしたも暑いだろう。
彼も行くだろう。
彼も食べられるだろう。

(5) 彼が日本人ならば
あしたも暑いならば
彼も行くなら(ば)
彼が食べられるならば

조동사 ‘だ’의 활용형을 정리하면 다음과 같다.

(6) 彼はうそつきだ。 (그는 거짓말쟁이다.)

彼はうそつきだろう。　(그는 거짓말쟁이일 것이다.)
彼はうそつきだった。　(그는 거짓말쟁이였다.)
彼はうそつきである。　(그는 거짓말쟁이다.)
彼はうそつきなので、　(그는 거짓말쟁이니까,)
彼がうそつきならば、　(그가 거짓말쟁이라면,)

조동사 'だ'의 부정형은 '~で(は) ない'이며, 정중한 형태가 바로 다음에 살펴볼 'です'형태이다.

(7) 彼はうそつきではない。　(그는 거짓말쟁이가 아니다.)
(8) 彼はうそつきです。　(그는 거짓말쟁이 입니다.)

2) 「です」형식

조동사 'です'는, 'だ'의 정중한 형태(丁寧語: ていねいご) 로, 정중한 단정의 의미를 나타낸다. 'だ'가 명사나 대명사 등 체언과 일부의 조사에만 접속할 수 있었던 것에 비해, 정중한 형태의 'です'는 체언뿐만이 아니라, い형용사, な형용사의 어간, 조동사 'たい'와 'ようだ' 'そうだ'의 어간 'よう' 'そう'과, 접미사와 조동사의 양쪽 기능을 다 가지고 있는 'らしい'에도 연결될 수 있다.

(9) あれはプードルです。(저것은 푸들입니다.)
(10) プードルはかわいいです。(푸들은 귀엽습니다.)
(11) この辺は静かですね。(이 근처는 조용하군요.)

(12) この辺は夜も静かなようですよ。(이 근처는 밤에도 조용한 것 같아요.)

(13) 彼もいっしょに行くそうです。(그도 함께 간다고 합니다.)

(14) この本は先生のですよ。(이 책은 선생님의 것입니다.)

(15) 彼は大学生らしいです。

(그는 대학생답습니다.)(접미사의 쓰임)

(그는 대학생인 것 같습니다.)(추측의 조동사의 쓰임)

(16) 私は北海道へ行きたいです。(나는 북해도에 가고 싶습니다.)

'です'의 활용형은 다음과 같다.

〈표〉 'です'의 활용형

	です	이어지는 형태 (제한적)
미연형	でしょ	う
연용형	でし	た
종지형	です	(끝맺는 형태)
연체형	です	ので、のに

조동사 'です'의 부정형은 '~ではありません'이 된다.

(17) 彼はうそつきではありません。(그는 거짓말쟁이가 아닙니다.)

조동사 'です'의 활용형을 정리하면 다음과 같다.

(18) これは先生の本です。(이것은 선생님의 책입니다.)
これは先生の本でしょう。(이것은 선생님의 책이겠지요.)
これは先生の本でした。(이것은 선생님의 책이었습니다.)
これは先生の本ですので、(이것은 선생님의 책이기 때문에,)

3) 「ます」형식

조동사 'ます'는, 조동사 'です'와 함께, '정중'한 의미를 더하는, '丁寧語(ていねいご)(정중어) 이다. 즉, 두 형식은 하는 일, 기본적인 의미는 같다. 다른 점은, 'です'는 명사 등 체언과 い형용사, な형용사에 접속하지만, 조동사 'ます'는 주로 '동사'의 연용형에 접속하고, 조동사의 연용형에도 접속하는 점이다.

(19) 買います
書きます
話します
立ちます
死にます
飛びます
読みます
帰ります

(20) 見ます
食べます
来ます
します
食べさせます
食べられます
読ませます
食べたがります

조동사 'ます'의 활용형은 다음과 같다.

〈표〉 조동사 'ます'의 활용형

	ます	이어지는 형태
미연형	ませ ましょ	ん う
연용형	まし	た
종지형	ます	-
연체형	ます	とき
가정형	(ますれ	ば)(제한적)
명령형	ませ (まし)	いらっしゃいませ (いらっしゃいまし)(제한적)

위에서 명령형은 다음과 같이, 'いらっしゃる' 'なさる' 'くださる'등의 주로 경어표현에 붙여서만 사용하고 있다. 이것은 '존경'의 뜻을 덧붙이는 의미로 일반적으로 많이 사용하는 표현이기는 하나, 존경의 의미에 원래 '명령'의 의미를 더하는 것은 부적절하다고도 볼 수 있다.

(21) いらっしゃいませ。 (어서 오십시오.)

(22) お帰りなさいませ。 (어서 (돌아) 오십시오.)

(23) お許しくださいませ。 (용서해 주십시오.)

또, 'ます'의 가정형 'ますれば'형태와 명령형 '~まし'형태는 요즈음은 거의 사용하지 않는 표현이다.

조동사 'ます'의 활용형을 정리하면 다음과 같다.

(24) 帰ります。	(돌아갑니다.)
帰りません。	(돌아가지 않습니다.)
帰りましょう。	(돌아갑시다.)
帰りました。	(돌아갔습니다.)
帰りますとき、	(돌아갈 때,)
(帰りませれば、) →帰りましたら、	(돌아가면,)
お帰りなさいませ。	(어서 (돌아) 오십시오.)

2. 「ない」-일본어의 '아직 그러지 아니하다'의 표현

'ない'에는 두 종류의 단어, 즉 '조동사'로서의 'ない'가 있고, 또 'い형용사'로서의 'ない'가 있다. 예를 들면 다음과 같다.

(1) 私はラーメンは食べない。 (나는 라면은 먹지 않는다.)
(2) きょうは暑くない。 (오늘은 덥지 않다.)

'동사'에 붙어서, 그 동사의 동작이나 상태 등이 '아직 그렇지 않다'라고 말하는 역할을 하는 것이 '조동사'의 'ない'이다. 이것을 일반적으로 '부정형'(일본어로 '否定形'혹은 '打ち消し'라고 한다)의 'ない'라고 한다.

조동사 'ない'를 'い형용사'의 'ない'와 혼동하는 가장 큰 이유는, 조동사 'ない'도 い형용사처럼 '형용사 활용'을 하기 때문일 것이다.

(3) 私はラーメンは食べない。(나는 라면은 먹지 않는다.)
私はラーメンは食べなかった。(나는 라면은 먹지 않았다.)
私はラーメンは食べなくて、(나는 라면은 먹지 않고,)
私はラーメンは食べないです。(나는 라면은 먹지않습니다.)

'い형용사'로서의 'ない'도, 앞의 내용을 '그렇지 않다'라고 부정하는 역할을 하는 것은 조동사 'ない'와 다르지 않다. 'い형용사'이므로 당연히 형용사 활용을 한다.

(4) きょうは暑くない。(오늘은 덥지 않다.)
きょうは暑くなかった。(오늘은 덥지 않았다.)
きょうは暑くなくて、(오늘은 덥지 않고,)
きょうは暑くないです。(오늘은 덥지 않습니다.)

그런데, 이 둘을 구분하는 방법은, 의외로 간단해서, 다음과 같이 'ない'에 조사를 넣어보거나, 'ない'대신에 조동사 'ない'의 옛 형태인 'ず'를 바꾸어 넣어보면 구분할 수 있다.

(3) ×私はラーメンは食べはない。	(4) ○きょうは暑くはない。
×私はラーメンは食べはなかった。	○きょうは暑くはなかった。
×私はラーメンは食べはなくて、	○きょうは暑くはなくて、
×私はラーメンは食べはないです。	○きょうは暑くはないです。
(3) ○私はラーメンは食べず。	(4) ×きょうは暑くず。

위에서 알 수 있듯이, 'い형용사'의 'ない'앞에는 조사가 들어갈 수 있는 반면, 조동사 'ない'앞에는 조사가 들어 갈 수 없고, 또한 'ず'형태는 조동사 'ない'와는 바꾸어 쓸 수 있지만, 'い형용사'의 'ない'와는 바꾸어 쓸 수 없다.

또, 다음과 같은 형식도, 'い형용사'의 'ない'와 같이, '형용사'로서의 'ない'이다.

- 「~てもない」: 考えてもないことだ (생각치도 않은 일이다)
  たべてもない、(먹지도 않았다)
  のんでもない (마시지도 않았다)
- 「~でない」: 有名でない (유명하지 않다)
  すきでない (좋아하지 않다)
  そうでない (그렇지 않다)

그리고 다음과 같은 단어들은 단어에 'ない'가 포함되어 있지만, 활용에 의해 붙은 것이 아니라, 원래가 그 형용사의 일부이다.

- さりげない(시치미를 떼다, 당연하다)
- つまらない(재미없다, 지루하다)
- 少ない (적다)
- とんでもない(당치도 않다, 터무니없다)
- せつない(괴롭다, 절절하다, 참을 수 없다)
- なさけない(한심하다, 몰인정하다)
- もったいない(아깝다, 과분하다)

• はかない(덧없다, 무상하다)

1) 조동사 'ない'의 기본적인 의미와 용법

먼저, 다음의 동사들과 그것의 'ない'형을 보자.

〈표〉 동사의 기본형과 'ない'형

기본형	ない형	기본형	ない형
食べる	食べない	死ぬ	死なない
見る	見ない	読む	読まない
来る	来ない	行く	行かない
する	しない	買う	買わない
話す	話さない	立つ	立たない

여기서의 표는 접속의 형태를 보고자 하는 것이 아니라, 동사 'ない'형의 기본적인 의미를 생각해 보려고 하는 것이다. 예를 들어, 어느 동사나 마찬가지이지만, '死ぬ' '行く' '食べる' '来る'의 'ない'형, '死なない' '行かない' '食べない' '来ない'는, 각각의 동작을 '~가 아니다'라고 '부정'하는 것이 아니라, '아직 그렇지 아니하다'라는 의미를 표현하는 것이라고 해석할 수 있다. 즉,

死ぬ→ 死なない

죽다→??~~죽다가 아니다~~ →아직 죽지 아니하다

行く→ 行かない

가다→??~~가다가 아니다~~ →아직 가지 아니하다

食べる→ 食べない

먹다→ ??~~먹다가 아니다~~ → 아직 먹지 아니하다

来る→ 来ない

오다→ ??~~오다가 아니다~~ → 아직 오지 아니하다

이렇게 생각하면, 동사의 'ない'형은 '부정형'이라는 이름보다, 조금 어려운 한자 용어이기는 하지만, '미연형(未然形)이라는 이름이 훨씬 잘 어울린다고 말할 수 있다. '未然'이라는 단어가 '아직 그러지 아니하다'라는 뜻이다.

2) 조동사 'ない'의 접속과 활용형

조동사 'ない'는 위의 표에서도 보았지만, 다음과 같이, 동사의 미연형과 조동사의 미연형에 접속한다.

(5) 帰らない (돌아가지 않다)
話さない (말하지 않다)
信じない (믿지 않다)
しない (하지 않다)

(6) 信じられない (믿을 수 없다)
見られない (볼 수 없다)
行かせない (가게 하지 않다)
行きたがらない
(가고 싶어 하지 않다)

그리고 조동사 'ない'의 활용형을 정리하면 다음과 같다.

(7) 行かない (가지 않는다)
行かなかろう(=行かないだろう)

(8) 食べない
食べなかろう

(~않겠지)　(=食べないだろう)

行かなかった (~않았다)　食べなかった

行かなくなる (~않게 되다)　食べなくなる

行かないとき (~않을 때)　食べないとき

行かなければ (~않으면)　食べなければ

(9) 来<u>ない</u>

こなかろう(=来ないだろう)

(=しないだろう)

こなかった

こなくなる

こないとき

こなければ

(10) し<u>ない</u>

しなかろう

しなかった

しなくなる

しないとき

しなければ

조동사 'ない'의 활용형을 표로 나타내면 다음과 같다. 이는 'い형용사'의 활용과 다르지 않다.

〈표〉 조동사 'ない'의 활용형

	ない	이어지는 형태
미연형	なかろ	う
연용형	なかっ なく	た なる
종지형	ない	-
연체형	ない	とき
가정형	なけれ	ば

3. 「たい」「たがる」형식–일본어의 '희망'표현

조동사 'たい'와 'たがる'는 '희망'의 의미를 나타낼 때 사용하는 조동사이다. 'たい'는 화자 자신의 희망을 나타낼 때 사용하는 형식이고, 'たがる'는 다른 사람의 희망을 나타낼 때 사용하는 형식이다.

1) 「たい」형식

1) -1. 「たい」의 접속과 활용형

'たい'는 조동사이지만, 형태가 い형용사와 같아, 다음과 같이 'い형용사'활용을 한다.

(1) 行きたい
行きたくない
行きたくなる
行きたかろう
(=行きたいだろう)
行きたかった
行きたいとき
行きたければ
行きたいです
行かせたい

(2) 見たい (보고 싶다)
見たくない (~고 싶지 않다)
見たくなる (~고 싶어지다)
見たかろう
(=見たいだろう)(~고 싶겠지)
見たかった (~고 싶었다)
見たいとき (~고 싶을 때)
見たければ (~고 싶으면)
見たいです (~고 싶습니다)
見させたい (~게 하고 싶다)

(3) 飲む
飲みたい

(4) 勉強する
勉強したい

飲みたかろう(=飲みたいだろう)	勉強したかろう (=勉強したいだろう)
飲みたかった	勉強したかった
飲みたくなる	勉強したくなる
飲みたいとき	勉強したいとき
飲みたければ	勉強したければ
飲ませたい	勉強させたい

〈표〉 조동사 ‘たい’의 활용

	たい(話したい)	이어지는 형태
미연형	話したかろ	う
연용형	話したかっ 話したく	た なる、ない
종지형	話したい	-
연체형	話したい	とき
가정형	話したけれ	ば

이렇게 보면, 조동사 ‘たい’는 동사와, 일부의 조동사의 ‘연용형’에 접속하는 것을 알 수 있다.

1) -2. 「たい」의 기본적인 의미와 조사 ‘が’, ‘を’

‘たい’는 화자 자신의 ‘희망’을 나타내는 형식이다. 따라서 문장에서 주어를 말하지 않아도, 당연히 주어는 화자 자신이 된다.

(5) スペインへ行きたい。(=私はスペインへ行きたい。)((나는) 스페인에 가고 싶다.)

(6) 私はラーメンが食べたい。 (나는 라면을 먹고 싶다.)

(7) コーラが飲みたい。 (콜라를 마시고 싶다.)

(8) 彼女に指輪を買ってあげたい。 (그녀에게 반지를 사 주고 싶다.)

(9) 田中さんに日本語を教えてもらいたい。(다나카씨에게 일본어를 가르쳐 받고 싶다.)

또, 자신의 희망을 나타내는 조동사 'たい'를 사용할 때, 일본어 초급단계에서는 기본적으로는 'が'를 사용하는 것이 맞다. 그러나 항상 조사 'が'를 사용하는 것은 아니다. 위의 예문 중에서,

(10) 私はラーメン が/を 食べたい。 (나는 라면 이/을 먹고 싶다.)

(11) コーラ が/を 飲みたい。 (콜라 가/를 마시고 싶다.)

위 두 개의 예문은 일본어에서는 'が'와 'を'조사 두 개 모두 사용 가능하다. 다만, 뉘앙스의 차이는 분명히 있어서, 조사 'が'를 사용하는 쪽은, 조사 'が'앞에 화자의 희망의 '초점'이 놓이게 된다고 설명할 수 있다. 즉,

(6) 私は<u>ラーメン</u>が食べたい。 (나는 라면을 먹고 싶다.)

(7) <u>コーラ</u>が飲みたい。 (콜라를 마시고 싶다.)

이것은, 많은 음식과 마실 것 중에서 다른 것이 아니라, '라면이 먹

고 싶다', '콜라가 먹고 싶다'는 뉘앙스가 생긴다.

그런데, 조동사 'たい'앞에 보조동사 등 다른 형식이 함께 쓰이게 되면, 사정이 달라져서 조사 'が'는 같이 쓸 수 없고, 조사 'を'만 사용 가능하다.

(12) ×彼女に指輪が買ってあげたい。 (그녀에게 반지를 사 주고 싶다.)
(13) ×田中さんに日本語が教えてもらいたい。(다나카씨에게 일본어를 가르쳐 받고 싶다.)

또한, 다음과 같은 경우도 조사 'が'보다 'を'가 훨씬 더 자연스러우며, 희망의 조동사 'たい'와 함께 쓰이더라도, 원래 'が'나 'を'를 사용하지 않는 경우는 원래의 조사를 그대로 사용한다.

(14) 私は冬休みに 本を /??本が たくさん読みたい。(나는 겨울방학에 책을 많이 읽고 싶다.)
(15) 将来、先生になりたい。 (장래에, 선생님이 되고 싶다.)
(16) 京都ではバスに乗ってみたいですね。 (교토에서는 버스를 타 보고 싶군요.)
(17) 大阪では友だちに会いたい。 (오사카에서는 친구를 만나고 싶다.)

2) 「たがる」형식

2) -1. 「たがる」의 접속과 활용형

'たがる'는 형태상 당연하지만, 동사활용을 한다. 다음의 예를 보자.

(18) 行きたがる	(19) 遊びたがる
行きたがります	遊びたがります
行きたがらない	遊びたがらない
行きたがった	遊びたがった
行きたがるとき	遊びたがるとき
行きたがれば	遊びたがれば
行かせたがる	遊ばせたがる
(20) 見たがる	(21) 来たがる (오고 싶어 하다)
見たがります	来たがります (오고 싶어 합니다)
見たがらない	来たがらない (오고 싶어 하지 않다)
見たがった	来たがった (오고 싶어 했다)
見たがるとき	来たがるとき (오고 싶어 할 때)
見たがれば	来たがれば (오고 싶어 하면)
見させたがる	来させたがる (오게 하고 싶어 하다)

이렇게 보면 'たがる'는 조동사이지만, '5단 활용 동사'처럼 생긴 형태상의 특징으로 인해, 5단 활용 동사와 동일하게 활용하고 있음을 알 수 있다.

또한, 조동사 'たがる'도 'たい'와 마찬가지로, 동사와 일부 조동사

의 ‘연용형’에 접속하고 있음을 알 수 있다.

〈표〉 조동사 ‘たがる’의 활용

	たがる	이어지는 형태
미연형	たがら たがろ	ない う
연용형	たがり たがっ	ます た
종지형	たがる	-
연체형	たがる	とき
가정형	たがれ	ば
명령형	たがれ	(명령형)

2) -1. 「たがる」의 기본적인 의미

‘たがる’는 기본적으로 화자 자신이 아닌, ‘다른 사람’의 희망을 표현할 때 사용하는 형식이다. 주의해야할 것은 ‘たがる’형식의 쓰임에 두 가지 형태가 있다는 것이다. ‘~たがる’와 ‘~たがっている’형태가 그것이다. 다음의 예문을 보자.

(22) 小さい子どもはいつも遊びたがります。

(어린 아이는 항상 놀고 싶어 합니다.)

(23) 子どもは普通おもちゃを 買いたがります。/ほしがります。

(어린이는 보통 장난감을 사고 싶어 합니다/갖고 싶어 합니다.)

(24) あの子は、いま、パパと遊びたがっています。

(저 아이는 지금 아빠와 놀고 싶어 합니다.)

(25) あの男の子は、いま、ロボットのおもちゃをほしがっています。

(저 남자아이는 지금 로봇장난감을 갖고 싶어 하고 있습니다.)

위의 예문에서 보듯이, '~たがる'나 '~ほしがる'형식은, 아이들 '전체'의 '일반적'인 희망이나 '속성' 등을 나타내는 쓰임에 사용된다. 이에 비해, '~たがっている'나 '~ほしがっている'형식은 아이들의 일반적인 경우가 아니라, '개별적'인 상황에서 사용된다. 따라서 다음과 같은 경우에는, '일본에 가고 싶다' '새 차를 사고 싶다'는 것은, 보통, 엄마, 아빠들 전체의 일반적인 희망이나 속성이라고는 볼 수 없고, '개별적인 희망'을 말하는 경우라고 할 수 있으므로, '~たがる'형식이 사용되면, 부자연스러운 것이다.

(26) ??うちの母は日本へ旅行に行きたがります。

(우리 엄마는 일본에 여행가고 싶어 합니다.)

(27) うちの母は日本へ旅行に行きたがっています。

(우리 엄마는 일본에 여행가고 싶어 합니다.)

(28) ??うちの父は新しい車を買いたがります。

(우리 아빠는 새 자동차를 사고 싶어 합니다.)

(29) うちの父は新しい車を買いたがっています。

(우리 아빠는 새 자동차를 사고 싶어 합니다.)

4. 「う」「よう」형식–일본어의 '의지표현'

1) 'う' 'よう'의 접속과 활용형

먼저, 다음과 같이, 'う'형식은 주로 5단 활용 동사에, 'よう'형식은 1단 활용 동사의 미연형에 접속한다. 실은 'う'형식은, 5단 활용 동사 이외에도, 'い형용사' 'な형용사'의 미연형에도 접속한다. 그러나 'い형용사'의 경우, '暑い→暑かろう'(=暑いだろう) 와 같이 요즈음은 자주 쓰이지는 않는 형식이며, 'な형용사'의 경우도 'きれいだ→きれいだろう'가 되어, 결국, 어느 쪽이나, 요즈음은 'だろ+う'처럼 활용형이라고 생각하지 않고, 일반적으로, 하나의 단어로서의 'だろう'를 사용한다고 설명할 수 있다. 다시 말하면, 'だろう'형식은, 조동사 'だ'의 미연형 'だろ'에 추측의 조동사 'う'가 접속되어 생겨난 형식이지만, 지금은 'う/よう'형식은 주로 '의지'를 나타내는 경우에 쓰이고, 한 단어가 된 'だろう'가 폭 넓은 '추측'의 표현으로 쓰이고 있다. ('추측' 등을 나타내는 'だろう'에 관해서는 나중에 다른 절에서 설명하기로 한다.)

(1) あした海へ行こうか。 (내일 바다에 갈까?)
(2) 母には話そうよ。 (엄마에게는 말하자.)
(3) ラーメン食べようか。 (라면 먹을까?)
(4) さて、早く寝よう。 (자, 빨리 자자.)
(5) 明日も大変暑かろう。(=明日も大変暑いだろう。)
 (내일도 엄청 덥겠지.)

(6) 彼女は50になってもきれいだろう。 (그녀는 50이 되어도 예쁘겠지.)

'う' 'よう'형식의 접속을 정리하면 다음과 같다. 즉, 'う'는 5단 활용 동사를 비롯해, 형용사와 조동사의 미연형에 접속하고, 'よう'는 1단 활용 동사와 변격활용동사, 그리고 일부 조동사의 미연형에도 접속한다는 것을 알 수 있다.

(7) 行こう

(暑かろ＋う) =暑いだろう

(きれいだろ＋う) =きれいだろう

(8) 行く

行こう

(行くだろ＋う)

=行くだろう

(行かなかろう)

=行かないだろう

(行くでしょ＋う)

=行くでしょう

(行きましょ＋う)

=行きましょう

(9) 食べよう。

見よう。

(10) 来よう。

しよう。

따라서 'う' 'よう'형태는, 'い형용사' 'な형용사'의 경우는 다른 형태가 일반적으로 사용되므로, 동사의 경우에만 나타난다고 볼 수 있다.

활용형도 아래의 표에서 보는 바와 같이, 두 개의 활용형밖에 없으며 그 활용형태 또한 변하지 않는다.

〈표〉 'う' 'よう'의 활용형

	う	よう	이어지는 형태
미연형	–	–	-
연용형	–	–	-
종지형	う	よう	-
연체형	(う)	(よう)	こと、もの、はず등 제한적
가정형	–	–	-
명령형	–	–	-

2) 'う' 'よう'형식의 기본적인 의미와 주변적인 의미

'う' 'よう'형식은, '추측'의 의미를 나타내는 용법(2)으로 쓰이기도 하였으나, 요즈음은 추측의 기능은 'だろう'형식으로 주로 나타내고, 'う' 'よう'는, 화자가 자신이 앞으로 할 동작에 대하여, 그 자리에서, 그렇게 하겠다는 '결심'이나 '의지' 등을 나타내는 것이 기본적인 의미라고 할 수 있다.

만약, 상대방이 있어서, 화자의 표현이 상대방에게 향하는 경우라면, 그것은 화자의 '의지'의 의미가 아니라, '권유'의 의미가 강해지게 된다. 이 때 'いっしょに' 'みんなで'와 같은 표현이나, 정중한 형태

(2) 'う/よう' 의 추측의 용법은 다음과 같은 예문을 말한다.
「明日には雪も溶けよう」「明日も寒かろう」

인 ‘ましょう’와 함께 쓰인다면, 의심의 여지가 없는 상대방에 대한 ‘권유’의 표현이 된다.

(11) さあ、帰ろう。 (자, 돌아갈까.)

(12) (独り言) 掃除でもしよう。 (혼잣말)(청소라도 하자.)

(13) そんなに言うんなら、私が食べよう(か) 。

(그렇다면, 내가 먹을까?)

(14) みんなでコーヒーでも飲もうよ。 (모두 같이 커피라도 마시자.)

(15) 私が運転をしましょう。 (제가 운전을 하겠습니다.)

(16) そろそろ行きましょうか。 (이제 슬슬 갈까요?)

‘う’ ‘よう’형식은, 주로 ‘~と思う’형식과 같이 사용되는 경우가 많다. 이것은 그 자리에서 ‘결정했다’라는 의미가 아니라, 앞으로의 행동에 대한 화자 자신의 ‘의지’를 상대방에게 알려주는 의미가 되어, ‘~するつもりだ’형식의 용법과 가깝다.

(17) 家内が旅行に行きたがっているので、週末はどこか出かけようと思っています。

(집사람이 여행을 가고 싶다고 해서, 주말에는 어디라도 나가려고 생각하고 있습니다.)

이렇게 보면, 다음의 4종류의 표현은 ‘을 할 생각이다, 예정이다’ 등을 나타내는 의미로, 서로 용법이 비슷하다.

(17) 家内が旅行に行きたがっているので、週末はどこか出かけようと思っています。

(18) 家内が旅行に行きたがっているので、週末はどこか出かけたいと思っています。

(집사람이 여행을 가고 싶다고 해서, 주말에는 어디라도 나가고 싶습니다.)

(19) 家内が旅行に行きたがっているので、週末はどこか出かけるつもりです。

(집사람이 여행을 가고 싶다고 해서, 주말에는 어디라도 나갈 생각입니다.)

(20) 家内が旅行に行きたがっているので、週末はどこか出かける予定です。

(집사람이 여행을 가고 싶다고 해서, 주말에는 어디라도 나갈 예정입니다.)

차례대로, '의지' '희망' '계획' '예정'등을 나타내는 표현으로 그 쓰임은 비슷하다. 그러나, 'つもり'는 주로 화자 자신의 계획을 나타내는 경우에 쓰이며, 다른 사람이나 '단체'의 예정을 표현할 때는 사용하기 어렵다. 다른 사람의 예정이나 단체의 경우는 '予定'쪽을 사용하는 것이 자연스럽다.

(21) ??佐藤さんは来週アメリカへ出かけるつもりです。

(사토씨는 다음 주에 미국에 갈 예정입니다.)

(22) ×今年は、1年生はアメリカへ、2年生は日本へ行こうと思います。

(23) ×今年は、1年生はアメリカへ、2年生は日本へ行くつもりです。

(24) ○今年は、1年生はアメリカへ、2年生は日本へ行く予定です。

(올해는 1학년은 미국에, 2학년은 일본에 갈 예정입니다.)

끝으로, 'う' 'よう'형식은, '부정형'이 없다. 부정의 의미는 '~しないようにしよう', 'やめよう'등의 형식을 사용한다.

또한, 아래 예문(27), (28) 과 같은 '표어'의 표현에도 'う' 'よう'형식이 사용된다.

(25) 肉を食べよう。(고기를 먹어야지/먹자)

(26) できるだけ、赤い肉を食べないようにしよう。/やめよう。

(가능한 한 붉은 색 고기를 먹지 않도록 하자./먹지 말자.)

(27) 人種差別を無くそう。(인종차별을 없애자.)

(28) 麻薬を追放しよう。(마약을 추방하자.)

5. 「まい」형식-일본어 '부정추측'의 표현

'まい'는 회화체에서는 거의 쓰이지 않는 형식이다. 회화체에서는 같은 의미의 형식인 '~しないだろう'가 쓰이기 때문이다. 그러나 회화체인 '~しないだろう'에는 없는 용법이 조동사 'まい'에 있다. 바로 다음과 같은 '부정의지'의 용법이 그것이다. 부정의지는 화자 자신이

어떠한 동작 등을 하지 않겠다는 의지를 나타내는 표현이다.

(1) (私は) これからは決して飲酒運転はするまい。

((나는) 앞으로는 결코 음주운전은 하지 않아야지.)

(2) ??(私は) これからは決して飲酒運転はしないだろう。

(3) 今後お前のような人間とは二度と話すまい。

(앞으로 너 같은 인간과는 두 번 다시 이야기하지 않겠다.)

(4) ??今後お前のような人間とは二度と話さないだろう。

1) 'まい'의 접속과 활용형

'まい'형태의 접속은, 5단 활용 동사와 나머지 동사의 경우가 조금 사정이 달라, 5단 활용 동사는 동사의 기본형(종지형)에 접속하지만, 나머지 1단 활용 동사와 변격활용동사, 일부 조동사의 경우는 '기본형'과 '종지형'에 모두 접속할 수 있다. 심지어 변격활용동사 'する'의 경우는, 'するまい' 'すまい' 'しまい'와 같이 3가지 형태 모두 가능하다.

(5) 5단 활용 동사의 경우

言うまい

買うまい

行くまい

泣くまい

話すまい

(6) 그 외 동사(+조동사)의 경우

見るまい	見まい
落ちるまい	落ちまい
食べるまい	食べまい
読めるまい	読めまい
来るまい	こまい

立つまい	するまい/しまい/すまい
死ぬまい	知らせるまい　知らせまい
呼ぶまい	来られるまい　来られまい
読むまい	失敗するまい　失敗しまい
なるまい	分かりますまい

아래의 조동사 'まい'의 활용표에서 볼 수 있듯이, 'まい'도 앞에서 살펴본 'う' 'よう'와 마찬가지로, 활용형은 2종류이며, 그 활용의 형태도 바뀌지 않는다.

〈표〉 'まい'의 활용표

	まい	이어지는 형태
미연형	–	-
연용형	–	-
종지형	まい	-
연체형	まい	こと、もの 등 제한적
가정형	–	-
명령형	–	-

2) 'まい'의 기본적인 의미

'まい'는, 앞에서도 언급했지만, 회화체의 표현에서는 잘 사용하지 않는 표현이며, 일반적으로, 다음과 같이, 회화체에서는 '~しないだろう'형태의 '부정 추측'의 의미로 주로 사용되는 표현이다.

(7) 社長がきょうはいらっしゃるまい。(문장체) =社長がきょうはいらっしゃらないだろう。(회화체)

(사장님이 오늘은 오시지 않을 것이다.)

(8) 荷物がきょうは届くまい。(문장체) =荷物がきょうは届かないだろう。(회화체) (짐이 오늘은 도착하지 않을 것이다.)

(9) これから田中には会うまい。(문장체) =これから田中には会わないだろう。(회화체)(앞으로 다나카를 만나지는 않을 것이다.)

(부정추측의 의미는 가능)

그리고, 'する'의 경우는 다음과 같이 3가지 형태가 모두 가능하다.

(10) タクシーに乗ったんだから、きょうは遅刻しまい/するまい/すまい。(3)

(택시를 탔으니까, 오늘은 지각하지 않겠지.)

또, 'まい'의 형태 그대로, '부정의지'의 의미로 쓰인다. 회화체표현인 '~しないだろう'에는 '부정의지'의 용법은 없다.

(11) あんなやつには二度と会うまい。

(저런 녀석과는 두 번 다시 만나지 않을 것이다.)

×あんなやつには二度と会わないだろう。(부정의지의 용법)

(12) 今後あなたとは決して話すまい。

---

(3) NHK방송문화연구소편(1992)『NHKことばのハンドブック』에 의하면, 'しまい' 'こまい' '書くまい' '見まい' '考えまい'등의 형태를 '표준적'인 형태로, 'すまい・するまい' '来るまい' '見るまい' '考えるまい'등은 '허용할 수 있는' 형태라고 소개하고 있다.

(앞으로 당신과는 결코 말하지 않을 것이다.)

×今後あなたとは決して話さないだろう。(부정의지의 용법)

(13) 決して怠け者にはなるまい。

(결코 게으름뱅이는 되지 않을 것이다.)

×決して怠け者にはならないだろう。(부정의지의 용법)

6. 「せる」「させる」형식– 일본어의 '사역'표현

'せる' 'させる'는, 조동사 중에서도 비교적 그 쓰임이 명확한 조동사로, '사역'의 의미를 나타내는 형식이다. 'せる'는 5단 활용 동사에 접속하는 형태이고, 'させる'는 1단 활용 동사와 변격활용 동사에 접속하는 형태이다. 먼저 그 접속 형태와 활용형을 알아보기로 하자.

1) 'せる' 'させる'의 접속과 활용형

먼저, 조동사 'せる' 'させる'의 접속 형태는 다음과 같다.

(1) 5단 활용 동사

買う	買わせる
行く	行かせる
話す	話させる
立つ	立たせる
死ぬ	死なせる

(2) 1단 활용 동사

見る	見させる
食べる	食べさせる
考える	考えさせる
開ける	開けさせる
答える	答えさせる

読む	読ませる	着る	着させる
帰る	帰らせる	つける	つけさせる
知る	知らせる	閉める	閉めさせる

(3) 변격활용동사　来る　こさせる
　　　　　　　　する　させる

이렇게 보면, 조동사 'せる' 'させる'는 동사의 '미연형' 다시 말하면, '買う'가 '買わせる', '読む'가 '読ませる', 그리고 변격동사 '来る'가 'こさせる'가 되는 것을 보면, 모든 동사의 'ない'형에 접속한다고 말할 수 있다. 그러나 변격동사 'する'만은 예외로, 'ない'형 접속이 아니다. 이것은 'する'동사 그 자체가 변격활용을 하는 동사이기 때문이라고 생각할 수도 있고, 다음과 같이, '~す'로 끝나는 5단 활용 동사가 'する'동사와 같은 활용을 하는 경우가 있어서, 예를 들면,

(4) 話す → 話して　　勉強する →勉強して

가 되는 것처럼,

(5) 話す → 話さない →(ない형 접속) → 勉強する →勉強さ ＋せる

와 같이 되어, 결국 'させる'형태가 되었다고 생각할 수도 있을 것이다. 아무튼 'する'의 사역형은 다른 동사와는 달라서, 'しない'의 'し＋ない'형과 같은 'し＋せる'나 'し＋させる'접속이 아니라, 'させる'이다.

'せる' 'させる'의 활용형은 다음과 같다.

(6) 読ませる

読ませない

読ませます

読ませるとき

読ませれば

読ませろ/読ませよ

(7) 食べさせる

食べさせない

食べさせます

食べさせるとき

食べさせれば

食べさせろ/食べさせよ

(8) 来させる

来させない

来させます

来させるとき

来させれば

来させろ/来させよ

(9) 勉強させる

勉強させない

勉強させます

勉強させるとき

勉強させれば

勉強させろ/勉強させよ

〈표〉 'せる' 'させる'의 활용표

	せる	させる	이어지는 형태
미연형	せ	させ	ない
연용형	せ	させ	ます
종지형	せる	させる	-
연체형	せる	させる	とき
가정형	せれ	させれ	ば
명령형	せろ せよ	させろ させよ	(명령형)

위에서 쉽게 알 수 있듯이, ‘せる’ ‘させる’의 활용형은, 예를 들어 ‘行かせる’ ‘食べさせる’ ‘こさせる’ ‘勉強させる’등 모든 형태가 결국 ‘1단 활용 동사’가 된다.

2) ‘せる’ ‘させる’의 기본적 의미

먼저, 조동사 ‘せる’ ‘させる’는 기본적인 의미가 ‘사역’임을 이미 언급하였다. ‘사역’이란, ‘시키다’의 의미이며, 우리나라 ‘군대’와 같은 사회에서 흔히 말하는 그 ‘사역’이다. 여기에는 중요한 두 가지 의미가 있다. 첫째, 사역은 좋아서 하는 것이 아니라는 점이고, 두 번째는 반드시 시키는 사람, 즉 또 한명의 등장인물을 필요로 한다는 점이다. 다음을 보자.

(10) 酒を飲む。(술을 마시다.) → 酒を飲ませる。
(술을 먹이다./마시게 하다.)

5단 활용 동사 ‘飲む’를, 사역의 의미를 만드는 조동사 ‘せる’를 사용해 ‘飲ませる’로 바꾸었다고 해서, 위 문장이 ‘사역문’으로 바뀐 것은 아니다. 다음과 같이, 주어를 넣어 보면, 더욱 명백해 진다.

(11) 後輩が酒を飲む。(후배가 술을 먹는다.)
→(後輩が) 酒を飲ませる。(술을 먹이다.)

왼쪽 문장은 ‘후배’가 스스로 술을 먹는 경우이다. 그러나 사역문은 보통 그 행동이나 동작을 스스로 하는 것이 아니라, 다른 등장인물이 시켜서 하는 것으로, 오른 쪽은, '후배가 술을 먹이다'로, 심지어 '후배'가 술을 마시는 것이 아니라, 다른 사람에게 술을 먹이는, 완전히 반대의 의미가 되어 버렸다. 그럼, 위 문장을 완전한 '사역문'으로 만들기 위해서는 어떻게 하면 될까? 왼쪽 문장과 같은 뜻의, '후배'가 술을 먹는 의미로 하기 위해서는, 또 다른 등장인물이 필요한 것이다.

(12) 後輩が酒を飲む。(후배가 술을 먹는다.)
　→先輩が後輩に酒を飲ませる。(선배가 후배에게 술을 먹이다.)

이렇게 하면, 술을 마시는 사람이 같으면서, '시키는' 사람도 등장하여, '사역'의 의미가 완성되는 것이다. 다시 한 번 강조하지만, 왼쪽의 문장은 후배가 스스로의 의지로 술을 마시는 '능동문'이고, 오른쪽은 다른 사람이 시켜서, 어쩔 수 없이 그 동작을 하는 '사역문'이다. 따라서 사역문은 '시킬만한 상황'이 아니면, 손윗사람은 물론, 일반적 상황에서도 사용하기 어려우며, 사용하면 난폭한 표현이 되기 쉬우므로 주의가 필요하다.

	<능동문>	<사역문>
(13)	田中さんが本を読んだ。 (다나카씨가 책을 읽었다.)	先生が田中さんに本を読ませた。 (선생님이 다나카씨에게 책을 읽혔다.)

(14)	田中さんが漢字を書いた。 (다나카씨가 한자를 썼다.)	先生が田中さんに漢字を書かせた。 (선생님이 다나카씨에게 한자를 쓰게 했다.)
(15)	田中さんが前の席に座った。 (다나카씨가 앞자리에 앉았다.)	先生が田中さんを前の席に座らせた。 (선생님이 다나카씨를 앞자리에 앉혔다.)
(16)	田中さんが答えを答えた。 (다나카씨가 답을 했다.)	先生が田中さんに何回も答させた。 (선생님이 다나카씨에게 몇 번이나 대답시켰다.)
(17)	田中さんが前の席に来た。 (다나카씨가 앞자리에 왔다)	先生が田中さんを前の席に来させた。 (선생님이 다나카씨를 앞자리에 오게 했다.)
(18)	田中さんが廊下に立った。 (다나카씨가 복도에 섰다.)	先生が田中さんを廊下に立たせた。 (선생님이 다나카씨를 복도에 서게 했다.)
(19)	田中さんが本をコピーした。 (다나카씨가 책을 복사했다.)	先生が田中さんに本をコピーさせ た。 (선생님이 다나카씨에게 책을 복사시켰다.)

그런데, 동사(자동사) 중에는, ‘せる’ ‘させる’의 활용형을 사용한, ‘사역형’을 일반적으로는 사용하지 않고, 다른 형태(‘타동사’) 를 사용하는 경우가 있다. 다음의 일부 자동사와 ‘비의지’자동사 등의 동사가 그렇다.

(20) 起きる →起き＋させる＝×子どもを~~起きさせる~~

→〇子どもを起こす

(21) 降りる →降り＋させる＝×子どもを~~降りさせる~~

→〇子どもを降ろす

(22) 寝る →ね ＋させる＝×子どもを~~寝させる~~

→〇子どもを寝かせる/寝かす

(23) 乗る →のら＋せる ＝×子どもを~~乗らせる~~

→〇子どもを乗せる

(24) 開く →あか＋せる ＝×ドアを~~開かせる~~

→〇ドアを開ける

(25) つく →つか＋せる ＝×電気を~~つかせる~~

→〇電気をつける

(26) とける →とか＋せる ＝×雪を~~溶けさせる~~

→〇雪を溶かす

(27) 生える →はえ＋させる＝×ひげを~~生えさせる~~

→〇ひげを生やす

이 경우, 타동사 ‘起こす’ ‘降ろす’ ‘寝かす’ ‘乗せる’의 쓰임은, 아

래의 예문에서 확인 할 수 있듯이, 기본적으로, 가령, 엄마는 팔짱을 끼고 있고, 말로만 명령을 해서, '아이'에게 직접 그 동작을 하도록 시켰다고 해석하는 것 보다, 엄마가 아이를 '직접'어깨를 두드려 '깨운다'거나, 직접 안아서 버스에서 '내리다', 엄마가 자장가를 불러 '재우다', 엄마가 아이를 안아서 버스를 '태우다'라고 해석하는 것이 기본적인 의미가 된다. 만약 다른 사람에게 위 타동사의 동작을 '엄마대신'하도록 시키는 경우라면, '타동사+せる' '타동사+させる'형태를 사용하게 된다.

(28) ×母が兄に弟を~~起きさせました~~。

○母が子どもを起こしました。

(엄마가 아이를 (직접) 깨웠습니다./일어나게 했습니다.)

○母が兄に弟を起こさせました。

(엄마가 형에게 동생을 깨우게 시켰습니다.)

(29) ×母が子どもをバスから~~降りさせました~~。

○母が子どもをバスから降ろしました。

(엄마가 아이를 버스에서 내렸습니다./내리게 했습니다.)

○母が兄に弟をバスから降ろさせました。

(엄마가 형에게 동생을 버스에서 내리게 시켰습니다.)

(30) ×母が子どもを~~寝させました~~。

○母が子どもを寝かせました。/寝かしました。

(엄마가 아이를 재웠습니다. / 자게 했습니다.)

○母が兄に弟を寝かさせました。(=寝かせさせました)

(엄마가 형에게 동생을 재우도록 시켰습니다.)

(31) ×母が子どもをバスに~~乗らせました~~。

○母が子どもをバスに乗せました。

(엄마가 아이를 버스에서 태웠습니다. /타게 시켰습니다.)

○母が兄に弟をバスに乗せさせました。

(엄마가 형에게 동생을 버스에서 태우게 시켰습니다.)

'乗せる'가 타동사이듯이 '着せる'라는 동사도 '(옷을) 입히다'라는 의미의 타동사이다. 만약 옷을 '입게 시키다'라는 사역의 의미로 표현하려면, 다음과 같이 '着る'→'着·させる' 형태가 되어야 한다.

(32) 子どもが服を着た。 (아이가 (스스로의 의지로) 옷을 입었다.)

(33) 母が子どもに服を着させた。 (엄마가 아이에게 옷을 입으라고 했다. (그래서 아이가 하는 수 없이 직접 옷을 입었다.)

(34) 母が子どもに服を着せた。 (아이가 아이에게 옷을 입혔다. = 아이가 직접 입은 것이 아니라, 엄마가 입혔다.)

(35) 母が兄に弟の服を着せさせた。 (엄마가 형에게 동생에게 옷을 입히도록 시켰다.)

3) '사역문'의 쓰임

'사역'의 의미는 '시키다'이고, 기본적으로 사역표현은 윗사람에게 사용할 수 없다고 이미 언급하였다. 사실, 일상생활에서도 이 사역표현을 그대로 사용하기는 어렵다. 가령, 사장님이 신입사원에게 서류복사를 시켰다고 가정해 보자. 실제로, 사장님이 신입사원에게 '이 서류 복사해'라고 시켰다고 하더라도, 이 장면을 표현할 때는, 사장님의 입장이든 다른 사람이 보고 표현하는 상황이든 '내가/사장님이 신입사원에게 복사를 시켰다'라고 표현하는 것 보다, 보통은 '내가/사장님이 신입사원에게 복사를 부탁했다'는 의미의 표현이 될 것이다. '명령'이나 '시키는'경우는, 군대와 같은 사회에서도 긴급한 상황일 때, 가령, '대령님'정도의 높은 계급의 사람이 이등병에게 '긴급하게 복사를 시켰다'와 같은 의미에서나 가능할 것이다. 그렇다면, 이러한 사역표현을 일반적으로는 어떻게 표현할 수 있을까? 아래의 예문을 보자.

(36) 私(＝社長) は田中さんに日本語のメールを書かせた。
→私(＝社長) は田中さんに日本語のメールを書いてもらった。
(나는 다나카씨에게 일본어 메일 작성을 부탁했다.)

(37) 私(＝社長) は田中さんに日本語のメールを読ませた。
→私(＝社長) は田中さんに日本語のメールを読んでもらった。
(나는 다나카씨에게 일본어 메일을 읽어 주기를 부탁했다.)

(38) 私(＝社長) は田中さんを会議室に来させた。
→私(＝社長) は田中さんに会議室まで来てもらった。
(나는 다나카씨에게 회의실로 와 달라고 했다.)

(39) 私(＝社長) は田中さんに書類をコピーさせた。
→私(＝社長) は田中さんに書類をコピーしてもらった。
(나는 다나카씨에게 서류복사를 부탁했다.)

(40) 私(＝社長) は田中さんに出張の件について報告させた。

→私(＝社長) は田中さんに出張の件について報告してもらった。

(나는 다나카씨에게 출장 건에 대해 보고받았다.)

예문과 같이, '사역문' 보다, '~してもらう' 형식을 사용하는 것이 일반적이라고 말할 수 있다.

또, 사역표현은, 다음과 같이, '시키는' 상황이라고는 볼 수 없지만, 결과적으로 그러한 상황을 일으킨 경우에도 사용된다. 이러한 표현에는 '心配させる' '泣かせる' '困らせる' '笑わせる' 'びっくりさせる' 'がっかりさせる' '喜ばせる' '死なせる' 등이 있다.

(41) 兄は大けがをして、家族を心配させました。

(형은 크게 다쳐서 가족을 걱정시켰다.)

(42) 兄が弟を殴って、弟を泣かせました。

(형이 동생을 때려서, 동생을 울렸습니다.)

(43) 兄が進学をあきらめて、親を困らせました。

(형이 진학을 포기해서, 부모님을 난처하게 했습니다.)

(44) 兄が冗談を言って、家族を笑わせました。

(형이 농담을 해서, 가족을 웃겼습니다.)

(45) 兄が急に結婚をしたいと言って、家族をびっくりさせました。

(형이 갑자기 결혼을 하고 싶다고 해서, 가족을 놀라게 했습니다.)

(46) 入試に失敗して、親をがっかりさせた。

(입시에 실패해서 부모님을 실망시켰다.)

(47) 大学に合格して、親を喜ばせた。

(대학에 합격해서 부모님을 기쁘게 했다.)

(48) 原因は分からないが、子犬を死なせてしまった。

(원인은 모르겠지만, 강아지를 죽게 해 버렸다.)

7. 「れる」「られる」형식–일본어 '수동표현'을 중심으로

사실 'れる' 'られる'는, 사역의 'せる/させる'형식과 달리, 다음과 같이, 그 쓰임이 많은 조동사이다.

①수동(受動)의 의미

②가능(可能)의 의미 ex) あした、行かれますか。

(내일 갈 수 있습니까?)

③존경(尊敬)의 의미 ex) あした、行かれますか。

(내일 가십니까?)

④자발(自発)의 의미 ex) 彼女のことが思い出される。

(그녀가 생각난다.)

사실, 'れる' 'られる'형식이 사용되는 이유는, 동사 등에 접속하여 간단하게 사용할 수 있다는 '생산성'과, 의미를 두루두루 나타낼 수 있다는 '편리성'에 기인한다고 말할 수 있다. 그러나 반면에, 편리한 만큼, 위의 ②와 ③과 같이, 어느 쪽의 의미로 사용한 것인지 그 해석을 혼란스럽고 어렵게 하는 점과, 무엇보다도, 특히 '가능'과 '존경'의 의미는, 'れる' 'られる'형식이 아니더라도, 그들의 '전용'형식이 따로 있으므로, 그것을 사용하여 더 명쾌하게 전달할 수 있다는 사실도 있다.

이러한 관점에서 보면, 앞으로 많은 시간이 흐른 후에는, 'れる' 'られる'형식은 '수동표현'의 전용형식으로 굳어질 가능성이 높다고 말할 수 있다. 물론 현재에도 1단 활용 동사의 '가능표현'을 만들 때에는 'られる'형식이 주로 쓰이고 있다 (이 'られる'형식도 현재 'ら抜きことば'가 되어가고 있어, 5단 활용 동사의 가능 동사처럼 변하고 있다. 제5장 6절 동사 '가능표현'의 절 참조).

이 책에서는 가능표현과 존경표현에 대해서 따로 설명하고 있기 때문에, 해당 페이지의 설명을 읽어 주기 바라며, 여기서는 아래에 '자발'에 대해서만 간단하게 설명하고, 이후부터는 오로지 일본어 '수동표현'의 형식으로서의 조동사 'れる' 'られる'에 대해서 자세히 살펴보기로 하겠다.

'자발(自発)이란, 화자의 주관적인 생각이나 감각 등을 나타내는 동사의 내용이 '자연스럽게 그렇게 된다'라는 뜻으로, 일본어에서는 다음과 같은 동사가 있으며, 그 양이 많지는 않다.

(1) 秋になると(私には) 彼女のことが<u>思い出される</u>。

(가을이 되면 그녀가 생각난다.)

(2) アメリカに行っている子どものことが案じられる。

(미국에 가 있는 아이가 걱정이 된다.)

(3) 核の廃棄は難しいという声が聞かれる。

(핵의 폐기는 어려울 것이라는 목소리가 들린다.)

(4) 彼が犯人だと思われる。 (그가 범인이라는 생각이 든다.)

(5) 祭りになると故郷のことが偲ばれる。

(마츠리가 되면 고향이 그리워진다.)

(6) 写真をみると、子どもへの愛情が感じられる。

(사진을 보면, 아이에 대한 애정이 느껴진다.)

1) 조동사 'れる' 'られる'의 접속과 활용

먼저, 조동사 'れる'는 5단 활용 동사의 미연형에 접속하는 형태이고 'られる'는 1단 활용 동사와 변격활용동사 '来る'의 미연형에 접속하는 형태이다. 'する'동사는 사역형의 'させる'와 마찬가지로, 5단 활용 동사 중, '-す'로 끝나는 형태와 활용형이 같아, 'される'가 된다. 또한 'られる'형태는 '考えさせ·られる'처럼 사역 조동사 형태인 '-させ-'에 붙어, '사역수동'의 의미를 나타낸다. 당연한 말이지만, '考えさせる'가 되면 1단 활용 동사이기 때문에 'れる'형태는 붙지 않는다.

(7) 5단 활용 동사

買う 買われる

行く 行かれる

話す 話される

(8) 1단 활용 동사

見る 見られる

食べる 食べられる

考える 考えられる

立つ 立たれる　　開ける 開けられる
死ぬ 死なれる　　答える 答えられる
読む 読まれる　　着る 着られる
帰る 帰られる　　つける つけられる
知る 知られる　　閉める 閉められる

(9) 변격활용동사 来る こられる
する される

'れる' 'られる'의 활용형은 다음과 같다.

(10) 読まれる
読まれない
読まれます
読まれるとき
読まれれば
読まれろ/読まれよ

(11) 食べられる
食べられない
食べられます
食べられるとき
食べられれば
食べられろ/食べられよ

(12) 来られる
来られない
来られます
来られるとき
来られれば
来られろ/来られよ

(13) 招待される
招待されない
招待されます
招待されるとき
招待されれば
招待されろ/招待されよ

〈표〉 'れる' 'られる'의 활용표

	れる	られる	이어지는 형태
미연형	れ	られ	ない
연용형	れ	られ	ます
종지형	れる	られる	-
연체형	れる	られる	とき
가정형	れれ	られれ	ば
명령형	れろ れよ	られろ られよ	(명령형)

위에서 주의할 점은, 'れる' 'られる'는 '수동'의 의미뿐만이 아니라, '가능' '존경' '자발'의 4종류의 의미로 쓰이지만, 명령형은, '수동표현'에서만 나타난다는 것이다. 또한 '読まれる' '食べられる' 'こられる' '招待される'등의 활용형태도, 사역의 활용 형태와 마찬가지로, 모든 형태가 결국 '1단 활용 동사'가 된다.

2) 일본어 수동표현의 기본적인 의미

2) -1. 일본어 수동표현은 원래 '피해'의식을 나타내기 위한 것이었다.

수동표현은 능동표현의 대칭어로, 가령 어떤 동사의 동작을 스스로 하는 것이 아니라, 다른 사람이 하는 동작을 화자나 주어가 '받는다'는 의미이다. 예를 들어, '食べられる'(먹히다) 는 '食べる'(먹다) 라는 동작을 다른 사람으로부터 주어가 '받는다'는 의미인 것이다. 일본어에서는 이러한 표현을 '受け身'(うけみ) 표현이라고 한다. 다음의 예문을 보자.

	<능동문>	<수동문>
(14)	母が彼女からの 私のカカオトークを読んだ。 (엄마가 여자 친구에게서 온 나의 카카오톡을 읽었다.)	→私は彼女からの 私のカカオトークを母に読まれた。 →(나는 여자 친구에게서 온 나의 카카오톡을 엄마에게 읽혔다.)
(15)	弟が兄のスマホを壊した。 (동생이 형의 스마트폰을 고장 냈다.)	→兄は兄のスマホを弟に壊された。 →(형은 형의 스마트폰을 동생에게 고장남을 당했다.)
(16)	へびが蛙(かえる)を食べた。 (뱀이 개구리를 먹었다.)	→かえるがへびに食べられた。 →(개구리가 뱀에게 먹혔다.)
(17)	日曜日、友だちが遊びに来た。 (일요일에, 친구가 (우리 집에) 놀러왔다.)	→私は日曜日、友だちに遊びに来られた。 → 나는 일요일에 친구에게 놀러 옴을 당했다.)
(18)	先生がAさんをほめました。 (선생님은 A씨를 칭찬했습니다.)	→Aさんは先生にほめられました。 → (A씨는 선생님에게 칭찬 받았습니다.)

위의 예문에서, '능동문'과 '수동문'의 사이에서는 다음과 같은 서로 관련되는 중요한 변화가 일어나 있음을 알 수 있다. 즉, 두 종류의 '적인 '입장의 차이'가 드러나 있는 것이다.

<능동문>		<수동문>
①형태적 변화-①- i :	読む	→ 読ま·れる
	壊す	→ 壊さ·れる
	食べる	→ 食べ·られる
	来る	→ こ·られる
	ほめる	→ ほめ·られる

②- ii : <주어>が→<동작을 받는 주체+が/は>,

<동작을 하는 주체+に>

(위의 예)	母が → 私は	母に
	弟が → 兄は	弟に
	へびが → かえるが	へびに
	友だちが → 私が	友だちに
	先生が → Aさんが	先生に

②입장의 차이:	엄마의 입장	→	나의 입장
(위의 예의 경우)	동생의 입장	→	형의 입장
	뱀의 입장	→	개구리의 입장
	친구의 입장	→	나의 입장
	선생님의 입장	→	A씨의 입장

이렇게 보면, 일본어 수동표현은, 주어나 화자의 '입장의 차이'에 따라, 동사에 '수동'의 의미를 나타내는 조동사 'れる' 'られる'를 붙여서 적절한 형태로 바꾸어 주어야 하고, 더 중요한 것은, 입장의 변화에 따른 당연한 '조사의 교체' 역시 필수의 요소임을 알 수 있는 것이다. 가령, 다음의 예문처럼, 동사에는 수동의 'れる' 'られる' 형태를 붙여 변화를 주었는데, 조사를 바꾸어 주지 않으면, 전혀 엉뚱한 뜻이 되어버리므로, 주의해야한다.

(19) (私のアパートに) 友だちが遊びに来た。
(우리 집에)(친구가 놀러왔다.) =능동
→私は友だちに遊びに来られた。 (친구에게 놀러 옴을 당했다.) =수동
→友だちが遊びに来られた。 (??친구가 놀러 오셨다.) =존경

(20) 私の手紙を母が読んだ。 (내 편지를 엄마가 읽었다.) =능동
→私は私の手紙を母に読まれた。 (나는 내 편지를 엄마에게 읽혔다.) =수동
→私の手紙を母が読まれた。 (내 편지를 엄마가 읽으셨다.) =존경

그런데, 일본어 수동표현에서 더 중요한 것은, 능동표현을 두고 왜 굳이 수동표현을 사용하는가, 하는 점일 것이다. 위의 예로 다시 말하면, '母が私の手紙を読んだ。(엄마가 내 편지를 읽었다)라고 하면 될 것을, 왜 굳이 '입장의 차이'를 반영하여, 수동표현 '私は私の

手紙を母に読まれた。(나는 내 편지를 엄마에게 읽혔다)을 사용하여 표현할 필요가 있는가, 하는 것이다. 일본어 수동표현(受け身表現)은, 기본적으로 '피해'의식, '불쌍하다' '싫다' '난처하다'등의 기분이나 감정 을 나타내기 위한 표현이기 때문이다.

위의 예문을 다시 살펴보면,

(14) 私は彼女からの私のカカオトークを母に読まれた。
(15) 兄は兄のスマホを弟に壊された。
(16) かえるがへびに食べられた。
(17) 私は日曜日、友だちに遊びにに来られた。
(18) Aさんは先生にほめられました。
(14) 여자친구가 나에게 보낸 카카오톡 내용을 엄마가 읽어서(엄마에게 읽혀서) 싫었다.
(15) 동생이 형의 스마트폰을 고장 내서 형이 피해를 입었다.
(16) 개구리가 뱀에게 먹혀서 불쌍하다.
(17) 일요일인데 친구가 예고도 없이 놀러 와서, 시간을 빼앗겨 난처했다.

와 같은 '피해'의 감정을 나타내기 위해, 화자는 수동표현을 선택하여 표현한 것이다. 이 때, '싫다' '난처하다'라는 상황이 아니라면, 예를 들어, 일요일에 심심했는데, 마침 친구가 와 주어서 반가웠다, 라는 상황이면, 이것을 수동표현으로 표현할 이유가 없다. 그런 경우라면, 위 예문(17)의 수동표현은 다음과 같이 표현하여야 한다.

(19) 日曜日、友だちが遊びに来てくれて、うれしかった。

(일요일에 친구가 놀러 와 주어, 반가웠다.)

2) -2. '피해'의식을 나타내지 않는, '예외'의 수동표현

일본어 수동표현의 기본적인 의미는 피해의식을 나타내는 것에 있다고 말하였으나, 수동표현 중에는 전혀 '피해'가 아닌 것이 있다. 다음의 예문이 그렇다.

(18) Aさんは先生にほめられました。

(A씨는 선생님에게 칭찬받았습니다.)

(20) Aさんは先生に招待されました。

(A씨는 선생님에게 초대받았습니다.)

(21) Aさんは先生に誘われました。

(A씨는 선생님에게 권유받았습니다.)

(22) Aさんは先生に助けられました。

(A씨는 선생님에게 도움을 받았습니다.)

(23) Aさんは先生に頼まれました。

(A씨는 선생님에게 부탁받았습니다.)

(24) Aさんは先生に選ばれました。

(A씨는 선생님에게 뽑혔습니다.)

위의 'ほめられる' '招待される' '誘われる' '助けられる' '頼まれる' '選ばれる'등의 표현은, '피해'의 의식과는 상관이 없는 표현으로,

일본어 수동표현에서 이러한 표현은 많지 않아, 위에 든 예문이 거의 대부분이다. 따라서 이러한 경우는 수동표현의 '예외적인 경우'로 생각할 수 있다.

2) -3. 일본어 수동표현은 주어가 '사람(동물)인 것이 원칙이다.

일본어 수동표현의 기본적인 의미는 '피해'의식을 나타내는 것이라는 점, 피해의식이 아닌 일부표현은 예외로 생각하면 편리하다는 점을 설명하였다.

그리고 또 하나, 일본어 수동표현에서 중요한 점은, 주어가, 기본적으로 '사람(동물)이어야 한다는 것이다. 이는 '사람(동물)이어야 기본적인 의미인 '피해'의식을 느끼고, 이를 나타낼 수 있기 때문이다. 다음의 예문을 보자.

<능동문> <무생물 주어> '사람'주어 <수동문>

(15) 弟が兄のスマホを壊した→×兄のスマホが弟に壊された

→兄は兄のスマホを弟に壊された。

(20) 母が私の手紙を読んだ→×私の手紙が母に読まれた

→私は私の手紙を母に読まれた。

(25) どろぼうが店に入りました→×店がどろぼうに入られました

→店長はどろぼうに入られました。

여기에서 무생물을 주어로, 즉, 위의 예문에서 '스마트폰' '편지' '가게'를 주어로 하여 수동표현으로 바꾸어도, 일본어 수동표현으로는 맞지 않는 표현이 된다. '스마트폰' '편지' '가게'등은 무생물이어서, '피해'의식을 느낄 수 없기 때문이다. 기본적으로, 전통적인 일본어 수동표현은 '私' '店長'등과 같은 '사람'을 주어로 하여 표현하는 것이 일반적이다.

그렇기 때문에, 일반적으로 '피해'라고는 말할 수 없는, '사랑고백을 들었다'와 같은 표현에는 수동표현을 사용하면 부자연스럽다.

(26) ??彼に好きだと言われて、うれしかった。→○彼に好きだと言ってもらって、うれしかった。

(그 사람에게 좋아한다는 말을 들어 / 그 사람이 좋아한다고 말해 줘서, 기뻤다.)

그런데, 일반적으로, 문제는, 다음과 같은, 무생물이 주어인 일본어 수동표현을 흔히 볼 수 있다는 것이다.

(27) オリンピックは4年に一度開かれます。

(올림픽은 4년에 한 번 열립니다.)

(28) アメリカ大陸はコロンブスによって発見されました。

(아메리카대륙은 콜롬부스에 의해 발견 되었습니다.)

(29) この本はたくさんの人々に読まれています。

(이 책은 많은 사람에게 읽혀지고 있습니다.)

(30) 京都の竜安寺は外国人にも知られています。

(교토의 료안지는 외국인에게도 알려져 있습니다.)

(31) この図書館は100年前に建てられました。

(이 도서관은 100년 전에 세워졌습니다.)

(32) 人気のドラマは夜9時から放送されます。

(인기 드라마는 밤9시부터 방송됩니다.)

(33) この花瓶は500年前に作られました。

(이 화병은 500년 전에 만들어졌습니다.)

(34) この歌は多くの人に歌われています。

(이 노래는 많은 사람에게 불리고 있습니다.)

(35) 源氏物語は紫式部によって書かれました。

(겐지모노가타리는 무라사키시키부에 의해 쓰여 졌습니다.)

위의 예문들은 '노래' '꽃병' '드라마' 등 사물이 주어이면서 수동표현으로 표현되어 있다. 주어가 될 수 있는 사물에 어떤 제한이 있는 것도 아니다. 사람이 한 동작이나 사람에 의해 만들어진 사물이면, 무엇이든 이를 주어로 해서 이렇게 표현할 수 있는 것이다.

그런데, 이러한 일본어 수동문은, 원래부터 일본어에 있었던 수동표현이 아니라, 명치시대이후, 서양어, 특히 많이 일본어에 유입된 '영어 번역어'의 영향으로 뒤늦게 일본어에 들어온 것으로 알려져 있는 수동표현들이다.

8. 「される」「させられる」형식–일본어의 '사역수동'표현

'사역 수동'표현은, 글자 그대로, '사역형식+수동형식'을 같이 사용한 표현으로, 일반적으로, '시키다+받다(당하다)라는 의미를 나타내는 것이다. 즉, 예를 들어,

(1) にんじんを食べる。(당근을 먹다.)
(2) にんじんを食べ·させる。(당근을 먹게 하다.)
(3) にんじんを食べ·させ·られる。(당근을 먹게 함을 당하다.)
(4) 酒を飲む。(술을 마시다.)
(5) 酒を飲ま·せる。(술을 마시게 하다.)
(6) 酒を飲ま·せ·られる。(술을 마시게 함을 당하다.)

와 같이, 우선, '食べる' '食べ＋させる' 'たべ＋させ＋られる' '飲む' '飲ま＋せる' '飲ませ＋られる'처럼 동사의 사역형 'せる/させる'와, 사역형의 동사가 되면 1단 활용 동사이므로 수동형식의 'られる'가 붙어 '사역수동'형이 만들어진다.

1) 사역수동표현의 기본적인 의미

사역수동표현은, 이미 일본어의 사역표현과 수동표현에 대해서 살펴보았듯이, 두 의미가 같이 나타나는 상황에서 사용된다. 즉, 예를 들어, '나는 당근이 먹기 싫다' 그런데 엄마가 억지로 '먹으라고 한다', 그래서 나는 어쩔 수 없이 '먹게 함을 당했다'라고 표현하는

상황에서 사역수동표현이 나타나는 것이다. '술을 마시다'의 경우도 다르지 않다. 술을 주어의 의지로 마시고 싶었던 것이 아니라, 마시고 싶지 않았는데, 다른 사람의 강요에 의해, 하는 수 없이 마신 상황이고, 그것이 주어는 싫었다, 난처했다는 것을 나타내는 것이다.

(7) 私は、にんじんが食べたくなかったのに、母ににんじんを食べさせられた。
(나는 당근을 먹고 싶지 않았는데, 엄마에게 먹게 함을 당했다.)

(8) 田中は、お酒が飲みたくなかったのに、先輩に酒を飲ませられた。(=飲まされた。)
(다나카는, 술을 마시고 싶지 않았는데, 선배에게 마시게 함을 당했다.)

사역수동표현이 자주 사용되는 장면은, 아마 병원에 가서, 진료를 기다리는 상황이 아닐까 생각한다. 즉, '오늘 병원에 갔는데, 사람이 많아, 1시간이나 기다렸어'와 같은 상황을 표현할 때, 이 '사역수동' 표현이 사용된다. 물론 병원이, 환자에게 '기다려'라고 직접 시키지는 않았지만, 앞에서 사역표현의 설명에서 살펴 본, '놀라게 하다'나 '걱정시키다'와 같은, 상황 자체가 그렇게 만들었고(=사역의 의미), 거기에다가, 하는 수 없이, 싫지만, '기다림을 당한 상황이다'라는 의미로, 수동의 조동사까지 사용해 표현하는 것이다.

(9) きのう、病院へ行きましたが、患者が多くて、1時間も待たされました。(=待たせられました。) (어제 병원에 갔습니다만, 환자

가 많아서, 1시간이나 기다렸습니다.)

2)「される」「させられる」형의 접속

사역수동표현은, 기본적인 의미는 비교적 명확하여 알기 쉬우나, 그것의 접속형에서 다소 혼동을 일으키는 경우가 있으므로, 여기서 자세하게 설명하기로 한다.

먼저, 1단 활용 동사와 변격활용동사의 경우는 간단해서, 'させる+られる'형태가 그대로 이어진다.

(10) 日本語の単語を覚える。(일본어 단어를 외우다.)
先生が私たちに日本語の単語を覚えさせた。
(선생님이 우리에게 일본어 단어를 외우게 시켰다.)
私たちは先生に日本語の単語を覚え·させ·られた。
(우리들은 선생님에게 일본어 단어를 외우게 함을 당했다.)

(11) 単語の意味を答える。(단어 뜻을 대답하다.)
先生が私たちに単語の意味を答えさせた。
(선생님이 단어의 뜻을 대답하게 했다.)
私たちは先生に単語の意味を答え·させ·られた。
(우리들은 선생님에게 단어의 뜻을 대답하게 함을 당했다.)

(12) ピンク色のシャツを着る。(핑크색 셔츠를 입다.)
運動会で部長が私たちにピンク色のシャツを着させた。
(운동회에서 부장님이 우리들에게 핑크색 셔츠를 입게 했다.)
運動会で私たちは部長にピンク色のシャツを着·させ·られた。

(운동회에서 우리들은 부장님에게 핑크색 셔츠를 입게 함을 당했다.)

(13) 運動会でボールを取ってくる。(운동회에서 공을 가져 오다.)

運動会で部長が山田課長にボールを取ってこさせた。

(운동회에서 부장님이 야마다과장님에게 공을 가져 오게 했다.)

運動会で山田課長は部長にボールを取ってこ·させ·られた。

(운동회에서 야마다과장님은 부장님에게 공을 가져오게 함을 당했다.)

(14) 今回の事故でいろいろ勉強しました。

(이번 사고로 여러 가지 공부를 했습니다.)

今回の事故が私をいろいろ勉強させました。

(이번 사고가 나를 여러 가지로 공부하게 했습니다.)

今回の事故で私はいろいろと勉強·させ·られました。

(이번 사고로 나는 여러 가지가 공부가 되었습니다.)

그러나 5단 활용 동사의 경우는, 접속형이 보통은 '飲ま·せ·られる'와 같이, 동사의 'ない'형에 'せる'가 접속되고 여기에 다시 'られる'형이 접속되어 '~せられる'형이 되지만, 실제 사용할 때는 '~せられる'형이 간략화 된 '~される'형이 사용된다. 다음의 예를 보자.

(15) 単語の意味を言う。(단어 뜻을 말하다.)

先生が私たちに単語の意味を何回も言わせた。

(선생님이 단어의 뜻을 몇 번이나 말하게 했다.)

私たちは先生に単語の意味を何回も 言わされた。(←言わせられた。)

(우리들은 선생님에게 단어의 뜻을 몇 번이나 말하게 함을 당했다.)

(16) 単語を読む。 (단어를 읽다.)

先生が私たちに単語を何回も読ませた。

(선생님이 단어를 몇 번이나 읽게 했다.)

私たちは先生に単語を何回も 読まされた。(←読ませられた。)

(우리들은 선생님에게 단어를 몇 번이나 읽게 함을 당했다.)

(17) 廊下に立つ。 (복도에 서다.)

先生が私たちをろうかに立たせました。

(선생님이 복도에 서게 했습니다.)

うまくできないと、私たちは先生にろうかに立たされました。(←立たせられました。)

(잘 못하면, 우리들은 선생님에게 복도에 서게 함을 당했습니다.)

따라서 1단 활용 동사의 경우는 그대로 'させられる'형이 접속된다고 설명할 수 있지만, 5단 활용 동사의 경우는, 동사의 'ない'형(=미연형)에, 'せられる'형이나 'させられる'형이 접속한다는 설명보다, 다음과 같이 'される'형이 접속된다고 생각하는 것이 더 효율적이다.

(18) 買う 買わない 買わされる (買わ~~せら~~れる)

座る 座らない 座らされる (座ら~~せら~~れる)

行く 行かない 行かされる (行か~~せら~~れる)

그렇지만, 5단 활용 동사 중 '~す' 형태로 끝나는, '消す' '話す' '写す' '直す' '壊す' 등의 동사는 'せられる' 형이 접속한다.

(19) 消す　消さない　×けさ·される　○消させられる
話す　話さない　×はなさ·される　○話させられる
写す　写さない　×うつさ·される　○写させられる
直す　直さない　×なおさ·される　○直させられる
壊す　壊さない　×こわさ·される　○壊させられる

위에서 보는 바와 같이, '~す' 형태로 끝나는 5단 활용 동사에 'される' 형태가 접속이 되면, '消さされる' 처럼, 같은 소리 '-さき-' 가 반복되는 형태가 되어 버린다. 즉, '×消さされる' 와 같은 형태는 쓰이지 않는다.

'消させられる' 는 다음과 같은 상황에서 사용된다.

<상황>
私は夜遅くまでEPLのサッカーを見ていました。母が「もう遅いから寝なさい」と言いました。
(나는 밤늦게까지 epl축구를 보고 있었습니다. 엄마가 '늦었으니 자거라' 고 말했습니다.)

<엄마가 직접 TV를 끈 경우> ➔수동표현(受け身표현)

(20) 私は母にテレビを消されました。(나는 엄마에게 TV를 끔을 당했습니다.)

<엄마의 말에 따라 하는 수 없이 내가 TV를 끈 경우> ➔ '사역수동' 표현

(21) 私は母にテレビを消させられました。
(나는 엄마에게 TV를 끄게 함을 당했습니다.)

9. 「らしい」「ようだ(みたいだ)」「(し) そうだ」-상황, 근거에 의한 추측표현

조동사 'らしい', 'ようだ', '(し) そうだ'는 모두, 일본어의 '추측'의 표현, 특히, '상황으로부터의 판단'의 추측의 조동사로서 사용되는 형태들이다. 일반적으로, 눈앞에서 일어나는 상황이나, 과거의 경험, 객관적인 근거, 주관적인 감각 등을 나타낼 때 쓰인다. '상황'에서 근거를 가지고 추측의 판단을 내리는 표현이므로, '상황에서의 근거'나 '정보'를 다른 곳에서 얻는 경우도 있으며, 이러한 경우는 '전문'의 의미와 가까워진다. 실제로, 조동사 'らしい'와 'ようだ'는 다른 곳에서 정보를 얻거나, 근거가 있다는 '전문'의 의미로도 사용된다.

그리고, 이 세 형식은 서로가 전혀 다르게 쓰이는 경우도 있고, 또 같이 쓰이는 경우도 있어, 그 쓰임이 간단하지는 않는 추측의 형식들이다. 세 형식의 쓰임의 관계는, 다음과 같은 일종의 벤다이어그램으로 나타낼 수 있다.

〈그림 3〉 'ようだ' 'らしい' '(し) そうだ'의 관계

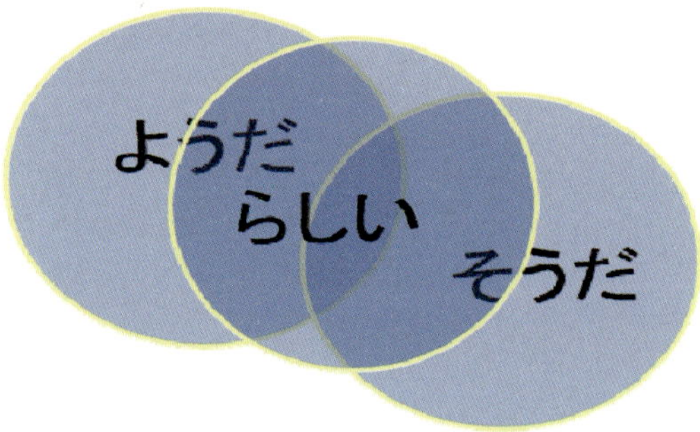

9.–1.「らしい」

1) 'らしい'형식의 접속과 활용

'らしい'형식의 접속에 대해 먼저 알아보기로 하자. 'らしい'은 다음과 같이, 모든 동사와 'い형용사', 그리고 일부 '조동사'의 '종지형'에 접속한다.

(1) 買うらしい	(2) 食べるらしい	(4) おいしいらしい
行くらしい	見るらしい	暑いらしい
話すらしい		いいらしい
立つらしい	(3) 来るらしい	よくないらしい
呼ぶらしい	勉強するらしい	(5) 行きたい・らしい

読むらしい　　食べられる·らしい

帰るらしい　　食べた·らしい

食べない·らしい

死んだ·らしい

よかった·らしい

きれいだった·らしい

그러나, 'な형용사'의 경우는 조금 달라서, 다음과 같이 종지형이 아니라, '~だ'를 뗀, 어간에 접속한다.

그리고, '명사'와, 'から'와 같은 일부의 '조사'에도 접속한다.

(6) 元気·らしい　　(7) 日本人らしい

すき·らしい　　学生らしい

便利·らしい　　病気らしい

静か·らしい　　事故らしい

有名·らしい　　あれかららしい

한편, 다음과 같은 단어들은 단어 안에 'らしい'가 포함되어 있지만, 이것은 조동사 'らしい'가 아니라, 그 자체가 한 단어인 'い형용사'이다.

(8) かわいらしい (귀엽다, 예쁘장하다, 사랑스럽다)

すばらしい　(훌륭하다, 굉장하다, 멋있다)

めずらしい　(희귀하다, 귀하다, 참신하다, 신기하다)

いやらしい (불쾌하다, 불결한 느낌이다, 천박하다, 역겹다)

조동사 'らしい'의 활용형은 다음과 같다.

(9) 行くらしい
行くらしかった
行くらしいです
行くらしく、
行くらしいとき
行くらしければ

(10) 疲れているらしい
疲れているらしかった
疲れているらしいです
疲れているらしく、
疲れているらしいとき
疲れているらしければ

〈표〉 조동사 'らしい'의 활용표

	らしい	이어지는 형태
미연형	―	―
연용형	らしかっ らしく	た' (연결형)
종지형	らしい	종지형
연체형	らしい	とき
가정형	らしけれ	ば
명령형	―	―

위에서, 조동사 'らしい'는, 미연형이 없는 것을 제외하면, 'い형용사'의 활용과 같은 것을 알 수 있다. 연용형의 'らしく、'라는 형태는, 문장을 이어가는 연결형으로, 다음과 같은 쓰임의 경우를 말한다.

(10) 彼は日本語を勉強しているらしく、とても日本語が上手だった。

(그 사람은 일본어를 공부하고 있는 것 같아서, 일본어가 아주 능숙했다.)

2) 'らしい'형식의 기본적인 의미와 주변적인 의미

조동사 'らしい'는, 기본적으로 어떠한 '근거'를 바탕으로 화자가 판단을 하는 경우에 주로 사용되는데, 특히 상황에서의 '추측 판단'의 근거가, 화자의 외부에 있을 때 사용되는 경우가 많다. 다시 말하면, 화자가 보거나, 듣거나, 읽거나, 경험하거나 한 것을 근거로 해서 판단하면서, 확실하지는 않지만, 그럴 것이다, 라고 추측하는 것을 나타낼 때 사용하는 표현으로, 일본의 '학교문법'에서는 '추정(推定)의 표현이라고도 한다. 다음의 예문을 보자.

(11) 道路がぬれています。ゆうべ、雨が降ったらしいです。
(도로가 젖어 있습니다. 어젯밤 비가 온 것 같습니다.)

(12) 机の上のかばんがなくなっている。山田さんは帰ってしまったらしい。
(책상 위의 가방이 없어졌다. 야마다씨는 집에 간 것 같다.)

(13) 山田さんが先からあくびばかりしています。山田さんは眠いらしいです。
(야마다씨가 아까부터 계속 하품만 하고 있습니다. 야마다씨는 졸리는 것 같습니다.)

(14) 部屋の電気が消えています。山田さんは部屋にいないらしいです。
(방의 불이 꺼져 있습니다. 야마다씨는 방에 없는 것 같습니다.)

(15) 山田さんの話では田中さんの奥さんはとてもきれいらしい。

(야마다씨의 이야기로는 다나카씨의 부인은 아주 예쁜 것 같다.)

(16) 噂ではここにデパートが建つらしい。

(소문으로는 여기에 백화점이 들어서는 것 같다./ 들어선다고 한다.)

(17) 本で読んだんだけど、となりの国で大きな地震が起こる可能性があるらしいよ。

(책에서 읽었지만, 이웃나라에서 큰 지진이 일어날 가능성이 있는 것 같아./가능성이 있다고 해.)

위 예문에서 볼 수 있듯이, 추측의 조동사 'らしい'는 모두, '도로가 젖어있다' '가방이 없어졌다' '하품을 하고 있다' '불이 꺼져 있다' '야마다씨에게 들었다' '소문을 들었다' '책에서 읽었다'등의, 화자가 보거나, 듣거나, 읽은, 외부로부터의 근거를 바탕으로 추측판단을 내리는 상황에서 사용되고 있다. 특히 그 근거가 '소문' 이나 '다른 사람'으로부터 얻었다는 것이 분명한 경우에는 화자의 추측판단이라기 보다, '전문'의 의미에 아주 가까워지는 것도 확인할 수 있다.

이것은, 이 책에서는 다루기 어렵지만, '추측'과 '전문'의 경계선이 반드시 분명한 것은 아니다, 는 다소 어려운 문법현상을 말해 주고 있는 것이기도 하다(4).

'らしい'는, 외부로부터의 근거를 바탕으로 추측판단을 나타내는

(4) '전문표현'의 'らしい'형식에 관해서는 전성엽(2013)「伝聞表現の「そうだ」「らしい」「ようだ」に関する一考察」『日語日文学』제57집, 대한일어일문학회, 63p-80p, 참조.

것이 기본적인 의미이므로, 다음과 같이, 그 근거가, 특히 화자의 외부에 있는 것이 아닐 때 사용하면 부자연스러워진다.

(18) ??私、どうも熱があるらしい。

(19) ??(私の) 目のなかにゴミが入ったらしい。

(20) ??(話し手が議長) 賛成多数らしいので、この案は可決されました。

위 예문은, '(나에게) 열이 있는 것 같다' '(나의) 눈에 먼지가 들어간 것 같다' '(내가 의장) 찬성 다수인 것 같다'는 그 근거가 모두, 화자 자신의 안에 있거나, 바꾸어 말하면, 화자 자신의 '감각'이거나, 화자와 직접 관련이 있는 경우이다. 이러한 경우는 조동사 'らしい'가 아니라, 다음 절에서 살펴볼, 조동사 'ようだ(みたいだ)형식을 사용하여야 한다.

또, 'らしい'에는 다음과 같은, 조동사의 'らしい'가 아니라, '접미사'로서의 용법도 있다. 이것은 '이상적인, 본연의 모습이나 상태'의 의미를 나타내는 용법이다.

(21) 韓国人の名前で、いかにも男らしい男の人の名前にどのようなものがありますか。
(한국사람 이름에서, 남자다운 남자의 이름에 어떤 것이 있을까요?)

(22) この小学生の字は、小学生らしい字を書いていますね。

(이 초등학생의 글자는, 초등학생다운 글자로 적혀있군요.)

(23) きょうはほんとうに秋らしい天気ですね。

(오늘은 정말 가을다운 날씨군요.)

〈표〉 'らしい'형식의 쓰임 정리

형식	의미, 용법
조동사 'らしい'	상황에서의 외부 근거를 바탕으로 '그럴 것이다' 라는 '추측'
	전문(伝聞)
접미사 'らしい'	이상적이고 본연의 모습, 상태

9.-2. 「ようだ(みたいだ)」

1) 'ようだ' 'みたいだ'형식의 접속과 활용

'ようだ'와 'みたいだ'(5)두 형식의 의미는 같으며, 'ようだ'는 문장체에, 'みたいだ'는 회화체에서 주로 사용되는 형식이다. 회화체인 'みたいだ'는 보통 일상생활에서 사용될 때, 'だ'가 생략된 형태인 'みたい'가 사용되는 경우가 대부분이다.

먼저, 'ようだ'형식의 접속에 대해 알아보기로 하자. 그런데, 조동사 'ようだ'는 위에서 살펴본 'らしい'와는 다르게, 동사나 'い형용사'의 어떤 형에 접속하는지 구분하기가 어렵다. 그러나 'な형용사'에

(5) 'みたいだ'는 '見たようだ' 에서 변한 표현으로, 메이지시대(1868-1912) 중기 이후(19c말)에 생긴 것으로 알려져 있다.

접속하는 형태를 보면 쉽게 알 수 있다. 다음의 예를 보자.

(1) 買うようだ
行くようだ
話すようだ
立つようだ
呼ぶようだ
読むようだ
帰るようだ

(2) 食べるようだ
見るようだ

(3) 来るようだ
勉強するようだ

(4) おいしいようだ
暑いようだ
いいようだ
よくないようだ

(5) 行きたい·ようだ
食べられる·ようだ
食べた·ようだ
食べない·ようだ
死んだ·ようだ
よかった·ようだ
きれいだった·ようだ

(6) 元気なようだ
有名なようだ
きれいなようだ
きらいなようだ
静かなようだ
にぎやかなようだ
便利なようだ
すきなようだ

즉, 조동사 'ようだ'는, 위의 동사와 'い형용사', 일부 조동사의 접속에서는, 이것이 '종지형'접속인지, '연체형'접속인지를, 두 형태가 같은 형태이므로, 구분하기 어렵다. 그러나 'な형용사'의 접속에서 확인할 수 있듯이, 'すきなようだ'는 '연체형' 접속임을 쉽게 알 수 있다. 그것은 'すきな人'와 같은 활용형이기 때문이다. 따라서 위의 동사나 ‘い형용사’의 경우도, ‘な형용사’와 같은 ‘연체형’ 접속임을 판단할 수 있는 것이다.

그리고, 다음과 같이 ‘この’ ‘その’ ‘あの’ ‘どの’와 같은 일부 ‘연체사’와, 조사 ‘の’에도 접속한다.

(7) このようだ	(8) 日本人のようだ
そのようだ	病気のようだ
あのようだ	夢のようだ
どのような人	ライオンのようだ

‘ようだ’가 조사 ‘の’에도 접속한다고 하였으나, 이 경우는 ‘명사’에 접속할 때에는 조사 ‘の’가 앞에 붙어서 ‘명사+のようだ’의 형태가 된다고 볼 수도 있다.

조동사 ‘ようだ’의 활용형은 다음과 같이, ‘な형용사’의 활용형과 다르지 않다.

(9) 日本人のようだ	(10) 行くようだ
日本人のようだろう	行くようだろう
日本人のようだった	行くようだった
日本人のようである	行くようである
日本人のような人	行くようなとき
日本人のようならば	行くようならば

〈표〉 'ようだ'의 활용표

	ようだ	이어지는 형태
미연형	ようだろ	う
연용형	ようだっ ようで ように	た ある、ない なる
종지형	ようだ	―
연체형	ような	ところ、ひと
가정형	ようなら	ば

한편, 회화체인 'みたいだ'형식의 접속은 동사와 'い형용사'의 경우는 위의 'ようだ'와 다르지 않으나 명사와 'な형용사'에 접속하는 경우는 다르다.

(11) 行くみたいだ
食べるみたいだ
来るみたいだ
するみたいだ

(12) 暑いみたいだ
おいしいみたいだ
おいしくないみたいだ
行きたいみたいだ
食べられるみたいだ
好きだったみたいだ

(13) 日本人みたいだ
夢みたいだ
病気みたいだ
ライオンみたいだ
病気だったみたいだ

(14) 元気みたいだ
有名みたいだ
好きみたいだ
きらいだったみたいだ

'みたいだ'의 활용형도 다음과 같이, 'な형용사'의 활용형과 다르지 않다.

(15) 食べるみたいだ
食べるみたいだろう
食べるみたいだった
食べるみたいである
食べるみたいなとき
食べるみたいならば

(16) すきみたいだ
すきみたいだろう
すきみたいだった
すきみたいである
すきみたいなとき
すきみたいならば

〈표〉 'みたいだ'의 활용표

	みたいだ	이어지는 형태
미연형	みたいだろ	う
연용형	みたいだっ みたいで みたいに	た ある、ない なる
종지형	みたいだ	—
연체형	みたいな	ところ、ひと
가정형	みたいなら	ば

2) 'ようだ'형식의 기본적인 의미와 주변적인 의미

2) -1. 상황판단의 'ようだ(みたいだ)

'ようだ(みたいだ)는 그 기본적인 의미는 'らしい'와 크게 다르지 않아, 주로 '상황'을 바탕으로 해서, 주어가 보거나, 듣거나, 읽은 내용을 근거로 하는 '추측'의 판단을 나타낼 때 사용된다. 앞에서 살펴본 'らしい'형식과 다른 점은, 'ようだ(みたいだ)는 화자 자신의 감각이나, 객관적인 근거는 다소 결여된 상황이지만 화자가 사태의 모습을 관찰하면서 추측하는 주관적인 판단, 혹은 사태의 내용을 마치 화자 자신의 일처럼 나타낼 때, 'ようだ(みたいだ)가 주로 쓰인다는 것이다. 그리고 또 하나, 'らしい'에는 접미사의 용법이 있듯이, 'ようだ(みたいだ)는 '비유'의 의미로도 사용되는 차이가 있다.

먼저, 다음 예문과 같이, 화자에게는 어느 정도 확실한 근거가 있는 경우에도 'ようだ(みたいだ)형식은 쓰인다.

(17) 雨が降っているようです/みたいです。傘をさしている人がいます。
(비가 내리는 것 같습니다. 우산을 쓰고 있는 사람이 있습니다.)
(18) 道路がぬれています。ゆうべ、雨が降ったようです/みたいです。
(도로가 젖어 있습니다. 어젯밤 비가 온 것 같습니다.)

즉, 이 경우는 앞에서 살펴본 추측의 조동사 'らしい'의 쓰임과 다르지 않다. 사실, 위의 예문과 똑 같은 예문이 앞에서 있었다. 아래 예문(11) 이 그것이다.

(11) 道路がぬれています。ゆうべ、雨が降ったらしいです。
(도로가 젖어 있습니다. 어젯밤 비가 온 것 같습니다.)

다시 말하면, 예문(11) 과 (18) 과 같은 경우는 'らしい'와 'ようだ', 어느 쪽도 사용할 수 있는 상황이라고 말할 수 있다. 앞에서 소개한

‘ようだ’ ‘らしい’ ‘(し) そうだ’의 3형식의 상호관계를 이미지로 나타낸 벤다이어그램에서 ‘ようだ’와 ‘らしい’가 겹치는 부분, 즉 같이 사용할 수 있는 상황이 되는 셈이다.

(11)(18) 道路がぬれています。ゆうべ、雨が降った らしいです/ようです。

그러면, 이 두 표현의 뉘앙스의 차이는 무엇일까, 가 궁금할 것이다. 여기에서 효과적인 설명이, ‘ようだ’는, 사태의 내용을 마치 화자 자신의 일처럼, 즉 나의 일처럼 표현하는 경우이고 ‘らしい’는 ‘나하고는 크게 상관없는 일’이라는 뉘앙스를 표시하는 것이다.(6) 다음 2개의 예문도 같은 설명이 가능하다.

(19) インドネシアでまた大きな地震があった ようだ/らしい。
(인도네시아에서 또 큰 지진이 있었던 것 같다.)

(20) この工事は今年中には終わらない ようだ/らしい。
(이 공사는 올해 안에는 끝나지 않을 것 같다.)

‘ようだ(みたいだ)가 화자가 사태의 모습을 관찰하면서 추측하는 주관적인 판단에도 쓰이는 경우는, 다음과 같은 예문이 그 전형적인 것이라고 말할 수 있다.

---

(6) 早津恵美子(1988)에서는 이러한 ‘ようだ’ 와 ‘らしい’의 용법을 ‘引き寄せ’, ‘引き離し’의 용법이라고 설명하고 있다. 早津恵美子(1988)「らしい」と「ようだ」『日本語学』4月号 明治書院.

(21) どうやらあの二人はつきあっている ようだ/みたいだ。

(아무래도 저 두사람은 사귀는 것 같다.)

(22) どうやらあの二人はつきあっているらしい。

이 경우에도 사실 위와 같이 'らしい'도 사용할 수 있다. 그러나 다음의 경우는 'らしい'를 쓰면 다소 부자연스러워진다. 그것은 이 예문에서의 '운이 없다'라는 사태내용은 보통 화자 자신의 '내면적인 감각'이라고 생각할 수 있기 때문일 것이다.

(23) どうやらきょうは運がない ようだ(みたいだ) /??らしい。

(아무래도 오늘은 운이 없는 것 같다.)

다음과 같이, 사태내용에 대하여 화자 자신이 직접 듣거나, 눈으로 보고 있는 경우이기 때문에 주관적으로 단정적인 판단을 내릴 수 있는 상황이지만, 일부러 단정적인 판단을 '회피'하는 경우에도 'ようだ'를 사용할 수 있다. 그러나 이를 'らしい'로 바꾸면 다소 어색해 진다.

(24) 彼はアメリカに2, 3年 行くような(みたいな) /?行くらしい 話をしていました。

(그는 미국에 2,3년 갈 것 같은 이야기를 했습니다.)

(25) (スポーツ番組の編成表をみながら) きょうはチェルシーの中継はない ようだ(みたいだ) ね/?らしいね。

(스포츠채널의 편성표를 보면서) 오늘 첼시중계는 없는 것 같아.)

'ようだ'를 사용하여 '추측판단'이나 '단정의 회피' 등과 같은 화자 자신의 사태내용에 대한 판단의 개입 없이, 들은 내용을 그대로 상대방에게 '전달'하는 경우가 되면, 바로 아래와 같은 '전문'표현이 되는 것이다. 그러나 'ようだ'가 '전문'의 의미로 사용되는 경우는 많지 않으며, 'らしい'보다도 훨씬 더 적다.[7]

(26) 彼はアメリカに2, 3年 行くという話をしていました/行くそうです。

(그는 미국에 2,3년 갈 것 같은 이야기를 했습니다.)

(27) さき聞いたんだけど、田中先生がしばらく大学を休むみたいだよ。

(아까 들었는데, 다나카 선생님이 잠시 학교를 쉰다고 해.)

이렇게 하여, 다음과 같이, 앞에서 이미 언급한 예문이지만, 사태의 내용이 완전히 화자 자신의 것인 '감각'을 나타내는 표현이 되면, 'らしい'는 사용할 수 없고, 'ようだ(みたいだ)형식을 사용하여야 한다.

(18) ??私、どうも熱がある~~らしい~~。

(19) ??(私の) 目のなかにゴミが入った~~らしい~~。

(20) ??(話し手が議長) 賛成多数~~らしい~~ので、この案は可決されました。

(28) 私、どうも熱がある ようだ/みたい(だ) 。

(29) (私の) 目のなかにゴミが入った ようだ/みたい(だ) 。

(30) (話し手が議長) 賛成多数のようなので、この案は可決されました。

(7) 전성엽(2013)「伝聞表現の「そうだ」「らしい」「ようだ」に関する一考察」『日語日文学』제57집, 대한일어일문학회, 63p-80p, 참조.

2) -2. '비유' '예시' 용법의 'ようだ(みたいだ)

'ようだ'는 '비유'의 용법으로 쓰이는 경우가 있다. 다음의 예문을 보자.

(31) もう桜が散っている。まるで雪が降っているようだ/みたいだ。

(벌써 벚꽃이 떨어지고 있다. 마치 눈이 내리는 것 같다.)

(32) 彼は熊 のような/みたいな 人間だ。

(그는 곰과 같은 사람이다.)

(33) あの人は日本人 のようだ/みたいだ。

(저 사람은 일본사람 같다.)

위의 '비유'라는 표현은, 말하자면, 화자는 '벚꽃≠눈', '그 사람≠곰'인 것은 잘 알고 있는 상황에서, 비유적으로 나타낸 표현이다. 즉, 화자가 '벚꽃이 눈이 아니다'라는 사태내용을 100%알고 있는 경우로, 상황에서의 불확실한 추측을 나타내는 'ようだ'의 쓰임과는 그 사정이 전혀 다른 것이다.

그런데, 위 예문 중에서 'あの人は日本人のようだ'의 경우는 조금 설명이 필요하다. 즉,

(34) (내가 아는 한국사람 '저 사람') あの人は日本人のようだ。

(35) (내가 모르는 사람 '저 사람') あの人は日本人のようだ。

예문(34) 와 같은 경우는, 'あの人=한국인인 저 사람'을 알고 있는 경우이므로 명백히 '비유'의 표현이 되지만, 예문(35)의 경우는 모

르는 사람에 대해서 말하는 것이므로, 상황에서의 추측의 판단을 나타내는 표현이 되어 버린다. 실제로, 위 예문(35)의 경우는, '그런 것 같다'라는 대답표현이 가능하지만, 예문(34)의 경우는 불가능하다.

이렇게, 추측과 비유의 'ようだ'의 차이를, 사태내용에 대한 화자정보의 질적, 양적 차이, 라는 관점에서 설명할 수도 있다.

'예시'용법의 'ようだ'는 다음과 같은 예문을 말한다.

(36) チョコレート のような/みたいな 甘いものがすきです。
(초콜릿 같은 단 것을 좋아합니다.)

(37) ロボット のように/みたいに 動いている。
(로봇처럼 움직이고 있다.)

(38) 大阪より、京都のような/みたいな ところが好きです。
(오사카보다 교토 같은 곳이 좋습니다.)

(39) アザ-ル のように/みたいに ドリブルがうまい選手になりたい。
(아자르선수와 같이 드리블을 잘하는 선수가 되고 싶다.)

한편, 'ようだ'는 가정표현의 가정형식 앞에 들어가, 그 가정표현의 단정적인 의미를 '완곡'하게 하거나, 단정을 '회피'하는 용법이 있다. 그런데, 'みたいだ'에는 이 용법이 없어, 바꾸어 쓰기 어렵다.

(40) 飛行機がすぐ出発しない ようなら/??みたいなら、案内の放送をお願いします。
(비행기가 바로 출발하지 않을 거라면, 안내방송을 부탁합니다.)

'ようだ'는 다음과 같은 '관용적인 표현'에도 흔히 쓰인다. 이것은 '비유'표현의 일종이라고 생각할 수 있다.

(41) 目を皿にようにして探す。(눈을 크게 뜨고 찾다.)

(42) 蜂の巣をつついたような騒ぎ。(벌집을 쑤셔놓은 듯한 소동)

(43) 血のにじむような努力。(피나는 노력)

(44) 雲をつかむような話。(뜬 구름 잡는 듯한 이야기)

(45) 絵に描いたような美しさ。(그림과 같은 아름다움.)

9.-3.「(し) そうだ」

1) '(し) そうだ'형식의 접속과 활용

여기서는 '(し) そうだ'형식의 접속과 활용을 살펴보기로 한다. '전문'을 나타내는 '(る) そうだ'형식은 다음 절에서 다룬다.

'(し) そうだ'는, 다음과 같이, 동사와 일부 조동사의 연용형에 접속한다. 그리고 'い형용사'와 'な형용사'에는 어간에 접속한다. 또, 부정의 조동사 'ない'에도이것을 'い형용사'처럼 생각하여, '어간'에 접속하기도 한다. 마찬가지로, 같은 'い형용사'의 모습을 하고 있는 희망의 조동사 'たい'에도, 어간에 접속한다.

(1) 買いそうだ	(2) 来そうだ	(3) 見そうだ
行きそうだ	しそうだ	食べそうだ
話しそうだ	遅刻しそうだ	起きそうだ

立ちそうだ　　　　壊れそうだ
死にそうだ　　　　いそうだ
飛びそうだ　　　　できそうだ
読みそうだ　　　　書けそうだ
帰りそうだ　　(4) 食べられそうだ
なりそうだ　　　　やめさせそうだ
ありそうだ　　　　見られそうだ

(5) おいしそうだ	(6) 元気そうだ	(7) 行きたそうだ
暑そうだ	静かそうだ	食べたそうだ
高そうだ	すきそうだ	帰りたそうだ
楽しそうだ	丈夫そうだ	知らなそうだ
少なそうだ	不安そうだ	降らなそうだ
つまらなそうだ	便利そうだ	

위에서 확인할 수 있듯이, 동사는 '5단 활용 동사' '1단 활용 동사' '변격활용동사' 모두, 연용형에, 즉 'ます형'에 접속한다. 'い형용사' 'な형용사'는, 'おいしい＋そうだ'와 'すきだ＋そうだ'처럼, '어간'에 접속함을 알 수 있다.

그리고 '雨が降らない'의 조동사 'ない'나, 희망을 나타내는 '行きたい'의 조동사 'たい'는, 'ない' 'たい' 의 형태가 'い형용사'와 같아, 'い형용사'처럼 '降らない＋そうだ' '帰りたい＋そうだ'와 같이 어간에 접속한다. 그런데, 'たい'의 경우는 '行きたそうだ'(가고싶은 것 같다),

‘食べたそうだ’(먹고 싶은 것 같다), ‘帰りたそうだ’(집에 가고 싶은 것 같다)처럼, 어간에 붙는 형태가 이것 이외에는 다른 종류가 없어 안정적이나, ‘雨が降らない’와 같은 경우는 그렇지 않다. 즉, 아래와 같이 2종류의 표현 모두 가능하다.(8)

(8) 雨が降らなそうだ。 (비가 오지 않을 것 같다.)
(9) 雨が降らなさそうだ。 (비가 오지 않을 것 같다.) (9)

위에서 예문(9)의 ‘降らなさそうだ’ 표현은, 조동사의 ‘ない’형이 아니라, ‘い형용사’의 ‘ない’형이 조동사 ‘そうだ’에 접속될 때, ‘なさそうだ’의 형태가 되는 것에 기인한다.

‘(し) そうだ’형식이 접속할 때, 동사의 ‘ない형’즉, 조동사 ‘ない’앞에 ‘さ’음절이 더 추가되는 경향은, 아래 (10)의 일반적인 동사와는 달리, (11)의 1음절 동사에서 더 두드러진다고도 볼 수 있다.

(10) 行かない →行かなそうだ
食べない →食べなそうだ
(11) 来る →(こなそうだ) →こなさそうだ
見る →(みなそうだ) →見なさそうだ
出る →(出なそうだ) →出なさそうだ

(8) 일본어 문법책에 따라서는 규칙에 맞지 않으므로 이러한 표현이 틀렸다고 하는 경우도 있으나, 실제로 쓰이는 표현이며, 규칙이나 형태가 ‘흔들리고 있는’ 상황으로 일정하지 않다고 볼 수 있다.

(9) 2008년 NHK방송문화연구소의 조사에 의하면, 조사대상의 53%의 사람이, 이 표현은 ‘문제없다’라고 응답했다고 한다.

일반적인 'い형용사'는 어간에 'そうだ'가 접속하여, 예를 들어 'おいしい'는 'おいしそうだ'가 되지만, 'ない'와 'いい/よい'두 형용사는, 예외적으로 다음과 같이 접속하는데, 이 형태가 조동사 'ない'의 'そうだ'형 접속에 영향을 끼친 것이다.

(12) (い형용사) ない→なさそうだ (ex: 元気がなさそうだ)
(ex: 楽しくなさそうだ)
(ex: 幸せでなさそうだ)

(13) (い형용사) いい/よい→よさそうだ
(ex:人がよさそうだ)
(ex: 天気がよさそうだ)

게다가, 동사의 경우, 또 하나 더, '雨が降りそうだ'의 표현을 부정형으로 만드는 방법도 있다. 다음의 예를 보자.

(14) 雨が降る→雨が降りそうだ→雨が降りそうにない
子どもが眠る→子どもが眠りそうだ→子どもが眠りそうにない
紙が燃える→紙が燃えそうだ→紙が燃えそうにない

(15) 비가 오다→비가 올 것 같다 → 비가 올 것 같지 않다
아이가 자다→아이가 잘 것 같다→아이가 잘 것 같지 않다
종이가 타다→종이가 탈 것 같다→종이가 탈 것 같지 않다

한편, 'い형용사'와 'な형용사'에 '(し) そうだ'가 접속한 'おいしそうだ', '元気そうだ'형태의 부정형은, 다음과 같다.

(16) キムチがおいしい →キムチがおいしそうだ →(キムチがおいしそうでない) [10] =キムチがおいしくなさそうだ

バナナがあまい → バナナがあまそうだ →(バナナがあまそうでない) =バナナがあまくなさそうだ

車が早い → 車が早そうだ →(車が早そうでない)

=車が早くなさそうだ

値段が安い→値段が安そうだ→(値段が安そうでない)

=値段が安くなさそうだ

(17) 彼は元気だ→彼は元気そうだ→(彼は元気そうでない)

=彼は元気ではなさそうだ

ここは静かだ→ここは静かそうだ→(ここは静かそうでない)

=ここは静かではなさそうだ

すいかがすきだ→すいかがすきそうだ→(すいかがすきそうでない) =すいかがすきではなさそうだ

体が丈夫だ→体が丈夫そうだ→(体が丈夫そうでない)

=体が丈夫ではなさそうだ

'(し) そうだ' 형식이 접속할 때, 또 하나, 혼동하기 쉬운 형태가 있다. 즉, 원래의 단어에 'ない' 형태가 포함되어 있는 'い형용사'들이다.

---

(10) 이 표현들의 쓰임은 사실 다소 제한적이다. 「このキムチ、おいしくなさそうだ」는 보고 느낀 인상을 그대로 표현한 것이지만, 'おいしそうで(は) ない' 표현은, 예를 들면, A: 「このキムチ、おいしそうだと思わない?」(이 김치, 맛있을 것 같지 않니?) B: 「え? 全然おいしそうじゃないよ」 (뭐? 전혀 맛있을 것 같지 않은데.) 와 같이 쓰이는 경우가 그것이다.

(18) 少ない　　→ 少なそうだ

つまらない →つまらなそうだ →(つまらなさそうだ)

危ない　　→危なそうだ

汚い　　　→汚そうだ

せつない　→せつなそうだ

くだらない →くだらなそうだ →(くだらなさそうだ)

이들도 원칙적으로는 위와 같이 ‘さ’형태가 들어가지 않는 표현이 맞으나, 단어에 따라서는 ‘つまらなさそうだ’ ‘くだらなさそうだ’처럼, 일상생활에서 쓰이는 경우도 있다.

‘(し) そうだ’형식의 활용형은 다음과 같다.

(19) 壊れそうだ

壊れそうだろう

壊れそうだった

壊れそうである

壊れそうになる

壊れそうなとき

壊れそうならば

(20) おいしそうだ

おいしそうだろう

おいしそうだった

おいしそうである

おいしそうになる

おいしそうなとき

おいしそうならば

(21) 不安そうだ

不安そうだろう

不安そうだった

(22) 遅刻しそうだ

遅刻しそうだろう

遅刻しそうだった

不安そうである	遅刻しそうである
不安そうになる	遅刻しそうになる
不安そうなとき	遅刻しそうなとき
不安そうならば	遅刻しそうならば

〈표〉 '(し) そうだ'형식의 활용표

	(し) そうだ	이어지는 형태
미연형	そうだろ	う
연용형	そうだっ そうで そうに	た ある なる
종지형	そうだ	—
연체형	そうな	とき
가정형	そうなら	ば

2) '(し) そうだ'형식의 기본적인 의미와 주변적인 의미

'(し) そうだ' 형식은 '학교문법'에서는 '양태'(様態)의 조동사라고 한다. 즉, 주어가 사태내용을 주로 눈으로 보거나, 귀로 듣거나 해서 그 '모습'이나 '상태'를 '그럴 것 같다'라고 나타내는데 쓰이는 형식이라는 뜻이다.

가령, '내일 비가 오다'를 추측하여 '내일 비가 올 것이다'고 불확실하게 나타내는 아래와 같은 표현을, 약간은 거칠지만, 간단하고 알기 쉽게 구분한다면, 다음과 같이 설명할 수 있을 것이다.

(23) あした雨が降るだろう。 (그냥 막연하게 하는 추측)

(24) あした雨が降るらしい。 (상황과 근거가 있는 추측. 그런데 비가 오는 일이 나와는 크게 상관없는 일)

(25) あした雨が降るようだ。 (상황과 근거가 있는 추측. 그런데 비가 오는 일이 나와 크게 상관있는 일)

(26) あした雨が降りそうだ。 (하늘을 보니까 먹구름이 잔뜩 있어 비가 올 것 같은 느낌)

'(し) そうだ'형식은, 주로 'い형용사' 'な형용사'그리고 '상태성'의 동사에 붙어, 그것을 보고 느낀 인상을, 혹은 직감적으로 추측해서 나타내는 것이 기본적인 의미라고 말할 수 있다. 다음의 전형적인 예문을 살펴보자.

(27) 久しぶり~。元気そうだね。 (오랜만이야. 건강한 것 같구나.)

(28) このケーキ、おいしそう。 (이 케이크, 맛있겠다.)

(29) これは便利そうですね。使ってみていいですか。 (이것은 편리할 것 같군요. 써 봐도 됩니까?)

(30) もうすぐ花が咲きそうです。 (이제 곧 꽃이 필 것 같습니다.)

(31) どうやら食欲がなさそうだね。何かあるの? (어쩐지 식욕이 없는 것 같구나. 무슨 일이 있니?)

(32) 今にも雨が降り出しそうだ。 (금방이라도 비가 내리기 시작할 것 같다.)

(33) 先生、ジャケットのボタンがとれそうです。(선생님, 재킷의 단추가 떨어질 것 같습니다.)

위의 예문은 모두, 화자가 보고 느낀 '인상'을 추측의 의미로 나타낸 것이라고 볼 수 있다. 다음과 같이, 직접 본 것은 아니지만, 일반적인 지식이나 경험을 바탕으로 해서, '직감'적인 느낌을 나타내는 경우에도 '(し) そうだ' 형식은 자주 쓰인다. '내년에는 검정과 흰색이 유행할 것 같다'와 같은 경우는, 보고 느낀 인상이나, 직감보다는 '가능성'이나 '예상'에 더 가깝다고 말할 수 있다.

(34) このスピードだと2時ごろには着きそうです。

(이 스피드라면, 2시경에는 도착할 것 같습니다.)

(35) タクシーで行くと、約束の時間には間に合いそうだ。

(택시로 가면, 약속시간에 맞출 것 같습니다.)

(36) こんな発言をすると社長の反対派だと思われそうだなあ。

(이런 발언을 하면, 사장님의 반대파라고 다들 생각할 것 같은데...)

(37) 来年はまた黒と白が流行しそうです。

(내년은 또 검정과 흰색이 유행할 것 같습니다.)

(38) 遅刻しそうなら、電話しなさい。(지각할 것 같으면, 전화해라.)

따라서, 보고 느낀 인상, 직감이 아닌 경우, 즉 '색'이나 '아름다움'과 '잘 생김'을 표현하는 단어에 붙여서 쓸 수는 없다. 이는 색이나 아름다움, 귀여움 등은, 일반적으로, 보면 바로 알 수 있는 것이라고 생각하기 때문이다.

(39) ×赤そうだ。　　　　(빨갈 것 같다.)

×きれいそうだ。　　(예쁠 것 같다. 깨끗할 것 같다.)

×かわいそうだ。(11) (귀여운 것 같다.)

×かわいらしそうだ。(예쁘장한 것 같다.)

×美しそうだ。　　　(아름다운 것 같다.)

×ハンサムそうだ。　(핸섬한 것 같다.)

또, '(し) そうだ' 형식은, 주로 '상태성'의 술어('い형용사' 'な형용사' '상태를 나타내는 동사의 -ている형' 등)에 접속하므로, '의지'의 의미의 동사인 경우는, 다음과 같이, 그 동사를 '상태성'을 나타내는 형태로 바꾸어서 사용하는 것이 일반적이다.

(40) ×資料をたくさん集めたので、いいレポートを書きそうだ。

○資料をたくさん集めたので、いいレポートを書けそうだ。

(자료를 많이 모았기 때문에, 좋은 리포트를 쓸 수 있을 것 같다.)

(41) ×きょうは会議がないので、早く帰りそうだ。

○きょうは会議がないので、早く帰れそうだ。

(오늘은 회의가 없기 때문에, 빨리 집에 갈 수 있을 것 같다.)

위의 예문에서 동사가 '書ける' '帰れる'와 같이 '가능동사'의 형태가 되어 있는데, 가능형은 '가능한 상태'의 의미의 '상태성'을 나타

(11) 이것은 'い형용사' 'かわいい'에 'そうだ'가 접속하는 것을 말한다. 'な형용사'인 'かわいそうだ'(可哀想だ) 는 이것과는 다른 단어이다.

내기도 한다.

'(し) そうだ' 형식은, 보고 느낀 것을 근거로 해서 그 인상을 표현하는 것에 주로 사용되지만, 이 경우 보통 화자는 그 실현을 '믿고 있다'고는 말하기 어렵다.

가령 위의 예에서,

(28) このケーキ、おいしそう。 (이 케이크, 맛있겠다.)

(29) これは便利そうですね。使ってみていいですか。
(이것은 편리할 것 같군요. 써 봐도 됩니까?)

(32) 今にも雨が降りそうだ。 (금방이라도 비가 내릴 것 같다.)

(33) 先生、ジャケットのボタンがとれそうです。
(선생님, 재킷의 단추가 떨어질 것 같습니다.)

'케이크가 맛있겠다.' '어떤 물건이 편리할 것 같다.' '금방이라도 비가 올 것 같다' '단추가 떨어질 것 같다'라고 보고 느낀 인상을 나타내었지만, 실제로는 '맛이 없다' '편리하지 않다' '비가 오지 않는다' '단추가 그대로 있다'와 같이 될 수도 있는 것이어서, 화자로서는, '그럴 것이다'고 느낌이 있거나 예상은 되지만, 실제로는 그렇지 않을 가능성도 있기 때문에, 결국 화자로서는 알 수 없는 경우가 대부분이다. 이 점, 앞에서 살펴본 비슷한 추측의 형식 'らしい'나 'ようだ(みたいだ)와는 다른 쓰임이다. 다음의 예문을 보자.

(42) ○(となりの部屋で話し声がする) となりの部屋に誰かいる らしい/ようだ。

(43) ×(となりの部屋で話し声がする) となりの部屋に誰かいそうだ。

((옆방에서 사람소리가 난다) 옆방에 누가 있는 것 같다.)

(44) ○(ノックの音がした) 誰か来た らしい/ようだ。

(45) ×(ノックの音がした) 誰か来そうだ。

((노크 소리가 났다) 누군가 온 것 같다.)

위의 예문에서처럼, '사람 목소리가 났다' '노크소리가 났다'와 같은, 이미 움직일 수 없는 확실한 근거가 있는 장면에서는, '인상' '느낌' '가능성/예상' 등의 의미를 기본적인 의미로 하는 '(し) そうだ'형식은 사용할 수 없다. 이렇게 보면, 같은 '상황에서의 판단을 바탕'으로 추측을 나타내는 형식들이지만, 'らしい' 'ようだ'는 기본적으로 '근거'를 바탕으로 하는 형식이고, '(し) そうだ'는 '느낌'이나 '가능성/예정'의 의미를 기본으로 하는 형식임을 알 수 있다.

'(し) そうだ'형식은, 감정을 나타내는 'い형용사'를 뒤의 동사를 꾸며주는 부사표현으로서도 쓰인다. 이 경우는 특히 혼동하기 쉬우므로 주의가 필요하다.

(46) ○母が大学に合格した兄を見て、うれしそうに笑っている。

(47) ×母が大学に合格した兄を見て、~~うれしく~~ 笑っている。

(엄마가 대학에 합격한 형을 보고, 기쁜 듯이 웃고 있다.)

'(し) そうだ' 형식의 부정형은, 앞에서도 잠깐 언급한 것처럼, 다음과 같이 동사의 경우는 '~そうにない' 형식이 쓰인다. 이 때 '~そうもない' '~そうにもない' 형태와 같이, 조사 'も'가 함께 쓰이면, 그 가능성이나 예상을 더 '강조'하는 뉘앙스를 나타낼 수 있다. 'い형용사' 'な형용사'에는 '~そうにない' 형식을 사용하지 않는다.

(48) この給料だと車は当分買え<u>そうにない</u>。
この給料だと車は当分買え<u>そうもない</u>。
この給料だと車は当分買え<u>そうにもない</u>。
(이 월급으로는 자동차는 당분간 못 살 것 같다.)
×この給料だと車は当分買えそうでない。

(49) ×このカレーはおいしそうにない。
×この店はきれいそうにない。
○このカレーは おいしそうでない。/おいしくなさそうだ。
(이 카레는 맛없을 것 같다.)
○この店は きれいそうでない。/きれいではなさそうだ。
(이 가게는 깨끗하지 않을 것 같다.)

'느낌'을 나타내는 '(し) そうだ' 형식은, 다음과 같이 '정형화'된 표현에서는 '비유'의 표현으로서도 쓰일 수가 있다.

(50) 腹がへって、死にそうだ。 (배가 고파 죽을 것 같다.)

(51) きのうから激しい頭痛で、頭が割れそうです。
(어제부터 심한 두통으로 머리가 깨질 것 같다.)

(52) 冬に手袋をつけずに1時間ぐらい登山をしたら、手が切れそうでした。(겨울에 장갑을 끼지 않고 1시간정도 등산을 했더니, 손이 끊어질 것 같았습니다.)

10. 「そうだ」「という」형식-일본어의 '전문(伝聞)'표현

앞 절에서 살펴본 '(し) そうだ'형식은, 화자나 주어가 사태내용에 대해서, 보고 느낀 '인상'을 '판단하여 나타내는 것이었다. 같은 형태의 'そうだ'가, 동사나 형용사의 종지형에, 즉 '(る) そうだ'형태로 접속하여 쓰이면, 이 경우는 화자가 판단한 내용이 아니라, 다른 사람이 사태내용에 대해서 판단한 것을 전달하여 표현하게 된다. 이를 보통 '전문(伝聞)표현이라고 한다. 일본어에서 전문표현의 형식에는, 가장 대표적인 형식인 'そうだ'와 'という'형식 외에, 'ということだ'와 회화체에서 주로 쓰이는 'だって' 'って'등의 형식이 있으며, 앞에서 살펴본 상황에서의 추측판단의 형식 'らしい'도 '전문'의 용법으로 쓰이기도 했다.

1) 「(る) そうだ」형식의 접속과 활용

전문의 의미를 나타내는 '(る) そうだ'형식은, 다음과 같이 모든 용언(동사, い형용사, な형용사)의 종지형, 그리고 대부분의 조동사의 종지형에 접속한다.

(1) 買うそうだ	(2) 来るそうだ	(3) 暑いそうだ
行くそうだ	するそうだ	おいしいそうだ
話すそうだ		元気だそうだ
立つそうだ		きれいだそうだ
死ぬそうだ		すきだそうだ
飛ぶそうだ		不安だそうだ
読むそうだ		食べられるそうだ
帰るそうだ		食べないそうだ
		食べたいそうだ
		買ったそうだ
		読んだそうだ
		日本人だそうだ

그럼, '(る) そうだ' 형식의 활용을 살펴보자.

(4) 行くそうだ	暑いそうだ	元気だそうだ
行くそうである	暑いそうである	元気だそうである
来るそうだ	休学するそうだ	死んだそうだ
来るそうである	休学するそうである	暑かったそうだ
		元気だったそうだ

이렇게 보면, '(る) そうだ' 형식의 활용형은 '종지형'과 '연용형'2개 밖에 없음을 알 수 있다. 즉, 바꾸어 말하면, '전문'의 '(る) そうだ' 형

식은, 과거형도 없으며, 부정형도 없다. 보통 '전문'은, 화자 자신이 다른 정보원에게서 얻은 정보를 그대로 전달하는 것이 기본적인 의미인데, 이를 화자 스스로가 부정하거나, 과거의 표현으로 표현할 수는 없기 때문이다.

전문의 '(る) そうだ' 형식의 활용은 다음 표와 같다.

〈표〉 '(る) そうだ'형식의 활용표

	そうだ	이어지는 형태
미연형	—	—
연용형	そうで	ある
종지형	そうだ	—
연체형	—	—
가정형	—	—
명령형	—	—

2) '(る) そうだ' 'という' 형식의 기본적인 의미

'そうだ'는 화자 자신의 생각이 아니라, 다른 사람의 생각을 전달하는 것이 기본적인 쓰임이다. 따라서 당연한 이야기지만, '혼잣말'로 사용할 수 없으며, 질문의 형태나, 부정, 과거의 형태로 하여 사용할 수도 없다.

(5) 来年の夏もとても暑いそうだ。(내년 여름도 매우 덥다고 한다.)
×来年の夏もとても暑いそうですか。
×来年の夏もとても暑いそうではない。

×来年の夏もとても暑いそうだった。

정보의 출처를 명확하게 하고 싶은 경우에는, 다음과 같이 '~によれば' '~によると' '~の話では'와 같은 형식들을 사용하면 된다.

(5) 気象庁の長期予報によると、来年の夏もとても暑いそうだ。
(기상청의 장기예보에 의하면, 내년 여름도 매우 덥다고 한다.)
(6) 先生の話では、今週の授業は休講になるそうだ。
(선생님의 이야기로는, 이번 주 수업은 휴강이라고 한다.)

'(る) そうだ'와 함께, '전문'의 의미를 나타내는 또 하나의 대표적인 형식에 'という'형식이 있다. 이 'という'형식은 '(る) そうだ'와 다르게, '신문'의 표현에서 자주 사용된다.

(7) 今年は例年より日本に上陸する台風が多いという。
(올해는 예년보다 일본에 상륙하는 태풍이 많다고 한다.)
(8) 関西空港の関係者によると、橋の復旧にはかなり時間がかかるという。
(간사이공항 관계자에 의하면, 다리가 복구되기까지는 상당한 시간이 걸릴 것이라고 한다.)
(9) 関係者の話では、航空便は来週から一部運航が始まる見込みであるという。
(관계자의 말에 의하면, 항공편은 다음 주부터 일부 운항이 시작될 전망이라고 한다.)

또, 'という'형식은, 다음과 같은, 일반적으로 널리 알려져 있는 내용을 표현할 때도 자주 쓰인다.

(10) ヨーロッパのサッカーはEPLが本場だといいますね。一度行ってみたいと思っているんですよ。

(유럽 축구는 EPL이 본고장이라고 하잖아요. 한번 가보고 싶어요.)

'(る)そうだ'형식은 과거, 부정, 질문 등의 형태로 사용되지 않는다고 앞에서 말하였지만, 'という' 'ということだ' 'とのことだ'등의 형식으로 이를 대신할 수 있다. 또 이러한 형식들은, 다른 사람의 말을 그대로 전달하는 경우에 주로 쓰인다. 다른 사람의 말을 따옴표로 표시하면 바로 '인용'표현이 되는 것이다. 그러나 정보를 제공한 사람이 그 행동을 하는 당사자, 즉 행위의 주체인 경우는 'という'형식은 사용하지 못하고 'そうだ'를 사용해야한다.

(11) 今度泊まる京都のホテルは静かなところにあるということでした。

(이번에 묵는 교토의 호텔은 조용한 곳에 있다고 했습니다.)

(12) きのうのニュースで、今年は例年より日本に上陸する台風が多いといったいた。

(어제 뉴스에서, 올해는 예년보다 일본에 상륙하는 태풍이 많다고 했다.)

(13)「韓国へ遊びに来てください」とのことだった。

(「한국에 놀러 오세요.」라고 말했다.)

(14) 家族のみなさんはお元気ですかとのことでした。

(가족 여러분은 건강하십니까, 라고 말했어요.)

(15) さきの話は「入院の必要がある」ということではない。

(아까의 이야기는「입원할 필요가 있다」라고 하는 말은 아니다.)

(16) ×山田先輩の話では山田先輩は旅行に行けないという。

(17) ○山田先輩の話では、山田先輩は旅行に行けないそうだ。

(야마다선배의 말로는 야마다 선배는 여행을 못 간다고 한다.)

(18) では、山田さんの奥さんも旅行に参加しないとのことですか?

(그럼, 야마다씨 부인도 여행에 참가하지 않는다는 말입니까?)

전자메일이나 편지 등에서, 상대방이 이야기한 내용을 '~とのことですが~'의 형태로 받아서(인용해서), 그 내용에 대해서 되묻는 표현 등에 흔히 사용된다.

(19) 最近忙しいとのことですが、お元気でしょうか。

(최근에 바쁘다고 들었습니다만, 건강하십니까?)

'전문'의 의미를 나타내는 형식에서, 주로 회화체에 사용되는 형식이 있다. 'の(ん)だって' 'って'등의 형식이 그것이다.

(20) 彼は来年軍隊に入隊するんだって。

(그는 내년에 군대에 입대한대.)

(21) 先輩、会社やめるって、本当ですか。

(선배, 회사를 그만둔다던데, 정말입니까?)

(22) やった~，きょう部長会社来ないって。

(야호~ 오늘 부장님 회사 안 온대.)

(23) 課長から聞いたんだけど、田中さんが結婚するんですってね。

(과장님에게 들었는데, 다나카씨가 결혼한다면서요.)

그러나 다음과 같은 'って'형식의 쓰임은 '전문'과는 전혀 다른, '강조' '주장'의 용법이다.

(24) おい、そんなことで泣くなって。(어이, 그런 일로 울지 마라니까.)

(25) おいおい、それは違うって。(야, 야, 그게 아니라니까.)

(26) やめろ。やめろって。(하지 마, 하지마라니까.)

11. 「だろう」「でしょう」형식-추측과 완곡(婉曲), 그리고 확인의 표현

'だろう'를 여기서는 'だ'의 미연형 'だろ'에 '+う'가 붙어 활용한 형태가 아니라, 한 단어가 된 'だろう'형태로 생각하기로 한다. 그러나 'だろう'는 동사, い형용사에 접속될 경우와, 명사와 な형용사에 접속될 경우와는 다소 다르다.

(1) あの人は日本人だろう。(저 사람은 일본사람이겠지.)

(2) 母は80になってもきれいだろう。(엄마는 80이 되어도 예쁠 것이다.)

(3) いまやっている翻訳は今月中には終わるだろう。

(지금 하고 있는 번역은 이달 안으로는 끝날 것이다.)

(4) 日本語を田中さんに教えてもらってもいいだろう。

(일본어를 다나카씨에게 배워도 좋을 것이다.)

동사나 い형용사의 경우는, '終わる+だろう', 'いい+だろう'와 같이 'だろう'를 하나의 단어처럼 볼 수 있으나, 명사나 な형용사의 경우는 '日本人だろ+う' 'きれいだろ+う'와 같이 'だ'의 의미를 포함한, 활용형의 형태로 생각할 수 있다.

한 단어의 'だろう'형식은, 거의 모든 용언, 조동사에 접속할 수 있다. 'だろう'의 정중한 형태가 'でしょう'이다.

1) '추측'과 '완곡'의 쓰임

'だろう(でしょう)는 사태내용에 대해서, 단정을 하여 강한 어조가 되는 것을 회피하여 부드럽게 말하거나, 확실하지 않은 것으로 표현할 때, 특히 날씨에 관련된 내용을 추측(12)하여 표현할 때 자주 사용되는 형태이다. 'だろう(でしょう)형식은, 활용형의 변화가 없어, 일반적으로 '현재(미래)의, 그리고 '화자 자신'의 추측(완곡)의 의미만을 나타내는 특징이 있다. 정확하게 말하면, 'だろう(でしょう)는, 현재(미

(12) 사실, '날씨' 관련 표현 이외에, 'だろう'가 화자의 '추측'을 나타내는 쓰임은 많지 않다. A: お父さんはいつ帰ってくるの?에 대한 답으로서, B: 9時すぎたから、もうすぐ帰ってくる ?だろう。/と思うよ。와 같이, 실제로는 'だろう'형식보다는 'と思う'형식이 더 일반적이라고 말할 수 있다.

래)의 일에도 과거의 일에도 쓰이지만, 형태 자체가 과거형이 되지는 않으며, 다른 사람의 추측을 나타내는 쓰임도 없다.

(5) 明日も雨になるでしょう。 (내일도 비가 오겠죠.)

(6) 北海道はきのうもいい天気だったんでしょう。
(북해도는 어제도 좋은 날씨였겠지요.)

(7) もう9時だから、父はもうすぐ帰ってくるだろう/でしょう。
(이제 9시니까, 아빠는 곧 돌아 올 것이다.)

(8) プレゼントをあげたら、妻はきっと喜ぶだろう/でしょう。
(선물을 주면, 집사람은 틀림없이 기뻐할 것이다.)

(9) もうすぐ雨は止むだろう/でしょう。空が明るくなっているから。
(이제 곧 비는 그칠 것이다. 하늘이 밝아졌으니까.)

(10) 風邪をひいたと言っていたから、たぶんきょうは来ないだろう/でしょう。
(감기가 걸렸다고 했으니까, 아마 오늘은 오지 않을 것이다.)

'평가'나 '의견'의 의미를 나타내는 'いい' '考えられる'등과 같은 형식과 함께 쓰면, 단정적인 판단을 부드럽게 하는 것을 더욱 두드러지게 표현할 수 있다. '완곡'표현이라고도 말할 수 있다.

(11) 話し手の断定的判断については、次のように考えられるだろう。
(화자의 단정적 판단에 대해서는 다음과 같이 생각할 수 있을 것이다.)

(12)「だろう」は、「だろ」と「う」とに分けて説明してもいいだろう。

(「だろう」는,「だろ」와「う」로 나누어 설명해도 될 것이다.)

또, 'だろう'가, 가정표현의 형식과 함께 쓰여, 사실과 다른, 사실과 관계가 없는 상상의 표현을 나타내는 쓰임이 있다. 다음의 예문이 그것이다.

(13) もし、きみがいなかったなら、この作業はできなかっただろう。

(만약, 네가 없었다면, 이 작업은 못했을 것이다.)

(14) 彼女が私のことが好きなら、うれしいだろうなあ。

(그녀가 나를 좋아한다면 기쁠 텐데.)

그리고 'だろう(でしょう)는, 'だろうか(でしょうか)의 형태로, 질문의 형식으로도 사용할 수 있다.

(15) A: 2030年の東京オリンピックは成功するでしょうか。

B: 大丈夫でしょう。前から準備していますから。

A: 2030년 동경올림픽은 성공할까요?

B: 괜찮겠지요. 전부터 준비했으니까요.

(16) A: 駅の近くに安いアパートがあるでしょうか。

B: たぶんないだろうと思いますよ。

A: 역 근처에 싼 아파트가 있을까요?

B: 아마 없을 것 같습니다.

(17) A: 彼は仕事、見つかったんだろうか。

B: 彼はお金持ちだから、大丈夫だよ。

A: 그 친구는 일을 찾았을까?

B: 그 친구는 부자니까 괜찮아.

그러나, 화자가 질문하는 사태내용이 상대방과 직접적으로 관련이 있어, 상대방이 잘 알고 있는 내용의 경우는, 'だろうか' 'でしょうか'의 형태로 질문을 하지 않는 것이 보통이다.

(18) ??お子さんは何才でしょうか。/お子さんは何才ですか。

(따님/아드님은 몇 살입니까?)

(19) この車が先輩の車 ??でしょうか。/ですか。

(이 차가 선배 차입니까?)

또, 다음과 같이, 'でしょう'가 추측의 표현으로 쓰일 때는 '~だろうと思います'표현과 그 쓰임이 비슷하다.

(20) A: 毎日いい天気ですね。 来週もいい天気でしょうか。

B: ええ、たぶんいい天気 でしょう。/だろうと思います。

A: 매일 좋은 날씨군요. 다음 주도 날씨가 좋을까요?

B: 예, 아마 날씨가 좋을 것 같습니다. /좋다고 생각합니다.

(21) A: 毎日暑いですね。 大阪も暑いでしょうか。

B: ええ、たぶん暑い でしょう。/だろうと思います。

A: 연일 덥군요. 오사카도 더울까요?

B: 예, 아마 덥겠지요./ 덥다고 생각합니다.

2) '확인'의 용법

'だろう'형식에는, 화자가 그렇게 생각하거나, 그렇게 알고 있는 내용을 상대방에게 '확인질문'(13)을 하여, 화자가 가지고 있는 정보를 더 확실한 것으로 한다거나, 상대방에게 '확인시키는' 용법이 있다. 'だろう'형식은, 사실 이러한 '확인'의 용법이 앞에서 살펴본 '추측'의 쓰임보다, 더 주된 용법이라고 할 수 있어, 그 기본적인 의미를, '추측'이 아니라, '확인'의 의미가 담당하고 있다고 말할 수 있다. '확인'의 용법은 다음과 같은 예를 말한다.

(22) ほら、あそこに大きい木があるだろう?

(있잖아, 저기 큰 나무가 있지?)

(23) あそこにコンビニがあるでしょう?それを右に曲がるとすぐ駅です。

(저기 편의점이 있지요? 저기를 오른쪽으로 돌면 바로 역이 나옵니다.)

(24) うちのクラスにひろみちゃんっているでしょう?

(우리 반에 히로미라고 있잖아요?)

(25) 高校2年の時に田中先生っていただろう?

(고등학교 2학년 때 다나카 선생님이라고 있었잖아?)

(26) A: さきの本、どこに置いた? (아까 책, 어디에 뒀어?)

B: ピアノの上にある だろう。/でしょ。 (피아노 위에 있잖아.)

---

(13) 상대방에게 '답'을 기대한다는 측면에서는, 보통의 질문문과 다르지 않으나, '질문'의 경우는, 화자가 모르는 내용, 정보가 결여된 부분을 메꾸기 위해서 질문을 하는 것에 비해, 'だろう'형식을 사용한 '확인질문'은, 화자가 모르는, 결여된 내용을 묻는 것이 아니라, 알고 있는 내용을 확인하기 위해 묻는다는 점이 서로 다르다.

'확인'의 의미의 'だろう'는, 위에서 살펴본 예문들처럼, 보통 상승조의 인토네이션이 따라 오지만, 하강조의 인토네이션을 취하거나, 'だろうな(ね)의 형태가 될 경우는, 상대방에게 강한 어조로 사태내용에 대해 '단정을 짓는' 듯한 뉘앙스의 표현이 된다.

(27) お前が殺したんだろっ。(네가 죽였잖아.)

(28) お前、うそじゃないだろうな。(너, 거짓말하는 거 아니겠지.)

화자정보의 질적, 양적 차이라는 측면에서 볼 때, 'だろう'형식의 추측의 용법은 사태내용에 대한 화자가 가지고 있는 화자 정보가 충분치 않거나 확실한 것으로 단정 짓지 않는 것임에 비해, '확인'의 용법은, 사태내용에 대한 화자의 화자 정보가 100%확실한 정보라는 큰 차이점이 있다.

12. 「~ではないか/~じゃない(か)」형식– '재확인'의 표현

'~ではないか/~じゃない(か)형식은, 그 쓰임이 앞에서 살펴본 '확인'의 'だろう'형식과 비슷한 점이 많다. 이것은 화자가 말하는 사태내용에 대해서, 상대방에게 '재확인'하는 의미가 기본적인 의미라고 할 수 있다. 재확인하는 내용이, 상대방도 당연히 알고 있어야하는 것일 경우에는 주로 상대방을 '비난'하는 의미가 되기도 한다. 또, 상대방이 잊은 내용이라면, 상대방에게 주의를 환기시키는 용법이 된다. 다음의 예문을 보자.

(1) ほら、高校の時、英語の先生に山田先生っていたじゃない?
(있잖아, 고등학교 때, 영어선생님에 야마다선생님이라고 있었잖아?)

(2) あの人のこと覚えていない?、このあいだ同窓会で会ったじゃない。
(그 사람 기억 안나? 요전에 동창회에서 만났잖아.)

(3) だから私がこの間もやめたほうがいいって、言ったじゃないか。
(그러니까 내가 요전에도 그만두는 것이 좋다고 말했잖아.)

(4) ここに駐車したら邪魔になるじゃないか。
(여기에 주차하면 방해가 되잖아.)

(5) 何をするんだ。痛いじゃないか。(뭐하는 거야. 아프잖아.)

'~ではないか' 형태는, 실제로는 회화체 표현에서 '~じゃない(か)의 형태로 주로 쓰인다. 'か'를 확실하게 사용한 '~じゃないか' 형태는 남자의 말투가 된다. 또 다음 예문처럼 문장 끝의 인토네이션을 올리면, 상대방에게 '할 수 있을 거야'라는 화자의 의견을 나타내는 표현이 되며, 인토네이션을 내려서 말하면, '그것 봐, 한다면 할 수 있잖아'의 '놀라움'의 의미를 나타내는 표현이 되는 차이가 있다.

(6) やればできるじゃない? /やればできるんじゃない?
(한다면 할 수 있지 않을까?)

(7) やればできるじゃない。 (거봐, 하면 할 수 있잖아.)

'~じゃない'형태를, 다음 예문과 같이, 상대방과 직접 관련된 사태 내용에 대해서 사용하면, 특히 그 내용을 상대방에게 환기시키는 용법이 된다.

(8) 君のお父さんが眼科のお医者さんじゃない。
　(자네 아버지가 안과 의사선생님이잖아?)
(9) おまえ、最近元気そうじゃない。(너 요즘 건강 좋은 것 같은데.)

한편, 회화체에서 자주 사용하는, 다음 예문과 같은 '~んじゃない' 표현도, 문장 끝의 인토네이션을 올리느냐 내리느냐에 따라 그 표현의 의미가 전혀 달라진다.

(10) ヘッドホンつけて音楽を聞きながら自転車に乗っているんじゃない?
　(헤드폰 끼고 음악을 들으면서 자전거 타고 있지 않을까?)
(11) ヘッドホンつけて音楽を聞きながら自転車に乗っているんじゃない!
　(헤드폰 끼고 음악을 들으면서 자전거 타는 것 아냐!)

위의 똑같은 의미의 문장에서, 문장 끝의 인토네이션을 올려서 사용하게 되면, 지금 쯤 그런 동작을 하고 있지 않을까, 하는 불확실한 '추측'의 표현이 되지만, 인토네이션을 내리면서 강한 어조로 표현하면, '금지'의 표현이 되어, 상대방을 혼내는 의미가 되어버린다.

13. 「と思う」「はずだ」, 그리고 「わけだ」형식

-개인의 의견, 논리적인 추측의 결과, 그리고, '납득'과 '결론'을 말하는 표현

1) 「と思う」형식

'と思う'는, 사태내용에 대해 화자가 단정적인 판단으로 나타내는 것이 아닌 점에서, 불확실한 판단을 나타내는 형태의 일종이라고 생각할 수 있다. 이것은 주로 화자가 사태내용에 대한 판단이 확실한 것이 아니며, 화자 개인의 생각, 의견임을 나타내는데 쓰이는 형식이다. 특히, 'と思う' 'と思います'의 형태는, 화자가 그 시점에서의 개인적인 생각이나 의견임을 나타내는 것이 기본적인 의미이며, 다른 사람의 생각이나 의견을 나타낼 경우에는 'と思っている' 'と思った'의 형식을 사용하면 된다.

(1) 山田さんならもう帰ったと思うよ。
    (야마다씨라면 벌써 돌아갔을 걸요.)
(2) 山田さんはきょうの集まりには来ないと思います。
    (야마다씨는 오늘 모임에는 안 올 것 같습니다.)
(3) ×課長は山田さんが来ると思う。
    (과장님은 야마다씨가 온다고 생각한다.)
(4) ○課長は山田さんが来ると思っている。
    (과장님은 야마다씨가 온다고 생각하고 있다.)

'と思う'형태가 'と思われる'로 쓰이면, 앞에서 살펴본 저절로 그렇게 생각이 된다, 라는 의미의 '자발(自発)의 용법이 된다.

(5) デザインが失敗の一つの原因だと思われます。
(디자인의 실패가 하나의 원인이라고 생각됩니다.)
(6) この秋に選挙が行われ、また自民党が圧勝すると思われる。
(이번 가을에 선거가 실시되고, 또 자민당이 압승할 것으로 생각됩니다.)

보통, 이 경우는 '月をみると、母のことが思い出される。(달을 보면 엄마가 저절로 생각난다.)와 같은 '자발'의 의미라기보다, 화자 자신의 개인적이며, 단정적인 생각을 일부러 자기 생각이 아닌 것으로 회피하여, 다소 의식적으로 에둘러 표현하는 의미에 가깝다고 말할 수 있다.

한편, 'と思っている'형태가 화자 자신의 개인적인 생각이나 의견을 말하는 경우, 'と思う'와는 다르게, 화자가 말하는 사태내용이, 그 자리에서 생각한 내용이 아니라, 훨씬 이전부터 쭉 생각해 왔던 것임을 나타낼 수가 있다. 다음의 예문을 보자.

(7) 家内が旅行に行きたがっているので、どこか出かけたいと思います。
(집사람이 여행을 가고 싶어 해서, 어디 가려고 생각해요.)
(8) 家内が旅行に行きたがっているので、どこか出かけたいと思っています。
(집사람이 여행을 가고 싶어 해서, 어디 가려고 생각하고 있어요.)

(9) 今年の夏休みに日本へ行こうと思っています。

(올 여름 방학에 일본에 가려고 생각하고 있어요.)

위에서 'と思っている'형태는 여행에 대한 생각이나 의견이, 그 자리에서 생각한 것이 아니라, 이전부터 계속 생각해 온 것임을 나타내고 있다.

따라서, 그 자리에서 생각한 경우를 말하는 장면에서 'と思っている'를 사용하면 다소 부자연스러워진다.

(10) A:この人(写真を見せて) 何才ぐらいだと思いますか。

B: ?? 50才ぐらいだと思っています。/50才ぐらいだと思います。

A: 이 사람(사진을 보여주고) 몇 살 정도라고 생각해요?

B: 50살 정도라고 생각해요.

(11) わあ、このキムチ、おいしそう~。ちょっと高いけど、買っていこう??と思っています。/と思います。

(와~, 이 김치 맛있겠다. 조금 비싸지만, 사가려고 해요.)

'と思う'형식이, 다음 예문과 같이, 동사의 '의지'형과 함께 쓰여, '화자'자신의 의지나 계획 등을 나타내는 표현으로 사용되는 경우가 있다.

(12) いまラーメンを食べようと思います。

(지금 라면을 먹으려고 (생각) 합니다.)

(13) いまお風呂に入ろうと思います。

(지금 목욕을 하려고 (생각) 합니다.)

(14) 歯が痛いので、歯科に行こうと思います。

(이가 아파서, 치과에 가려고 합니다.)

그런데, 이 표현이, 한국어의 '~하려고 합니다.' 표현과, 일본어의 '~しようとする' 표현과 함께, 혼동을 일으키는 경우가 있다.

(15) 兄がいまラーメンを食べようと ??思います/します。

(오빠/형은 지금, 라면을 먹으려고 ??생각합니다./ 합니다.)

(16) 私がお風呂に入ろうと ??思ったとき/したとき、電話がかかってきた。

(내가 목욕을 하려고 ??생각했을 때/ 했을 때, 전화가 걸려왔다.)

(17) 兄は歯が痛くても、歯科に行こうと ??思いません/しません。

(형/오빠는 이가 아파도, 치과에 가려고 ??생각하지 않습니다./ 하지 않습니다.)

위의 예문(15) 는 화자의 의지나 생각을 나타내는 표현이 아니라, 다른 사람이 어떤 행동을 하기 '직전'임을 나타내는 표현으로, '~しようとする' 표현이 맞다.

예문(16)의 경우는, 내가 목욕을 하고자 하는 '의지'를 나타내는 장면이 아니라, 내가 어떤 행동을 하기 '직전'인 것을 나타내는 경우이다.

반면에, 부정의 형태로 쓰인 예문(17) 은, 다른 사람의 '의지가 없

음'을, '~しようとしない'형태로 표현한 것이다.

2)「はずだ」형식

'はずだ'형식의 기본적인 의미는, 주로, 화자가 사태내용에 대해서, 생각을 해 보니, 논리적으로 그럴 것이다, 라고 추측하여, 그 결론을 나타내는 것이라고 말할 수 있다. 'はずだ'형식은 그 쓰임이 화자 자신의 '의견'을 나타내는 'と思う'형식과 비슷한 경우도 있지만, 보통, 논리적으로 추리하여 그럴 것이다, 고 결론을 짓는 경우는, 화자자신의 상당한 '자신감'이나 '경험'에 근거한 판단인 경우가 많다. 따라서 가령, 장마철이나 태풍이 접근하여, 내일 비가 올 확률이 아무리 높아도, 단순한 '예상'의 상황이면 'はずだ'는 사용하지 않는다.

(18) ??明日は雨が降るはずです。 (내일 비가 올 것입니다.)

(19) ??明日は風が強くなるはずです。

(내일은 바람이 강해 질 것입니다.)

(20) 子ども部屋が静かですから、もう<u>寝ているはず</u>です。

(아이들 방이 조용하니까, 벌써 자고 있을 거예요.)

(21) その内容は<u>先週勉強したはず</u>ですが、忘れてしまいました。

(그 내용은 지난주에 공부했을 텐데, 잊어버렸습니다.)

(22) facebookで写真を見たので、彼は京都に<u>いるはず</u>です。

(페이스북에서 사진을 보았으니까, 그 사람은 교토에 있을 겁니다.)

(23) あの人はコンピューターに詳しいから、プログラミングも上手なはずだよ。

(저 사람은 컴퓨터를 잘 아니까, 프로그래밍도 잘 할 거예요.)

(24) 電車は3分おきですから、もうすぐ来るはずです。

(지하철은 3분 간격이니까, 곧 올겁니다.)

(25) 砂糖を多めに入れたので、甘いはずです。

(설탕을 많이 넣었기 때문에, 달 거예요.)

(26) この部屋のかぎは、これのはずです。開けてみてください。

(이 방의 열쇠는 이걸 거예요. 열어 보세요.)

다음 예문과 같이, 'はずだった'의 형태로 쓰이면, 그럴 생각, 예정이었지만, 그것이 '실현되지 않았다'는 의미가 된다.

(27) 週末、大阪へ出張に行くはずだった。

(주말에 오사카에 출장을 가야했었다. (그런데 가지 못했다.)

'はずだ'형식의 부정표현에는 'するはずがない'와 'しないはずだ'의 두 가지 형태가 있다. 다음의 예문을 보자.

(28) きょうは日曜日だから、先生は来るはずがない。

(오늘은 일요일이니까, 선생님이 올 리가 없다.)

(29) きょうは日曜日だから、先生はいらっしゃらないはずだよ。

(오늘은 일요일이니까, 선생님은 오시지 않을 거야.)

위의 예문에서 확인할 수 있듯이, ‘はずがない/はずはない’형태의 부정표현이 그러한 추측이 불가능하다는 ‘강한 부정’의 의미가 되고, ‘しないはずだ’쪽은 ‘하지 않다’를 추측하는 의미이므로, 불확실함을 나타내는 부사 ‘たぶん’ ‘おそらく’등과도 같이 쓰일 수 있다.

(30) たぶん先生はいらっしゃらないはずです。
(아마 선생님은 오시지 않을 것입니다.)
(31) おそらく田中さんは来ないはずです。
(아마도 다나카씨는 오지 않을 거예요.)
(32) ×たぶん/おそらく、田中さんは来るはずがない。

3)「わけだ」형식

‘わけだ’는, 주로, 사태내용의 사실이나 상황에서 판단하면, ‘당연히 그러하다’라는 용법의 화자 자신의 ‘납득’이나 ‘결론(설명) ‘주장’의 의미를 나타내는 형식이다. 혼잣말로도 사용할 수 있는 ‘납득’의 의미의 경우는, ‘あ~、分かった’와 같은 표현을 함께 사용할 수 있으나, ‘결론(설명)의 경우에는 이 표현을 같이 쓸 수 없다. 다음의 예문을 보자.

(33) いつも授業中寝ているから先生に叱られるわけだ。
(항상 수업 중에 자니까 선생님에게 혼나는 거구나.)
(34) 社長と企画の相談がしたくて、わざわざ本社まで来たわけです。
(사장님과 기획 상담을 하고 싶어서, 일부러 본사까지 온 거예요.)

(35) A:このパン、おいしいね。(이 빵, 맛있네.)

B:それ、ひとつ800円もしたのよ。(그 빵, 한 개 800엔이나 했어.)

A:ああ、だから、おいしいわけだ。(아, 그러니까 맛있구나.)

(36) A:彼女は入院しているそうよ。(그녀는 입원해 있대.)

B:ああ、それで、授業に出られないわけだ。

(아, 그래서, 수업에 못 오는구나.)

(37) 毎日あんなに食べたら、太るわけだ。

(매일 저렇게 먹으니, 살찌는구나.)

'わけだ'형식의 쓰임에서 중요한 것은, 그 기본적인 의미가 '납득' '결론' '설명'등인 것에서도 짐작할 수 있지만, 화자에게 부족했던 정보(주로 이유) 를, 사태내용이나 상황에서 결여되었던 정보를 100% 얻을 수 있고, 따라서 그 사태내용에 대해서 '납득'하고, '결론'을 내릴 수 있는 경우에 쓰인다는 점이다. 이러한 것은, 앞에서 살펴본 'はずだ'형식과 비교해보면 잘 알 수 있다.

(37) (위의 예) 毎日あんなに食べたら、太るはずだ/太るわけだ。

(매일 저렇게 먹으니 살찔 것이다./ (그래서) 살찌는구나.)

(38) 田中は料理を習っていたから、上手なはずだ。/上手なわけだ。

(다나카는 요리를 배웠으니, 잘 할 것이다. / (그래서) 잘하는구나.)

(39) 毎日一生懸命勉強したから、合格したはずだ。/合格したわけだ。

(매일 열심히 공부했으니까, 합격할 것이다./ 합격한 거구나.)

(40) 彼のお母さんが日本人だから、彼も日本語が うまいはずだ。/ うまいわけだ。

(그 친구 어머니가 일본사람이니까, 그 친구도 일본어를 잘 하겠지. /잘 하는 거구나.)

위의 예들은 모두, 'はずだ'와 'わけだ'의 쓰임에서 그 정보의 질과 양이 다르다는 사실을 말해주고 있으며, 정보의 양에 따라 그 의미도 다른 것이다.

따라서 사태내용이 명백하게 지나간 일이 아닌 경우나, 화자 자신이 '확실하다고 믿었던 것과 반대되는 정보'가 있을 때는 'わけだ'를 사용할 수 없다. 이것은, 'はずだ'는 사태내용에 대하여 화자가 불확실하게 판단했을 여지가 남아 있는 경우에도 사용할 수 있는 것에 비해, 'わけだ'는 보통 화자의 사태내용에 대한 정보가 100%인 경우에 사용되는 형식이어서, 사태내용을 화자가 불확실하게 판단할 여지가 전혀 없기 때문일 것이다. 'わけだ'형식의 기본적인 의미인 '납득'과 '결론'의 의미 또한 '불확실한 판단'과는 거리가 멀다.

그리고, 아래의 예문, '비행기는 빠르다' '눈은 차갑다' '겨울은 춥다'와 같은 당연한 '사실'을 이야기하는 경우의 일반적인 쓰임에서는, 'わけだ'와 'はずだ'형식 모두 부자연스러워진다.

(41) 郵便局の宅配で出せば、明日中に届くはずだ。/×明日中に届くわけだ。

(우체국 택배로 보내면 내일 중으로 도착할 것이다./×내일

중으로 도착하는구나.)

(42) A:車のキー、どこ?

B:かばんの中に 入れたはずだよ。/× 入れたわけだよ。

(A: 차 키, 어디에 있어? B: 분명히 가방 안에 넣었을 텐데./×넣었구나)

(43) 飛行機は早い ×はずだ。/×わけだ。

(44) 雪は冷たい ×はずだ。/×わけだ。

(45) 冬は寒い ×ばずだ。/×わけだ。

'わけだ'의 부정표현에는, 여러 가지 표현이 있다. 먼저, '~ても~わけではない'의 형태로, 문장의 앞부분에서 말한 동작, 상태여도, 기대하는 결과대로는 되지 않는다는 의미로 쓰이는 경우가 있다.

(46) 学生の名前を覚えても、みんなの名前が覚えられるわけではない。

(학생 이름을 외어도, 모두의 이름을 외울 수 있는 것은 아니다.)

(47) ロトを買ったからといって、全員が当たるわけではない。

(로또를 샀다고 해서, 모두가 당첨되는 것은 아니다.)

또, '~というわけではない'의 형태로는, 화자의 '그러한 특별한 이유는 없다' '그렇지 않다'는 의미를 나타낸다.

(48) 大阪がきらいというわけではないですが、まだ行ったことがないですね。

(오사카를 싫어하는 것은 아닙니다만, 아직 간 적이 없네요.)

그리고 '~するわけにはいかない'와 '~しないわけにはいかない'의 형태는 정반대의 의미이다. 즉, '食べるわけにはいかない'는 '먹지 못한다./먹을 수 없다.'는 뜻인 반면, '食べないわけにはいかない'는 이중부정이 되어, '먹는다.(=먹지 않을 수 없다)는 뜻이 된다.

(49) 明日は授業があるから学校を休むわけにはいかない。

(내일은 수업이 있으니까 학교를 쉴 수가 없다.)

(50) 明日は9時から試験があるので、遅刻するわけにはいかない。

(내일은 9시부터 시험이 있으니 지각할 수가 없다.)

(51) 明日は母の誕生日なので、何かプレゼントを買わないわけにはいかない。

(내일은 엄마생신이니, 뭐라도 선물을 사지 않을 수 없다.)

(52) 親に小遣いをもらっているので、ほしいものを何でも買うわけにはいかない。

(부모님에게 용돈을 받고 있으니, 갖고 싶은 것을 다 살 수는 없다.)

관용적인 표현에 가까우나, 'わけがない'라는 형태로, '그럴 리가 없다' '절대로 있을 수 없다'는 의미로 쓰이는 경우가 있다.

(53) 田中先生が授業を休むわけがないよ。

(다나카선생님이 수업을 안 할 리가 없어.)

(54) あんな大きい大学がつぶれるわけがないですよ。

(그런 큰 대학이 망할 리가 없습니다.)

(55) 田中さんはいま会社でしょう。こんなところにいるわけ(が) ないよ。

(다나카씨는 지금 회사잖아. 이런 곳에 있을 리(가) 없지.)

14. 「つもりだ」형식-화자의 '계획' '예정'을 나타내는 표현

'つもり' 형식의 기본적인 의미는, 화자 자신의 의지적인 행동을 본인이 할 '계획', '예정'인 것을 나타내는 것이다. 다른 사람의 의지를 나타내거나, 질문으로 사용할 수도 있으나, 일반적으로는, 이전부터 일정기간 생각하고 계획했던 화자 자신의 예정을 나타내는 표현에 주로 쓰인다고 말할 수 있다. 일정기간 화자가 생각하고 계획했던 일의 의향을 나타낸다는 점에서는, 앞에서 살펴본 'しようと思う' 표현의 용법과 비슷하다.

(1) 家族みんなが旅行に行きたがっているので、冬に台湾へ行こうと思っています。

(2) 家族みんなが旅行に行きたがっているので、冬に台湾へ行くつもりです。

(가족 모두가 여행을 가고 싶어 해서, 겨울에 대만에 가려고 생각하고 있어요./ 갈 생각입니다.)

또, 이러한 화자의 생각, 예정은, 보통 이전부터 계획된 것일 가능성이 많아, 그 자리에서 즉흥적으로 결정했다는 의미가 두드러지는 경우에는 그 쓰임이 부자연스럽게 된다.

(3) その企画書は私が書くつもりです。

(그 기획서는 제가 쓸 생각입니다.)

(4) ?? よし、分かりました。じゃ、その企画書は私が書くつもりです。

(오케이, 알았습니다. 그럼, 그 기획서는 제가 쓸 생각입니다.)

'つもりだ'는 질문으로도 다른 사람의 예정에도 사용할 수는 있으나, 같은 용법의 표현인 '予定だ'를 사용하는 쪽이 더 자연스럽다고 말할 수 있다. 특히 개인이 아닌, '단체'의 계획, 예정을 말할 때와 손윗사람에게 사용하는 경우가 그렇다.

(5) お前はどうするつもりなの?

(너는 어떻게 할 생각이야?)

(6) あの人は図書館でハンバーグを食べるつもりなの?

(저 사람은 도서관에서 햄버거를 먹을 작정인거야?)

(7) あの人は大学の先生になるつもりです。

(저 사람은 대학 선생이 될 생각입니다.)

(8) 社長は来週アメリカへいらっしゃる ?つもりです。/予定です。

(사장님은 다음 주 미국에 가실 예정입니다.)

(9) 先生もいらっしゃる ??おつもりですか。/ご予定ですか。

(선생님도 오실 예정입니까?)

(10) 今年は1年生はアメリカへ、2年生は日本に行く ??つもりです。/予定です。

(올해는 1학년은 미국에, 2학년은 일본에 갈 예정입니다.)

'つもりだ'는 일정기간 계속 화자 자신의 그러한 의지가 있었다는 표현에도 사용되며, '부정'표현으로는, '그렇게 하겠다는 의지가 없음'을 나타내는 경우와, '그렇게 하지 않겠다는 의지를 가지고 있음'을 나타내는, 두 가지 표현이 가능하다. 다음의 예문을 보자.

(11) 私はずっと前から彼女と結婚するつもりでしたし、今もそのつもりです。

(저는 쭉 이전부터 그녀와 결혼할 생각이었고, 지금도 그럴 생각입니다.)

(12) 私は彼女と結婚する つもりはない。/つもりはありません。

(저는 그녀와 결혼할 생각이 없다./없습니다.)

(13) 私は彼女と結婚しないつもりです。

(저는 그녀와 결혼하지 않을 생각입니다.)

(14) 私はたばこをやめるつもりはないです。

(저는 담배를 끊을 생각이 없습니다.)

(15) 私はたばこをやめないつもりです。

(자는 담배를 끊지 않을 생각입니다.)

그리고, 위와 같은 표현에서의 'つもりだ'형식의 부정표현은, 위의 예문에서 확인할 수 있듯이, '×(私は大学に行く) つもりではない'형태가 아니라, 'つもりはない'또는 'しないつもりだ'형태가 되므로 주의해야한다.

(16) 私は大学に行くつもりだ。 (나는 대학에 갈 생각이다.)

私は大学へ 行くつもりはない。/行かないつもりだ。

(나는 대학에 갈 생각이 없다./ 가지 않을 생각이다.)

(17) 田中さんとはまた話すつもりだ。

(다나카씨와는 또 이야기할 생각이다.)

田中さんとは二度と 話すつもりはない。/話さないつもりだ。

(다나카씨와는 두 번 다시 이야기할 생각이 없다./ 이야기하지 않을 생각이다.)

(18) 私はお酒をやめるつもりだ。 (나는 술을 끊을 생각이다.)

私はお酒をやめるつもりはない。(나는 술을 끊을 생각이 없다.)

'つもりではない'형태가 쓰이는 경우도 있다. 다음 예문과 같이, 앞에서 한번 말한 것에 대해서 다시 보충설명을 하거나, 말하고자 하는 내용에 앞서, 사전에 미리 언급하여 그것이 본의가 아님을 말하는 장면에서 주로 쓰인다.

(19) A: まだたくさん残っているの? あとどのくらいかかる?

B: そうね・・・。あと1時間くらいかなあ。

A: いや、プレッシャーをかけるつもりじゃないけど、ちょっと気になってね。

(A: 아직 많이 남아 있나? 앞으로 어느 정도 걸려?)

(B: 글쎄... 앞으로 1시간 정도?)

(A: 아니, 부담을 줄 생각은 아닌데, 조금 걱정이 되어서.)

(20) 文句を言うつもりじゃないんだけど、このキムチ、やっぱり辛すぎるよ。

(불평을 말할 생각은 아니지만, 이 김치, 역시 너무 매워.)

'つもりだ'가 화자의 의지, 계획, 예정을 나타내는 것이 아니라, 화자가 사태내용을 혼자서 이미 그런 것으로 믿어버리는 용법, 즉 '신념'의 의미로 사용될 때가 있다. 이 경우는 주로 '~たつもりだ'나 '~ているつもりだ'의 형태로 쓰인다. 다음의 예문이 그것이다.

(21) 田中君はたった1ページの報告書で、報告書を全部書いたつもりでいるのかな。

(다나카군은 겨우 1페이지의 보고서로, 보고서를 전부 작성했다고 생각하고 있는건가?)

(22) 私として、報告書を書いたつもりですが、何か問題でもありますか。

(저로서는, 보고서를 작성했다고 생각합니다만, 어떤 문제라도 있습니까?)

(23) 田中さんは1ページの報告書で、報告書を書いているつもりだそうです。

(다나카씨는 1페이지의 보고서로, 보고서를 썼다고 생각한답니다.)

15. 「~たほうがいい/~るほうがいい」「するべきだ」「することだ」「するものだ」형식– '~할 필요가 있다'의 표현

1) 「~たほうがいい/~るほうがいい」형식

'~たほうがいい/~るほうがいい'형식은, 어떤 동작을 하느냐 마느냐의 선택지가 있을 경우에, 보다 좋은 판단으로서, 그렇게 할 필요성이 있다, 혹은 그렇게 하는 것이 좋다, 라는 의미를 나타내는 형식이다. '~たほうがいい'형태와 '~るほうがいい'형태는 큰 의미의 차이는 없으나, 전자는 주로 '개별적'인 사태내용에 대해서 말할 때 쓰이고, 후자는 보통 '일반적으로, 그렇게 할 필요가 있다, 그렇게 하는 것이 좋다' 의 의미로 구분하여 사용하기도 한다. 다음의 예문을 보자.

(1) お仕事は2、3日休んだほうがいいですよ。
(일은 2,3일 쉬는 것이 좋습니다.)

(2) お母さんには話したほうがいいと思います。
(어머니한테는 이야기를 하는 것이 좋다고 생각합니다.)

(3) 田中さんは、自分の意見ははっきり言ったほうがいいです。
(다나카씨는 자기의 의견을 분명히 말하는 것이 좋습니다.)

(4) 誰でも、自分の意見ははっきり言うほうがいいです。
(누구라도, 자기 의견은 확실하게 말하는 것이 좋습니다.)

(5) 授業に遅れるから、早く行ったほうがいいですよ。
(수업에 늦으니까, 빨리 가는 것이 좋아요.)

(6) 重い病気のときは大学病院へ行くほうがいいです。

(큰 병일 때는 대학병원에 가는 것이 좋습니다.)

(7) 私はいつも朝ごはんを食べている。それは朝ごはんを食べるほうが健康にいいからだ。

(나는 항상 아침밥을 먹고 있다. 그것은 아침을 먹는 것이 건강에 좋기 때문이다.)

(8) 早く寝る方が体にいいよ。 (빨리 자는 것이 몸에 좋아.)

(9) 高い山ではいつも厚着をするほうがいいです。

(높은 산에서는 항상 두꺼운 옷을 입는 것이 좋습니다.)

(10) きみ、咳がひどいね。薬を飲んだほうがいいよ。

(자네, 기침이 심하군. 약을 먹는 것이 좋아.)

(11) 寝る前にはスマホを使わないほうがいいそうです。

(자기 전에는 스마트폰을 사용하지 않는 것이 좋습니다.)

'부정'표현은, 위의 예문처럼 'しないほうがいい'형태를 사용한다. 'するほうがよくない'형태는 부정표현으로는 사용하지 않는다.

(12) ×寝る前にスマホを使うほうがよくない。

그리고, 'た(る) ほうがいい'형식은, 어떤 동작의 선택지가 있을 때, 어느 쪽을 하는 것이 좋다, 그럴 필요성이 있다고 말하는 것이 기본적인 의미이므로, 부사 중에서도 선택의 여지가 없음을 나타내는 '必ず'와 같은 표현과는 함께 쓸 수 없다. 대신에, 그렇게 하는 것이 좋겠다는 판단을 '강조'하는 '絶対に /絶対'와 같은 표현을 사용한다.

(13) 京都に行くなら、竜安寺には 絶対に/×必ず　行ってみたほうがいいよ。

(교토에 간다면, 료안지에는 꼭 가보는 것이 좋아.)

2)「するべきだ」형식

'するべきだ'형식은, 도덕적으로, 사회규범상 그렇게 해야 한다는 필요성을 말할 때나 화자의 충고, 조언, 주장 등을 말할 때 주로 사용하는 형식이다. 따라서 일반적이며 '객관적인 필요성'을 나타내는 경우가 많으며, 화자 자신의 경우를 말할 때는 사용하지 않는다. 'するべきだ'형식의 부정의 표현은 'するべきでない'를 사용한다. 동사 'する'의 경우는, 'するべきだ'와 'すべきだ'의 두 가지 형태가 모두 사용된다. 'するべきだ'형식은 'するのが当然だ' 'するのが正しい' '~たほうがいい' '~しなければならない'등의 표현과 그 쓰임이 비슷하다.

(14) 交通信号は誰でも守るべきだ。

(교통신호는 누구라도 지켜야한다.)

(15) 飲酒運転が発覚した以上、議員を辞職するべきだ。

(음주운전이 발각된 이상, 의원을 사직해야한다.)

(16) 試験に受かりたいなら、しっかり勉強するべきです。

(시험에 붙고 싶으면 열심히 공부해야 하는 것이 당연합니다.)

(17) 若いうちにたくさん貯金をしておくべきです。

(젊을 때 저금을 많이 해 둬야 합니다.)

(18) 人の悪口は言うべきではない。

(다른 사람의 욕을 해서는 안 된다.)

(19) 人に迷惑をかけるべきではない。

(다른 사람에게 폐를 끼쳐서는 안 된다.)

(20) ×私は毎日野菜を食べるべきだ。

(나는 매일 채소를 먹어야 한다.)

(→私は毎日野菜を食べなければならない。)

3)「することだ」형식

'することだ'는, 주로 상대방에게 필요한 것을 말하여, '충고'하는 것을 기본적인 의미로 하는 형식이다. '~するのが一番いい方法だ'(~하는 것이 제일 좋은 방법이다)의 의미와 비슷하다. 앞에서 살펴본 '~たほうがいい'형식의 의미를, 단정적이고 강한 어조로 나타낸 표현이라고 볼 수도 있다. 이 형식은 '충고' '어드바이스'의 의미가 거의 유일한 용법이며, 단정적이고 강한 어감의 경우가 많으므로, 손윗사람에게는 사용할 수 없다.

(21) 卒業試験に合格したければ、一生けん命勉強をすることだ。

(졸업시험에 합격하고 싶으면, 열심히 공부해야한다.)

(22) あのレストランに行っていないなら、まずは行ってみることだよ。

(그 레스토랑에 아직 안 갔다면, 먼저 가 볼 필요가 있다./ 가

봐야 한다.)

(23) 人に頼らないで、とにかく自分でやってみることだ。

(다른 사람에게 의지하지 말고, 자기가 직접 해 보는 것이 최선이다.)

(24) 日本語の勉強は最後まで、あきらめないことですよ。

(일본어공부는 끝까지 포기하지 않는 것이 중요해요.)

(25) 風邪をひいたときには、ぐっすり寝ることだ。

(감기에 걸렸을 때는, 푹 자는 것이 제일 좋은 방법이다.)

4) 「するものだ」형식

'するものだ'는 일반적인 성질, 원래의 속성 등의 의미를 나타내는 형식으로, 주어에는 특정 개인이 아니라, 집단 전체를 나타내는 표현이 오는 것이 보통이다. '할 필요가 있다'의 의미나, '本当に/よく~するものだ'의 형태로 '감탄'의 의미를 나타내는 쓰임도 많다.

(26) 子どもは本当に成長が早いものです。

(아이는 정말 성장이 빠르네요.)

(27) 大学に入るのはお金と時間がかかるものです。

(대학에 들어가는 것은 돈과 시간이 걸리는 일입니다.)

(28) 学生は一生懸命勉強するものだ。

(학생은 열심히 공부할 필요가 있다.)

(29) 医者は患者のプライバシーを守るものだ。

(의사는 환자의 프라이버시를 지키는 것이다.)

(30) 先生の忠告は聞いてみるものです。

(선생님의 충고는 들어 볼 필요가 있는 것입니다.)

(31) 目玉焼きを10個も食べるなんて、よく食べられるものだ。

(달걀프라이를 10개나 먹다니, 정말 많이도 먹을 수 있구나. (놀랍다.)

(32) ×私は先輩のアドバイスは聞いてみるものだ。

(나는 선배의 어드바이스를 들을 필요가 있다.)

또, 'ものだ'가 '~たいものだ' '~ほしいものだ'의 형태로 쓰이면 '희망', 특히, 화자가 평소에 늘 생각해 왔던 '특별한 희망'을 나타내기도 한다.

'ものと思われます' 'ものと見られます'의 형태로는 '그렇게 될 것이다'는 '추측'의 의미를 나타낼 수도 있다.

(33) 一度イギリスに行って、サッカーの試合を観戦したいものです。

(한번 영국에 가서, 축구 시합을 관전해 보고 싶습니다.)

(34) 景気は今後徐々に回復に向かうものと見られている。

(경기는 앞으로 서서히 회복세로 돌아설 것으로 보인다.)

(35) 台風は、夕方ごろ関西地方に上陸するものと思われます。

(태풍은 저녁 무렵, 칸사이지방에 상륙할 것으로 생각됩니다.)

'するものだ'의 부정표현으로는, 'するものではない'와 'しないものだ'의 두 종류의 형태가 있다. 이 경우도, 'するもんじゃない / するものでは

ない'는 주로, 화자의 개인적인 의견으로 말하는 경우에 쓰이고, 'しないものだ'는 일반론적인 내용을 말할 때 주로 쓰인다.

(36) 普通電車のなかで食べ物は食べないものです。

(보통 전철 안에서 음식은 먹지 않는 겁니다.)

(37) 電車のなかでは食べ物は食べるんじゃないよ。

(전철 안에서 음식은 먹지 않는 거야.)

(38) 学生は先生にそんな失礼な言い方をしないものだ。

(학생은 선생님에게 그런 실례가 되는 말투를 하는 것이 아니다.)

(39) きみ、先生にそんな失礼な言い方をするもんじゃないよ。

(자네, 선생님한테 그런 실례가 되는 말투를 하는 거 아니야.)

16. 「~なければばならない」형식– '의무', '필요'의 표현

앞에서, '필요'의 의미를 나타내는 형식들을 살펴보았지만, 주어에게 사태내용이 필요함을 나타내는 표현에 '~なければばならない'가 있다. 또 이것과 비슷한 쓰임의 형식으로 '~なければいけない' '~なくてはならない' '~なくてはいけない'도 있다.(14) 이들은 모두 동사의 경우에는 'ない'형 접속을 하고, 'い형용사'의 경우는 '~くなければならない'의 형태가 되며, 'な형용사'의 경우는 '~静かでなければならな

(14) '行かねばならない'는 '行かなければならない'의 옛 형태. 'なければ'부분이, '行かないといけない'처럼 'ないと'의 형태로 쓰이기도 한다.

い'의 형태로 접속한다. 다음의 예문을 보자.

(1) 住宅地は静かでなければならない。(주택지는 조용해야한다.)

(2) このコピー機は修理に出さなければなりません。

(이 복사기는 수리를 맡겨야 합니다.)

(3) 来週、大阪出張に行かなければならない。

(다음 주에 오사카출장을 가야한다.)

(4) 交通信号はみんなが守らなければなりません。

(교통신호는 모두가 지켜야 합니다.)

(5) あっ、そうだ。薬を飲まなくちゃいけない。

(아, 맞다. 약을 먹어야 하는 구나.)

(6) 今週までレポートを提出しなければいけないんですよ。

(이번 주까지 리포트를 제출해야 해요.)

기본적으로, '~なければならない'형태는 규칙이나 사회습관 등에 바탕을 둔 것이나, 혹은 회사의 명령이나 지침에 근거한 것, 또 그렇게 하는 것이 일반적이며 의무, 당연히 해야 할 일인 경우, 등에 주로 사용하는 형식이라고 말할 수 있다.

반면에 '~なければいけない'형태는, 주어의 개인적인 의견이나 생각을 그렇게 해야 하는 '필요성'을 나타내는데 주로 쓰인다고 할 수 있다. 또, 말하고자 하는 사태내용이 의무나 규칙인 경우에도, 화자자신이 그것을 그렇게 할 필요성을 강하게 생각하는 경우에도 '~なければいけない'형식을 사용할 수 있다. 이것과 비슷한 쓰임의 형식에 '~なくてはいけない'도 있으며, '~なくてはいけない'의 회화체 형식이 '~なくちゃいけない'이다. '~なくちゃいけない'의 'いけない'를 또 줄여서 '~なくちゃ'형태로 회화체에서 자주 사용한다.

(7) 卒業まで130単位を取らなければならない。

(졸업까지 130단위(학점) 를 따야한다.)

(8) 会社の出張で来週日本へ行かなければなりません。

(회사 출장으로 다음 주에 일본에 가야합니다.)

(9) 国民はだれでも中学校まで教育を受けなければならない。

(국민은 누구라도 중학교까지 교육을 받아야한다.)

(10) 私は4月からは営業部で働かなければならない。

(나는 4월부터는 영업부에서 일해야 한다.)

(11) 自分のことは自分でしなくちゃいけないよ。

(자기 일은 자기가 해야지.)

(12) 友だちと仲よくしなければいけない。

(친구와 사이좋게 지내야 한다.)

(13) 家へ帰ったら顔を洗わなくてはいけない。

(집에 돌아오면 얼굴을 씻어야 한다.)

(14) あした、jlptの試験を受けなければいけない。

(내일 jlpt시험을 쳐야한다.)

'~なければならない' '~なければいけない'는, '필요성'이나 '의무'를 나타내는 것이 기본적인 의미이기 때문에, 상대방에게 직접 그

사태내용에 대한 필요성이나 의무를 강조하게 되면, '강요'의 뉘앙스가 생기기 쉬우므로, 주의해야 한다.

(15) お父さんはもう少し早く家に帰らなければいけない。
(아빠는 조금 더 집에 일찍 귀가해야한다.)
(16) 田中さん、このコピー機、修理に出さなければなりませんね。
(다나카씨, 이 복사기, 수리해야겠어요.)
(17) 田中君、明日の会議には出なければいけないよ。
(다나카군, 내일 회의에는 나와야 해.)

'필요'의 의미를 나타내는 '~なければならない'형태의 부정표현에는 다음 두 가지 표현을 생각할 수 있다. 즉, '불필요'를 나타내는 표현과 '금지'를 나타내는 표현이 그것이다.

(18) これを買わなければならない。
(이것을 사야한다./ 살 필요가 있다.) =<필요>
→これを買わなくてもいい。(이것을 사지 않아도 된다.) =<불필요>
→これを買ってはいけない。(이것을 사서는 안 된다.) =<금지>
(19) あなたはここで待たなければならない。
(당신은 여기서 기다려야 한다.) =<필요>
→あなたはここで待たなくてもいい。(당신은 여기서 기다리지 않아도 된다.) =<불필요>
→あなたはここで待っていてはいけない。(당신은 여기서 기다려서는 안 된다.) =<금지>

'불필요'의 의미를 나타내는 '~なくてもいい'형태는 '~なくてもかまわない'의 형태로 바꾸어 쓰기도 한다.

(20) これを買わなくてもかまいません。
(이것을 사지 않아도 상관없습니다.)

또, '금지'혹은 '그렇게 되는 것이 바람직하지 않다'의 의미를 나타내는 '~てはいけない'는, 주로 조사 'は'를 사용하여, 'は'가 표시하는 주어의 의지로 제어할 수 있는 동작에 대해서, 그것이 바람직하지 않다는 것을 나타낸다. 그 주어기 제어할 수 없는 사태내용은 주로 조사 'が'가 쓰인다. 다음의 예문을 보자.

(21) 父はお酒を飲んではいけないんです。
(아버지는 술을 마시면 안 됩니다.)
('아버지'에 대한 판단→ '酒を飲む'(술 마시다) 는 제어 가능 →바람직하지 않다. 금지할 필요가 있다.)

(22) ??雨は降ってはいけない。
??雨は降るといけない。
('비가 내리다'에 대한 판단, 제어 불가. 금지할 수 없음.)
→雨が降ってはいけない。 傘を持っていきなさい。
→雨が降るといけない。 傘を持っていきなさい。
(비가 오면 안 된다. 우산을 가지고 가거라.)

(23) ??自転車はさびてはいけない。
??自転車はさびるといけない。

('自転車がさびる'(자전거가 녹슬다)에 대한 판단, 제어 불가. 금지할 수 없음.)

→自転車がさびてはいけない。手入れをしておこう。

→自転車がさびるといけない。手入れをしておこう。

(자전거가 녹슬면 안 된다. 손질을 해 두자.)

위와 같이 '비가 내리다' '자전거가 녹슬다'와 같은 사태내용은, 화자가 그것에 대하여 관여할 수 없고, 제어도할 수 없는 것이다.

이렇게 'するといけない'형태는 기본적으로 '비가 오다', '녹슬다' 처럼 주어가 제어할 수 없는 것을 나타내는 경우에 사용되는 것이므로, '금지'의 의미를 나타내는 경우에는 사용할 수 없다. '금지'할 수 있는 동작은, 주로 화자의 의지로 제어가 가능하기 때문이다. 화자의 의지로 제어가 가능한 경우를 금지하는 표현은 '~てはいけない'를 사용하면 된다.

(24) ??ここでたばこを吸うといけない。

→ここでたばこをすってはいけない。

(여기에서 담배를 피워서는 안 된다.)

(25) ??この部屋には入るといけない。

→この部屋には入ってはいけない。(이 방에 들어가면 안 된다.)

17. 「~してもいい」「~していい」형식– '허가'의 표현

'허가'를 나타내는 표현에 '~してもいい'형태와 '~していい'형태가 있다. '~してもいい'는, 사태내용이 주로 일반적으로 '허용되는 범위 내'에서 일어나는 일인 것을 나타내는 경우에 사용되고, '~していい'형태는, 그것을 특히 '화자 자신의 책임 하'에 허가한다는 의미로 쓰이는 경우가 많다. 따라서 '~していい'형태의 경우, 주어에 화자 자신은 올 수 없다. 왜냐하면 화자 자신에 대하여, '자신의 책임 하'에 허가를 하는 경우는 일반적으로 없기 때문이다. 다음의 예문을 보자.

(26) A:このコピー機は学生が使ってもいいですか。

(이 복사기는 학생이 사용해도 됩니까?)

B1:はい、使ってもいいです。(네, 사용해도 됩니다.)

B2:本当はいけないけど、1枚だけなら、使っていいよ。

(원래는 안 되는데, 1장이라면 사용해도 돼.)

(27) A:この部屋で、お弁当を食べてもいいですか。

(이 방에서 도시락을 먹어도 되나요?)

B1:もちろんです。食べてもいいです。

(물론입니다. 먹어도 됩니다.)

B2:本当は食べてはいけないけど、きょうだけ食べていいよ。

(원래는 먹어서는 안 되지만, 오늘만 먹어도 돼.)

(28) A:店長、帰ってもいいですか。(점장님, 돌아가도 될까요?)

B1:うん、きょう5時まででしょ。もう5時過ぎているから、帰ってもいいよ。

(응, 오늘 5시까지지? 벌써 5시가 지났으니, 가도 돼.)

B2:う~ん、まだ5時になっていないけど、帰っていいよ。きょうは実家に帰るんだよね。

(응...., 아직 5시전이긴 한데, 가도 돼. 오늘은 본가에 간다며?)

(29) 運転は私がしてもいいよ。/ ??運転は私がしていいよ。

(운전은 내가 해도 돼.)

(30) (週末の出張に誰かが行かなければならないという状況で)(주말 출장을 누군가는 가야하는 상황에서)

私が行ってもいいよ。/ ??私が行っていいよ。 (내가 가도 돼.)

18. 「~かもしれない」「~にちがいない」형식– '가능성'과 '틀림없다'의 표현

'かもしれない'는 '~일지도 모른다.'의 뜻으로, 조사 'かも'에, 동사 '知れる'의 미연형 '知れ', 다시 'ない'형이 접속한 형태이다. 원래 'かも知らない'형태였는데, 옛날에 'かもしれない'형태로 잘 못 쓰이게 되었고, 이것이 대세를 얻으면서 그대로 굳어져, 'かもしれない'형태가 되었다는 설도 있다.

먼저, 이 'かもしれない'형식의 쓰임과 기본적인 의미를 살펴보기로 하자.

1) 「かもしれない」형식

'かもしれない'는 그럴지, 그렇지 않을지를 알 수 없는 사태내용에 대해서, 그렇게 될 '가능성'을 나타내는 형식이다. 회화체에서는 'かもしんない'라는 형태나, 생략한 형태인 'かも'로 쓰이기도 한다. 'かもしれない'는, 동사와 'い형용사'에는 종지형에 접속하고, 명사나 'な형용사'에는 '元気かもしれない'처럼 어간에 접속한다.

(1) あの建物は学校かもしれない。 (저 건물은 학교일지도 모른다.)

(2) 彼女は猫がきらいかもしれない。

(그녀는 고양이를 싫어할지도 모른다.)

(3) 気をつけて。まだ熱いかもしれないよ。

(조심해. 아직 뜨거울지도 몰라.)

(4) 教室に誰かいるかもしれません。

(교실에 누군가가 있을지도 모릅니다.)

(5) 明日の授業は休みになるかもしれません。

(내일 수업은 휴강이 될지도 모릅니다.)

(6) ひょっとすると、新幹線の時間に間に合わないかもしれない。

(혹시 잘 못하면, 신칸센 시간에 늦을지도 모르겠다.)

(7) 山田はきょうは来ないかも。 (야마다는 오늘 안 올지도.)

이들은 모두, 화자가 그 사태내용에 대해서, 확실하지는 않지만 그럴 것이다, 그럴 '가능성이 있다'는 것을 나타내고 있다. 보통, 알기 쉽게 말하면, 그 '가능성'이라는 것은 50%정도, 즉, 그럴 가능성

반, 그렇지 않을 가능성 반이라고 말할 수 있다. 그래서 이러한 의미를 기본적인 의미로 하는 'かもしれない'형식은, 같이 사용되는 부사가, 'もしかすると(したら)나 'ひょっとすると(したら)등과 같은, 사태내용이 일어날 가능성을 높지 않게, 낮게 나타내는 부사들인 경우가 많다.

(8) もしかすると、田中は図書館にいるかもしれない。
(혹시 다나카는 도서관에 있을 지도 모른다.)
(9) あの人はひょっとしたら田中の彼女かもしれないよ。
(저 사람은 혹시 다나카의 여자 친구일지도 모른다.)
(10) ひょっとすると飛行機の時間に間に合わないかもしれない。急ぎましょう。
(혹시 비행기 시간에 늦을지도 모르겠다. 서두릅시다.)

'가능성이 있다'를 나타내는 것이 기본적인 의미인 'かもしれない'는, 이와 비슷한 표현인 '可能性がある'와 바꾸어 사용할 수 있다. 주로 시사적인 사태내용의 경우에 '可能性がある'표현은 더 많이 쓰인다.

이 '가능성'이, 일반적으로 생각할 때 바람직하지 않는 사태내용인 경우에는, '可能性がある'대신에, '恐れがある'와 '~しかねない'의 형태가 주로 사용된다.

(11) シンガポールの会議にはトラップ米大統領も参加する かもしれない。/可能性がある。
(싱가포르 회의에는 트럼프 미국 대통령도 참가할지도 모른다./참가할 가능성이 있다.)

(12) 韓国の大統領選挙は4月になる可能性がある。

(한국대통령선거는 4월달이 될 가능성이 있다.)

(13) 今週の後半から大雨になる かもしれない。/恐れがある。

(이번 주 후반부터 많은 비가 올지도 모른다./비가 올 염려가 있다.)

(14) 金利をあげると、株価が下落する恐れがある。

(금리를 올리면, 주가가 하락할 염려가 있다.)

(15) あんなにお酒を飲んでは病気になりかねない。

(저렇게 술을 먹어서는 병에 걸릴지도 모른다./병에 걸릴 염려가 있다.)

2) 「~に違いない」형식

'にちがいない'의 접속은 앞의 'かもしれない'형태와 같아, 동사와 'い형용사'에는 종지형에 접속하고, 명사나 'な형용사'에는 '元気にちがいない'처럼 어간에 접속한다. 'にちがいない'형식은, 화자가 사태내용에 대해서 확실한 것은 모르지만, '틀림없이 그럴 것이다'고 화자 혼자 일방적으로 단정 짓는 의미를 나타내는 형식이다. 화자의 주관적인 생각에서, 일방적으로 단정 짓는 것이 기본적인 의미가 되기 때문에, 보통, 질문에 대한 답변표현으로서는 부자연스러운 경우가 많다. 또한, 화자의 주관적인 결론이기는 하지만, 사태의 내용에 대해서 확신에 가까운 판단을 하는 경우가 보통이므로, 같이 쓰이는 부사도, 높은 확신의 정도를 나타내는 'きっと' 'たぶん' 'おそらく'등이 자주 사용되며, 낮은 확신의 정도를 나타내는 'もしかすると'와 같은 표현과는 어울리지 않는다.

(16) かぎがない。どこかに落としたに違いない。

(열쇠가 없다. 틀림없이 어딘가에 떨어트렸다.)

(17) これはにせもののダイヤモンドに違いない。

(이것은 가짜 다이아몬드임에 틀림없다.)

(18) この事件の裏には何かがあるに違いありません。

(이 사건의 뒤에는 뭔가가 있음에 틀림없습니다.)

(19) A:山田先生は明日の学会にいらっしゃいますか。

(야마다선생님은 내일 학회에 오십니까?)

B:はい、??いらっしゃるに違いありません。/○いらっしゃると思います。/○いらっしゃるはずです。(예, 오실 겁니다.)

(20) このカメラはきっと高いに違いない。/??もしかすると高いに違いない。

(이 카메라는 틀림없이 비쌀 것 같다.)

'に違いない'는 사태의 내용에 대해서, 화자가 확신에 차서 내린 결론을 단정 짓는 것이 기본적인 의미이기 때문에, 화자 자신의 생각을 이미 정리해서 결론을 내리는 뉘앙스가 강하다고 할 수 있다. 따라서 'に違いない' 표현의 경우는 일반적으로 'の'가 들어간, 'のに違いない'의 형태로 사용하지는 않는다. 이는 '설명'의 의미기능을 하는 'の'의 의미와, 위에서 설명한 'にちがいない'의 기본적인 의미가 서로 중복되기 때문이라고 여겨진다.

(21) ??かぎを学校で落としたのに違いない。

→かぎを学校で落としたのかもしれない。

(열쇠를 학교에서 떨어트렸는지도 모르겠다.)

(17) ??これはにせもののダイヤのに違いない。

→これはにせもののダイヤなのかもしれない。

(이것은 가짜 다이어인지도 모르겠다.)

(22) ??田中さんが日本語を教えてくれるのに違いない。

→田中さんが日本語を教えてくれるのかもしれない。

(다나카씨가 일본어를 가르쳐 주는지도 모르겠다.)

19. 「のだ」「のです」형식- '설명'의 표현

다음 예문과 같은 쓰임의 'のだ'형식은, 어떤 의미를 나타내고 있을까?

(1) あなた、こんな時間に ??どこへ行く?/○どこへ行くの?

(당신, 이 시간에 어디 가?)

(2) 山田さん、こんな時間に ??どこへ行きますか。/○どこへ行くんですか。(야마다씨, 이 시간에 어디 가는 거예요?)

이 경우는 모두, 화자는, 주어('당신' '야마다씨')가 '어딘가를 가다'라는 사태내용을 모르는 상황이 아니다. 화자는 주어가 어딘가를 가는구나, 라는 사태내용을 이미 '기정'의 사실로 파악하고 있다고 말할 수 있다. 주어에게 질문하는 화자의 초점은, 다시 말하면, 화자가 가장 궁금해서 상대방에게 질문하여 그것을 해소하고 싶은 초점은, 주어가 '가느냐?/안 가느냐?'에 있는 것이 아니라, '어디'에 가느냐는 것이다. '가느냐, 안 가느냐'가 질문의 초점이 아닌 것은, 문장에 '이런 시간에'라는 표현이 있는 것만 봐도 충분히 알 수 있다. 이런 경우의 질문은 상대방에게 보통 사태내용에 대한 '설명'을 요구하는 의미가 된다.

이러한 것은 질문문이 아닌 경우에도 마찬가지다. 다음의 예문에서는, 고속도로가 막힌 것에 대해, 단순하게 그 사실을 말하는 표현(事故があった) 은 부자연스러워진다. 고속도로가 막힌 것에 대한 나름대로의 '설명'(事故があったのだ) 이 필요한 것이다.

(3) 高速道路が大変込んでいる。きっと事故が ??あった。/あったんだ。
(고속도로가 매우 혼잡하다. 틀림없이 사고가 난 것이다.)

다음의 예문도 같은 해석이 가능해서, 개가 짖은 사실만을 나타내어서는 그 이유(수상한 사람이 왔다 갔다 했다) 를 말하더라도 부자연스럽다. 'のだ'형태를 사용해서 그 이유를 '설명'해 줄 필요가 있는 것이다.

(4) 変な男がうろうろしていた。だから、犬が ??ほえた。/ほえたんだ。
(수상한 남자가 왔다 갔다 하고 있었다. 그래서 개가 짖은 것이다.)

이렇게, ‘のだ’형식은, 문장에서 그 앞의 사태내용을 기정사실로 하고 그것을 ‘설명’하는 기능을 한다. 정확하게 말하면, ‘の’가 그 설명의 중심적인 역할을 하고 ‘だ’는 화자의 단정의 판단을 더하는 역할을 한다고 말할 수 있다.

(5) ??用事があるんですから早めに帰ってもいいですか。

위의 예문의 경우는, 화자는 ‘빨리 집에 가도 되는가’의 허락을 구하면서 상대방에게 ‘볼일이 있어서’라고 ‘설명’을 하고 있다. 얼핏 생각하면 문제가 없는 것 같이 보이지만, 문제는, 상대방, 즉 듣는 사람에게는 화자의 ‘볼일이 있다’라는 사태내용에 대하여 아무런 정보가 없었다는 점이다. 상대방에게는 아무런 정보가 없는 상황에서 화자가 일방적으로 ‘설명’을 하게 되면, 당돌하고 불쾌한 표현이 되기 쉬운 것이다. 이 표현은 아래와 같이, ‘볼일이 있다’라는 내용을 기정사실이 아닌, 새로운 정보로서 상대방에게 제시하는 표현이 되어야 한다.

(6) 用事がありますから、早めに帰ってもいいですか。
(볼일이 있어서요, 빨리 집에 가도 될까요?)

아래의 예문의 경우에도 모두, 화자는 그 사태내용에 대하여, ‘のだ’형식을 사용하여 ‘설명’하는 것이 필요한 상황이라고 말할 수 있다.

(7) A:これ、日本のお土産です。
B:そうですか。日本に ??行きましたね。/○行ったんですね。

A:이거, 일본 선물입니다.

B:그래요? 일본에 갔다 온 거예요?

(8) (先生)　学年代表のみなさん、きょうは9時のラピートに乗るからみんなに伝えてください。あさ9時のラピートに乗る<u>んだ</u>から、急ぎましょうね。

(선생님) 학년 대표 여러분, 오늘은 9시 라피트를 타니까 모두에게 전달해 주세요. 아침9시 라피트를 타는 것이니 서두릅시다.)

위의 예문(8)의 경우는, 선생님이 학생대표에게 9시에 라피트 열차를 탈 것임을 알린 다음, 아침9시의 이른 시간에 열차를 타는 사실을 한 번 더 강조하며 '설명'하는 상황이다. 처음에 새로운 정보로서 말할 때는 '설명'하지 않아도 되지만, 두 번째로 한 번 더 강조하여 말하는 경우는 '설명'의 형식이 있어야 자연스러운 표현이 된다.

또, 이 'のだ'형식은, 다른 사람의 감각이나 감정을 나타내는 경우에도 사용할 수 있다. 다른 사람의 감정 등을 화자가 기정사실로 생각하고 화자 나름대로 거기에 '설명'을 더하는 쓰임이 되기 때문이다.

(9) 母は隣りの奥さんがうらやましいのだ。

(엄마는 옆집 아주머니가 부러운 것이다.)

한편, 'のだ'가 화자자신의 의지적인 동작에 쓰이게 되면, 이미 자신이 결정한 사태내용에 대한 '스스로의 의지를 설명'하는 용법이 된다. 이미 결정한 사태내용의 실현에 대한 의지를 설명하는 것이므

로, 화자가 그 자리에서 결정한 의지인 경우에는 사용할 수 없다.

(10) A:どこへ行くの? (어디에 가니?)

B:もう、帰るんです。 (이제 집에 가는 거예요.)

(11) 今年こそ能力試験1級を取ってやるんだ。

(올해야말로 능력시험1급을 따줘야지!)

(12) ??じゃ、能力試験 1 級を取ってやるんだ。

(그럼, 능력시험1급을 따줘야지!)

'のだ'가, 주로 'するんだ'의 형태로, 상대방에게 직접 사태내용의 행동을 할 것을 지시하는, '명령'의 의미로 사용되는 경우가 있다. 이 경우도, '설명'을 하는 'のだ'의 기본적인 의미가 바탕에 있어서, 명령의 형태가 이어지는 경우, 명령의 의미의 'するんだ'형태는 첫 번째의 명령표현으로 사용할 수 없고, 두 번째의 표현으로 사용된다. 'するんだ'형태를 사용한 '명령'의 표현은, 당연한 말이지만, 그럴만한 지위의 사람이, 그럴만한 상황에서 사용되는 표현으로, 일반 사람들이 일상생활에서 흔히 사용하는 표현이라고는 할 수 없다.

(13) さあ、何をぐずぐずしている。早く外へ出るんだ。

(자, 뭘 꾸물꾸물하고 있어. 빨리 밖으로 나와.)

(14) 全員座れ！座るんだ！ (전원 앉아. 앉으라니까!)

(15) ??全員座るんだ！座れ！(?? 전원 앉으라니까. 앉아!)

(16) 警察だ。急げ。急ぐんだ！ (경찰이다. 서둘러, 서두르라니까!)

(17) 警察だ。お前たちの逃げ道はない。投降しろ。投降するんだ!

(경찰이다. 너희들이 빠져나갈 방법은 없다. 투항하라. 투항하라!)

이 'するんだ'의 부정표현이 'するんじゃない(するのではない)형태가 된다.

(18) 教室で野球をするんじゃない。(교실에서 야구를 하는 거 아니다.)

(19) 教室で騒ぐんじゃない。(교실에서 떠들지 마라.)

(20) 教室で酒を飲むんじゃない。(교실에서 술을 마시면 안 된다.)

제3부

일본어 조건표현과 경어문법의 세계

교토, 헤이안신궁 '鳥居(とりい)(토리이)(사진: 전수현)

제7장 ┃ 일본어 조건표현의 세계

한국어의 조건표현은, '네가 가면 나도 간다.'처럼, '~(으) 면'의 형태 하나뿐이지만, 일본어 조건표현을 나타내는 형태에는 'と' 'なら' 'たら' 'ば'등 모두 4종류가 있다. 이 4종류의 형태는 서로 다르게 쓰이기도 하고, 또 같이 쓰이는 경우도 있어, 일본어학습자를 힘들게 한다. 이 책에서는, 4종류의 조건형식들의 가장 전형적인 쓰임을 중심으로 살펴보기로 한다. 우선, 4종류의 형식의 기본적인 의미를 아래에 정리해 둔다.

① 「と」는 보통, [X이면(X일 때), 보통(항상) Y가 된다]는 의미를 기본으로 한다. 흔히 있는 일이 아니더라도, [틀림없이 Y가 된다] 는 상황에서도 사용 가능하다.

② 「たら」는, [X가 끝났을 때, X가 되었을 때, X인 것을 알았을 때, Y를 한다]는 것이 기본적인 의미이며, 따라서 X와 Y의 시간적인 순서가 자연스럽게 나타난다. 또한 「たら」의 경우는, 다른 조건형식과는 달리, 문장 끝의 의미에 제한이 없어, [권유, 의지, 희망, 요구, 의뢰]등의 의미도 자유롭게 쓰인다.

③「ば」는, X와 Y, 두 개의 조건이 아직 결정되지 않았거나, 하나의 조건만 말하는 경우에도, 보통 나머지 한 개의 의미가 내포된 경우가 많다.「ば」는 문장 끝에 [권유, 의지, 희망, 요구, 의뢰] 등의 의미는 올 수가 없어, 그 쓰임이 제한적이다.

④「なら」는, X의 조건이 이미 정해진 경우, 주로 쓰이는 것이 특징이다. 따라서 앞의 상황이나 화제를 받아서 그것을 조건으로 말하는 경우에 자주 쓰인다.

1.「と」형식

1)「と」형식의 접속

'と'은 다음 표와 같이, 명사의 'だ'형, 모든 용언의 사전형(기본형)에 접속한다. 그리고 정중한 의미의 조동사 'です'와 'ます'에도 접속한다.

〈표〉 'と'형식의 접속

	구분	예시	접속방법
~と	동사(조동사)	帰ると、食べないと、 行きますと、秋ですと	기본형+と
	い형용사	暑いと、高いと、 おいしくないと	
	명사	日本人だと、彼だと、 子どもだと	
	な형용사	元気だと、静かだと、 きれいだと	

2)「と」형식의 기본적인 쓰임

'と'는 우선 '가정'의 조건에서는 기본적으로 사용하기 어렵다.

(1) ??もし、明日雨が降ると、家にいよう。

(만약 내일 비가 오면 집에 있자.)

(2) ??もし、10万円があると、何が買いたい?

(만약 10만엔 있으면 뭐 사고 싶어?)

(3) ??もし、A大学に合格するといいなあ。

(만약 A대학에 합격하면 좋을 텐데.)

'と'는 앞문장의 조건이 성립하면 뒷문장의 조건이 보통, 일반적으로, 자연스럽게 성립하는 경우에 주로 사용된다. 따라서 자연현상, 변하지 않는 원리, 필연적인 결과, 기계를 사용할 때, 길 안내, 숫자 계산 등에 자주 쓰인다.

(4) 春になると花が咲きます。 (봄이 되면 꽃이 핍니다.)

(5) 水は0度になると凍ります。 (물은 0도가 되면 얼니다.)

(6) 3に3を足すと6になる。 (3에 3을 더하면 6이 된다.)

(7) 両替機に1000円札を入れるとコインが出ます。

(동전교환기에 1000엔 지폐을 넣으면 동전이 나옵니다.)

(8) あそこのコンビニを右に曲がると駅が見えます。

(저기 편의점을 오른 쪽으로 돌아가면 역이 보입니다.)

(9) 成績が悪いといい大学に入れません。

(성적이 나쁘면 좋은 대학에 들어갈 수 없습니다.)

(10) まわりが静かだとよく勉強できます。

(주위가 조용하면 공부가 잘 됩니다.)

또, 일회적이거나, 개별적인 일이지만, 보통 반드시 그렇게 되는 것으로 정해져 있는 일이나, 반복적, 습관적으로 그 일이 계속되는 경우, 앞문장의 동작에 이어 뒷문장의 동작이 바로 이어지는 경우에도 'と'를 사용할 수 있다.

그리고 'と'형식은 앞문장의 동작을 한 결과, 뒷문장의 내용을 '발견했다'의 의미로 사용되기도 한다. 동작이 바로 이어지는 용법의 경우나, '발견'의 의미인 경우, 한국어 표현으로는 '~(으) 면'이 아니라, 보통, '~자', '~했더니'의 표현이 된다.

(11) 4年生は来年の2月になると、卒業します。

(4학년은 내년 2월이 되면 졸업합니다.)

(12) 田中さんは来年の 2 月になると結婚します。

(다나카씨는 내년2월이 되면 결혼합니다.)

(13) 天気がいいといつも歩いて出勤します。

(날씨가 좋으면 항상 걸어서 출근합니다.)

(14) 私はお酒を飲みますといつも顔が赤くなります。

(저는 술을 마시면 항상 얼굴이 빨개집니다.)

(15) 私は朝起きるとすぐうがいをします。

(저는 아침에 일어나면, 바로 입을 물로 헹굽니다.)

(16) 父はテレビをつけると、すぐソファーに座った。

(아버지는 TV를 켜자 바로 소파에 앉았다.)

(17) ホテルの窓を開けると、ディズニーランドが見えた。

(호텔의 창문을 열자, 디즈니랜드가 보였다.)

(18) 学校に行くと、姉妹学校の日本人の学生たちが来ていた。

(학교에 도착했더니, 자매학교의 일본인 학생들이 와 있었다.)

'と'형식이 쓰이는 조건표현은, 위의 예문과 같이, 앞문장의 조건인 경우는, 항상 뒷문장과 같이 된다는 의미를 나타내는 것이 기본적인 의미이므로, 뒤의 문장에는 일반적으로 '희망, 의지, 요구, 허가, 명령'등의 표현이 올 수 없다. 이 경우는, 다음에 그 쓰임을 살펴볼 'たら'나 'なら'형식을 사용하면 된다.

(19) ??近いと歩きましょう。(가까우면 걸읍시다.)

(20) ??駅に着くと電話ください。(역에 도착하면 전화하세요.)

(21) ??きらいだと食べなくてもいいよ。(싫어하면 안 먹어도 돼.)

(22) ??京都の清水寺へ行くとバスが便利です。

(교토 키요미즈데라에 간다면 버스가 편리합니다.)

2. 「なら」형식

1) 「なら」형식의 접속

'なら'는 동사와 'い형용사'의 기본형에, 'な형용사'는 어간에 접속한다. 명사에는 그대로 접속하지만, 'と'와 다르게, 조동사 'です' 'ま

す'에는 접속하지 않는다.

〈표〉 'なら'형식의 접속

	구분	예시	접속방법
~なら	동사(조동사)	帰るなら、食べないなら、	기본형+なら
	い형용사	暑いなら、高いなら、おいしくないなら	
	명사	日本人なら、彼なら、子どもなら	명사+なら
	な형용사	元気なら、静かなら、きれいなら	어간+なら

2) 「なら」형식의 기본적인 쓰임

'なら'는, 주로 상대방의 표현을 듣고, 그것을 조건으로 하여 표현할 때 자주 사용되는 형식이다. 바꾸어 말하면, 'なら'는 조건이 이미 정해진(상대방의 말 등으로) 경우에 주로 사용된다. 상대방이 말한 내용을 받아서 그것을 조건으로 표현하는 경우의 'なら'는, 조건의 선택지가 없으므로, '확정'조건의 형식이라고 말할 수 있다. 이러한 쓰임은 'と' 'たら' 'ば'등 나머지 다른 조건표현의 형식에서는 볼 수 없는 용법이다. 그러나 앞문장의 조건이 '미완료'의 상황이기 때문에, 또 '가정'의 조건표현이라고도 볼 수 있다. 그래서 상대방에게 화자의 의견을 제시하거나, 아직 실현되지 않은 일을 가정할 때도 쓰인다.

(23) A:来週、大阪と京都へ行くんですが、どこがいいですか。
B:京都なら、宇治にある平等院がいいですよ。ちょっと遠いですけどね。
A:다음 주에, 오사카와 교토에 갑니다만, 어디가 좋아요?

B:교토에 간다면, 우지에 있는 '뵤도인'이 좋아요. 조금 멀지만요.

(24) A:次は美術館に行かない?ここから近いよ。

(다음은 미술관에 안 갈래? 여기서 가까워.)

B: 近いなら、/??近いですなら、 歩いていきましょう。

(가까우면, 걸어서 갑시다.)

(25) A:今度の土曜日、日本に行きます。

(이번 토요일, 일본에 갑니다.)

B:そう? 日本に行くなら、チョコレート買ってきて。

(그래? 일본에 가면 초콜릿 사와.)

(26) お金に余裕があるなら、旅行に行きたいね。

(돈에 여유가 있으면 여행을 가고 싶어.)

(27) この本を 読むなら、/??読みますなら、 貸してあげてもいいよ。

(이 책을 읽는다면, 빌려줘도 돼.)

(28) 中学生ならラーメンぐらいは作れるはずです。

(중학생이면 라면정도는 끓일 수 있을 겁니다.)

(29) 仙台駅から東北大学へ行くなら地下鉄のほうが便利です。

(센다이 역에서 도호쿠대학을 간다면 지하철이 편리합니다.)

'なら'형식은, 회화체에서는 '~(ん) だったら'의 형태로 쓰이는 경우가 많다. 회화체에서 자주 쓰이는 이 형태는 'なら'보다는 조금 막된 표현으로, 허물없는 사이인 경우에 사용하는 것이 좋다.

(30) この本を読むんだったら、貸してあげるよ。

(이 책을 읽는다면, 빌려 줄게.)

(31) 中学生だったら、ラーメンぐらいは作れるよ。

(중학생이면 라면정도는 끓일 수 있을 거야.)

(32) 仙台駅から東北大学へ行くんだったら、地下鉄のほうが便利だと思うよ。

(센다이 역에서 도호쿠대학을 간다면 지하철이 편리할거야.)

3. 「たら」형식

1) 「たら」형식의 접속

'たら'는 용언과 체언의 과거 형태에 접속한다. 동사의 'た'형, 'い형용사'의 'かった'형, 명사와 'な형용사'의 'だった'형에 가정형 활용인 'ら'가 더해진 꼴이다.

〈표〉 'たら'형식의 접속

	구분	예시	접속방법
~たら	동사 (조동사)	帰ったら、読んだら、 話したら、 食べたら、食べなかったら、 食べたかったら 行きましたら、秋でしたら	과거형＋ら
	い형용사	暑かったら、高かったら、 忙しかったら おいしくなかったら	
	명사	日本人だったら、彼だったら、 子どもだったら、これだったら	
	な형용사	元気だったら、静かだったら、 きれいだったら、きれいでなかったら	

2) 「たら」형식의 기본적인 쓰임

'たら'는, '~た+ら'즉, 일본어의 과거, 완료의 의미를 담당하는 조동사 'た'의 '가정형'이다. 따라서 기본적으로, 앞으로 앞문장의 동작이나 행위가 끝났을 때, 그것을 조건으로, 뒷문장이 내용이 일어난다는 표현에서 주로 사용된다.

일반적으로 앞문장의 내용이 확정이 되면, 그 후에 뒷문장의 내용이 일어나는 '확정 후, 귀결'의 의미로 쓰이는 경우가 많으므로, 여기에는 당연하게 시간적인 '전, 후 관계'가 드러나거나, 일회적이며 특정적인 조건의 경우가 많다.

또 'たら'형식의 가장 큰 특징은, 'と'나 'ば'의 조건 형식과는 다르게, 뒷문장의 의미에 특별한 제한이 없다는 점이다. '요구' '희망/의지' '허가' '명령'등의 표현에도 쓰일 수 있어, 4개의 조건형식 중, 가장 폭 넓은 쓰임을 가지고 있다고 말할 수 있다.

(33) 明日雨が降ったら、運動会は中止します。

(내일 비가 오면 운동회는 중지하겠습니다.)

(34) 駅に着いたら、電話ください。 (역에 도착하면 전화하세요.)

(35) 暑かったら、クーラーをつけてください。

(더우면 에어컨을 켜세요.)

(36) 寒いところだったら、私は行きません。

(추운 곳이라면 저는 안 가겠습니다.)

(37) 暑いから夜になったら、散歩に行こう。

(더우니까 밤이 되면 산책 가자.)

(38) ひまだったら、遊びに来ない? (한가하면 놀러 안 올래?)

(39) 授業が終わったら、映画を見に行きたいですね。

(수업이 끝나면, 영화를 보러 가고 싶네요.)

(40) 時間があったら、私も見に行きたいね。

(시간이 있다면, 나도 보러 가고 싶어.)

(41) ゼロコーラがなかったら、どうしますか。

(제로 콜라가 없으면 어떻게 하죠?)

이렇게 보면, 'たら'는, 앞으로 일어날 수 있는 앞문장의 사태내용에 대해서, 그것이 그렇게 되었을 때, 어떻게 할 것인가를 나타내는 것을 '기본적인 의미'로 하는 조건표현이라고 말할 수 있다. 이는 'たら'가 '과거와 완료의「た」+ら'인 것과 무관하지 않다고 생각한다.

'たら'는 앞에서 살펴본 'と'와 마찬가지로, 발견이나 의외의 사건임을 나타내는 표현에도 쓰인다. 이 경우 한국어로는 '~했더니'표현이 된다.

(42) 待ち合わせの駅前に行ったら、誰もいなかった。

(약속장소인 역 앞에 갔더니, 아무도 없었다.)

(43) ホテルの窓を開けたら、サッカー場が見えた。

(호텔 창문을 열었더니, 축구장이 보였다.)

'たら'가, 앞으로 일어날 수 있는 앞문장의 사태내용에 대해서, 그것이 그렇게 되었을 때, 어떻게 할 것인가를 나타내는 것을 '기본적인 의미'로 하는 조건표현인 것에서 생각하면 당연한 것이지만, 시간적인 전후관계가 분명하지 않거나 그 시간적인 순서가 어긋나는 경우의 조건표현에는, 폭 넓은 쓰임의 이 'たら'형식도 그대로의 형태로는 사용할 수 없다.(1)

(44) ×関空から直接京都へ行ったら、「はるか」が便利です。

(간사이공항에서 바로 교토에 간다면 '하루카'가 편리합니다.)

→関空から直接京都へ行くなら、「はるか」が便利です。

(45) ×このキャリア使ったら、貸してあげるよ。

(이 캐리어 사용한다면 빌려줄게.)

→このキャリア使うなら、貸してあげるよ。

(46) ×旅行に行ったら、キャリアを買わないと(いけない)。

(여행을 간다면 캐리어를 사야 해.)

→旅行に行くなら、キャリアを買わないと。

4. 「ば」형식

1) 「ば」형식의 접속

'ば'는 일본어 조건표현의 형식 4개중, 그 접속의 형태가 가장 다양한 형식이다. 'ば'는 동사의 경우는, 5단 활용 동사, 1단 활용 동사,

---

(1) 허물없는 사이에서 주로 사용하는 회화체 '~んだったら' 의 형태라면 사용할 수 있다.

변격활용동사 모두, 동사 끝을 'え단'으로 바꾼 다음, 'ば'를 접속한다. 'い형용사'와, い형용사처럼 활용하는 일부의 조동사 'ない' 'たい'등은, 모두 어미 'い'를 'けれ'형태로 바꾼 다음 'ば'를 접속한다. 즉, 어미 'い'가 'ければ'형태가 되는 것이다. 'な형용사'는 기본형의 어미 'だ'를 'なら'형태로 바꾼 다음 'ば'를 접속한다. 명사의 경우도 이와 같다고 생각하면 된다. 즉, 명사에 'ば'가 접속할 때는 그대로 접속하지는 않고, 'なら'형태의 도움이 필요해서 결국 '명사+ならば'의 형태가 된다.

〈표〉 'ば'형식의 접속

	구분	예시	접속방법
~ば	동사	買えば、書けば、話せば、立てば、呼べば、読めば、帰れば、入れば、 来れば、すれば、 見れば、食べれば、教えれば、晴れれば	동사의 어미를 え단+ば
~ば	い형용사、 조동사 ない、たい	暑ければ、高ければ、おいしければ、 暑くなければ、おいしくなければ、 食べなければ、行きたければ、	い→ ければ
~ば	명사	日本人ならば、彼ならば、子どもならば	명사+ ならば
~ば	な형용사	元気ならば、静かならば、きれいならば	어간+ ならば

1단 동사의 'ば'형식의 접속에서, 가령 '見る'는 어미가 'る'이므로, 이것을 'え단'으로 바꾸면 '見れば'가 되고, '晴れる'(맑게 개다)는 '晴れ+れ+ば'가 되므로 '晴れれば'형태가 되는 것이다. 마찬가

지로, 동사 '来る'도 '来(く) れば'가 되지만, 가능동사 '来(こ) れる'(올 수 있다) 를 '올 수 있으면'의 조건표현으로 할 경우, 'これ＋れ＋ば'가 되어 '来(こ) れれば'(올 수 있으면)의 형태가 된다.

2) 「ば」 형식의 기본적인 쓰임

'ば'는 보통, 일어날 수 있는 조건 두 가지를 생각할 수 있는 상황(역의 경우도 생각할 수 있는 상황) 이고, 어느 쪽의 상황이 일어날지는 모르지만 그 한 쪽을 조건으로 나타내는 표현에 주로 쓰인다. 즉, 다음과 같은 상황에서의 쓰임이 전형적인 용법이다.

(47) 「運動会がある」(운동회가 있다)

①雨が降る。 →雨が降れば、運動会は来週に順延です。

(비가 온다. →비가 오면, 운동회는 다음 주로 순연됩니다.)

②雨が降らない。→雨が降らなければ、予定通り行われます。

(비가 오지 않는다. →비가 오지 않으면 예정대로 진행됩니다.)

다시 말하면, 「雨が降れば、運動会は来週に順延です」라는 조건표현은, 동시에 말하지 않더라도, 보통 그 역인 「雨が降らなければ、予定通り行われます」의 조건까지도 생각하면서, 만약 어느 한 쪽이라면, 이라는 '가정'의 조건표현을 나타내는 것이다.

그러나 실제로는 이 'ば'형식을 사용한 조건표현은, 'と'등, 다른 조건형식과 중복되어 쓰이는 경우도 많다. 일상생활에서는 중복되어 쓰이더라도 역시, 각 형식의 '기본적인 의미'에 근거한 뉘앙스의 차이는 분명히 존재한다고 생각된다.

'ば'형식도, 일상생활에서 일반적으로, 당연한 규칙이나 자연현상, 일반적인 법칙, 속담 등을 나타낼 때도 쓰인다.

(48) A:週末は何をしますか。 (주말에 무엇을 합니까?)

B:天気がよければ山へ行くつもりです。(天気がよくなければ、~するつもりです。)

(날씨가 좋으면 산에 갈 생각입니다. (날씨가 좋지 않으면 ~를 할 생각입니다.)

(49) A:大学の旅行に参加しますか。 (학교 여행에 참가합니까?)

B:忙しいので、近いところならば行きます。(遠いところならば行きません。)

(바빠서, 가까운 곳이라면 갑니다.(먼 곳이라면 안 갑니다.)

(50) 卒業試験に受かれば、卒業できます。(卒業試験に受からなければ、卒業できません。)

(졸업시험에 합격하면 졸업할 수 있습니다.(졸업시험에 붙지 않으면, 졸업할 수 없습니다.)

(51) 高ければ、私は買わないよ。(安ければ買う。)

(비싸면 나는 안살거야.(싸면 살 거야.)

(52) ひなちゃんが行けば、私も行くよ。(ひなちゃんが行かなければ、私も行かない。)

(히나가 가면 나도 갈 거야.(히나가 안 가면, 나도 안 가.)

(53) 3に3を足せば6になる。 (3에 3을 더하면 6이 된다.)

(54) 春になれば花が咲く。 (봄이 되면 꽃이 핀다.)

(55) ちりも積もれば山となる。 (티끌모아 태산)

(56) 住めば都(みやこ) 。 (정들면 고향)

조건형식 'ば'는 'と'형식과 마찬가지로, 뒷문장의 의미에 제한이 많아, 기본적으로 사실을 나타내는 조건문에 사용할 수 없으며, '의지, 희망, 권유, 요구, 명령'등의 의미가 '강한' 표현은 뒤의 문장에 올 수 없다.

(57) ??薬を飲めば、熱が下がった。 (약을 먹었더니, 열이 내렸다.)

(58) ??春になれば、山へ行きましょう。 (봄이 되면, 산에 갑시다,)

(59) ??駅に着けば、電話ください。(역에 도착하면 전화하세요.)

(60) ??京都に行けば、「はるか」が便利です。

(교토에 간다면, '하루카'가 편리합니다.)

(61) ??明日の昼来れば、あのレストランでランチが食べたい。

(내일 점심때 오면, 저 레스토랑에서 런치를 먹고 싶다.)

그러나 다음의 예처럼, '조건'표현이라기보다, 상태성을 나타내는 'い형용사'나, 동사의 동작성, 의지성이 아주 약해 상태성이 강한 경우 등은 'ば'형식이 쓰이기도 하고, 뒤에 허가, 요구 등의 표현도 올 수 있다.

(62) じゃ、歯を抜きますね。痛ければ、手をあげて教えてください。

(그럼, 이를 뽑겠습니다. 아프면, 손을 들어 알려 주세요.)

(63) 熱がなければ、お風呂に入ってもいいです。

(열이 없으면, 목욕을 해도 됩니다.)

(64) 質問があれば、いつでも聞いてください。

(질문이 있으면, 언제라도 물어 주세요.)

(65) 明日になれば、雨は止むと思います。

(내일이 되면, 비는 그칠 것 같습니다.)

(66) 今日が終われば、三連休だ。(오늘이 끝나면, 3연휴다.)

(67) 分からなければ、説明書を読んでください。

(모르면 설명서를 읽어 주세요.)

다음은 조건형식 'ば'의 관용적인 쓰임이다.

(68) 値段は安ければ安いほどいいです。

(가격은 싸면 쌀수록 좋습니다.)

(69) この歌は聞けば聞くほど好きになります。

(이 노래는 들으면 들을수록 좋아집니다.)

(70) サッカーがすきな人もいれば、野球がすきな人もいます。

(축구를 좋아하는 사람도 있는가 하면, 야구를 좋아하는 사람도 있습니다.)

(71) ロンドンは古い建物もあれば、新しいビルもあります。

(런던은 오래된 건물도 있는가 하면, 새로운 빌딩도 있습니다.)

(72) 時間さえあれば、旅行に行きます。

(시간만 있으면 여행을 갑니다.)

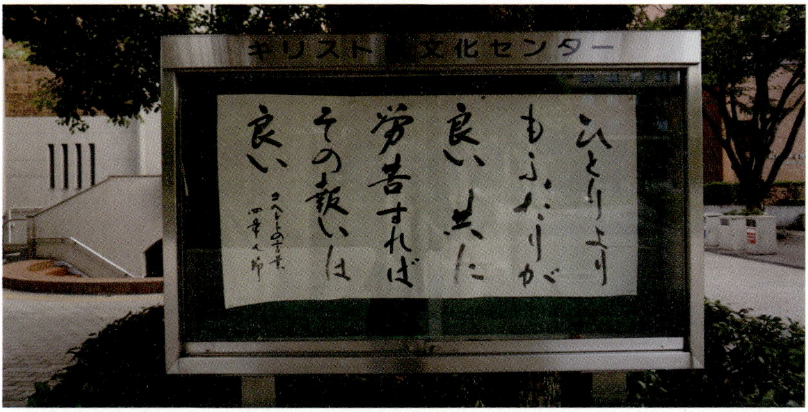

'ひとりより ふたりが良い 共に労苦すれば その報いは良い'
(혼자보다 둘이 좋다 같이 노력하고 고생하면 그 보상은 좋다)
(교토 同志社大学에서. 사진: 전성엽)

5.「と」「ば」「たら」「なら」의 쓰임의 정리와 차이

여기서, 일본어 조건형식 4종류의 쓰임을 간단하게 정리하고, 이들의 쓰임의 차이에 대해서도 조금 더 알아보기로 하자.

1)「と」「ば」「たら」「なら」의 쓰임의 정리

4종류의 조건표현 형식들의 기본적인 쓰임을 다시 간단하게 정리하면, 다음과 같이 정리할 수 있을 것이다.

① 'と'는, 자연현상, 기계조작, 발견, 반복적인 습관 등의 용법으로 주로 쓰이며, 앞문장의 조건이 성립하면, 항상, 자연적으로 뒷문장

의 내용이 발생한다는 것이 기본적인 의미라고 할 수 있다. ‘と’는 일반적으로, 뒤에 의지, 희망, 요구, 명령 등의 표현이 오기 어려우며, 뒷문장의 동사도 ‘なる’ ‘いる’ ‘ある’ ‘ている(상태의 의미) ‘咲く’ ‘見える’ ‘出る’ 등과 같은 자동사가 대부분이다. 그래서 ‘と’의 경우는 가정조건이라기보다, 뒷문장의 내용이 일어난 계기를 앞 문장에 나타내는 경우가 많다.

② ‘たら’는 뒤의 문장에 올 수 있는 표현의 제약이 가장 적은 형식이다. 그래서 ‘가정’의 조건이나, ‘확정’의 조건표현 등에 모두 사용가능하지만, ‘と’에 비해 ‘たら’는 기본적으로, 일회적인 일, 개별적인 내용의 조건표현에 자주 사용된다.

③ ‘ば’는 보통, ‘역’의 의미까지 생각할 수 있는 조건표현에 쓰이는 경우가 많으며, 시간의 전후관계를 생각하지 않는 단순한 가정표현에도 주로 쓰인다. 보통 뒤의 표현에 의지, 희망, 요구, 명령 등이 오기 어렵지만, 앞 문장에 상태성이 강한 표현이 오면 가능하다.

④ ‘なら’형식은, 앞 문장에 상태성이 강한 표현이 오면, 나머지 3종류의 조건형식과 그 쓰임에 큰 차이는 없다고 할 수 있다. 그러나 ‘なら’의 기본적인 쓰임은, 상대방이 말한 내용을 미완료의 ‘가정’의 조건으로 하여 표현하는 것이다. 따라서 인위적인 가정의 표현에 쓰이는 경우가 많다.

2)「と」「ば」「たら」「なら」의 쓰임의 차이

보통, 다음과 같이, 뒤의 문장에 ‘의지, 희망, 권유, 허가, 명령, 요

구'등의 표현이 올 때, 앞문장의 조건 형식은 'たら'만 가능하다. 그러나 동작성의 동사이더라도, 뒤의 동사가 'わかる'와 같은 무의지동사이면 'ば'도 가능하다.

(73) 2、3分 ○立ったら/×立てば ふたを開けて水を足したほうがいいです。
(2,3분 지나면 뚜껑을 열고 물을 더하는 것이 좋습니다.)
(74) 明日 ○来たら/×来れば きみの部屋に寄りたい。
(내일 오면 너의 방에 들리고 싶다.)
(75) この本を ○読んだら/○読めば、分かります。
(이 책을 읽으면 알 수 있습니다.)

그러나 다음과 같이 앞 문장에, 상태성 술어('ある' 'いる' '가능동사' 'い형용사'등)가 오면, 뒤의 문장에 '의지, 희망, 권유, 허가, 명령, 요구'등의 표현도 가능하고, 또 뒤의 문장이 일반적으로 좋은 결과이면 'ば'와 'たら'형식 둘 다 사용할 수 있다. 만약 뒤의 문장이 좋지 않은 결과인 경우는 'ば'는 쓰지 못하고 주로 'たら'를 쓴다.('と'를 쓰기도 한다.)

(62) 痛ければ、手をあげて教えてください。
(아프면, 손을 들어 알려 주세요.)
(76) ○時間があれば/○時間があったら、手伝いなさい。
(시간이 있으면 도와라.)

(77) トラックの運転ができれば、手伝ってください。

(트럭 운전이 가능하면, 도와주세요.)

(78) この薬を ○飲めば/○飲んだら 直ると思います。

(이 약을 먹으면 나을 거라고 생각합니다.)

(79) この薬を ×飲めば/○飲んだら 体によくないと思います。

(이 약을 먹으면, 몸에 좋지 않다고 생각합니다.)

(80) 人道を ○歩けば/○歩いたら 安心です。

(인도를 걸으면 안심입니다.)

(81) 車道を ×歩けば/○歩いたら 危険です。

(차도를 걸으면 위험합니다.)

또, 앞문장과 뒷문장의 조건 관계가, '법률적인 관계' '습관' '일반적인 인과관계'등인 경우에는 보통 'と'와 'ば'형식이 사용되고, 'たら'형식은 쓰이지 않는다.

'と'형식도 보통 의지표현과 같이 쓸 수 없으나, '습관'인 경우는 '의지'가 약해진 것이므로, 사용할 수 있다.

(82) 誰でも二十歳に ○なると/○なれば/×なったら 自由に結婚できる。

(누구라도 스무 살이 되면, 자유로이 결혼할 수 있다.)

(83) 私はお酒を ○飲むと/○飲めば/×飲んだら 気分がよくなる。

(나는 술을 마시면, 기분이 좋아진다.)

(84) 体温が ○上がると/○上がれば/×上がったら 汗が出る。

(체온이 오르면, 땀이 난다.)

(85) 私はお中がすくと、いつもお茶漬けを食べます。

(나는 배가 고프면 항상 '오챠즈케'를 먹습니다.)

3) 「と」「ば」「たら」「なら」와 「ても(でも)」형식

앞에서 살펴본 조건의 형식들은 보통, '앞 문장'의 내용이 발생하면, 그것을 조건으로 하여 '뒷 문장'의 내용도 일어난다는 의미의 표현이라고 할 수 있다. 그러나 앞의 내용이 발생해도, 조건이나 가정, 기대와는 다르게, 뒤의 문장의 내용이 일어나지 않는 경우가 있다. 이 때 사용하는 형식 중에 하나가 'ても'이다.

이 'ても'형식의 쓰임은 다음과 같으며, 조건의 4종류의 형식에 모두 대응하여 쓰일 수 있다.

(86) 普通、午後5時になると、授業が終わります。

(보통 5시가 되면, 수업이 끝납니다.)

きょうは、5時になっても、授業が終わりません。

(오늘은 5시가 되어도, 수업이 끝나지 않습니다.)

(87) 普通4月になると、桜が咲きます。

(보통 4월이 되면, 벚꽃이 핍니다.)

今年は4月になっても、桜が咲きません。

(올해는 4월이 되어도, 벚꽃이 피지 않습니다.)

(88) 値段が高ければ、買いません。

(가격이 비싸면, 사지 않겠습니다.)

値段が安くても、買いません。

(가격이 싸더라도, 사지 않겠습니다.)

(89) 近いところならば、旅行に行きます。

(가까운 곳이라면, 여행을 가겠습니다.)

近いところでも、旅行に行きません。

(가까운 곳이라도, 여행을 가지 않겠습니다.)

(90) 仕事が終わったらすぐ帰ります。

(일이 끝나면, 바로 돌아가겠습니다.)

仕事が終わっても、すぐ帰りません。

(일이 끝나도, 바로 돌아가지 않겠습니다.)

(91) 車で行くなら、私も行きます。(차로 간다면, 저도 가겠습니다.)

車で行っても、私は行きません。

(차로 가더라도, 저는 가지 않겠습니다.)

(사진: 전성엽)

제8장 | 일본어 경어문법의 세계

1. 일본어 대우표현의 체계

일본어의 대우표현은, 일반적으로, '존경표현' '겸양표현' 'ていねい(丁寧) 표현(정중표현) '보통표현' '비속어표현'등으로 나눌 수 있다. 일본어 대우표현의 체계는 다음 그림과 같이 나타낼 수 있을 것이다.

<그림> 일본어 대우표현의 체계

존경표현———おっしゃる

⇧ ⇧

ていねい표현 ⇦ **보통표현**——— 言う ⇨ 비속어

--です, ます --ぬかす, いいやがる

(言います) ⇩ ⇩

겸양표현———申す,申し上げる

위의 그림 가운데에 있는 일본어 보통표현의 동사 '言う(いう)(말하다) 는, 다시 말하면, 동사의 '기본형'이면서, 그 어떠한 의미, 즉 정중하거나, 상대를 경멸하거나 하는 의미가 포함되어 있지 않은 보통표현이다(우리가 흔히 말하는 '반말'이기도 하다).

먼저, 상대를 깔보거나 경멸하여 말하고자 한다면, '言う'(말하다) 대신에, 'ぬかす, いいやがる'(지껄이다) 를 사용하면 된다. 이것은 상대방을 낮추어 보는 '비속어'표현이므로, 말하는 사람 스스로를 낮추어 말하는 '겸양표현'과는 다르다.

보통표현, 즉 '반말'을 해서는 안 되는 상대에게 말을 할 때는, '정중(공손)하게 말하거나, 존경표현이나 겸양표현을 사용하여야 한다. 상대를 높여 '존경표현'을 사용해야 할지, 나를 낮추어 '겸양표현'을 사용해야 할지를 고민하기에 앞서, 우선, 잘 모르는 사람, 처음 보는 사람의 경우는 보통 '반말'을 사용할 수는 없다. 이때 일본어에서 사용하는 형식이 바로 '~です、~ます'형식이다. 이 둘을 일본어에서는 '丁寧語(ていねいご)라고 하고 이들을 사용한 표현을 '丁寧表現(ていねいひょうげん)이라고 한다(다음 절에서 자세히 설명).

상대방이 나 보다는 윗사람이라는 것을 내가 확실하게 알고 있는 경우라면, 그 상황에 맞게, '존경표현'을 사용하거나, '겸양표현'을 사용해야한다. 존경표현은 상대방을 높여서 사용하는 표현이고, 겸양표현은 상대방은 그대로 두고, 말하는 자신을 낮추어 표현하는 차이가 있다. 위 그림에서 보통표현 '言う'(말하다)의 존경표현은 'おっしゃる'(말씀하시다)가 되고, 겸양표현은 '申す'혹은 '申し上げる'(말씀드리다)가 된다. 각각을 사용하는 상황은 다르지만, 존경표현과

겸양표현의 '정중도' 즉, 정중한 정도의 차이는 없다. 위 그림의 화살표 ⇧와 ⇩는, 어느 한쪽을 높이거나 혹은 낮추는 차이일 뿐, 그 정도는 같은 것이다.

(1) 社長が私におっしゃいました。
  (사장님이 제게 말씀하셨습니다.)
  (사장님이 내게 '言う'하는 것을 '높여' 'おっしゃる'를 사용)
(2) 私が社長に申し上げました。
  (제가 사장님에게 말씀드렸습니다.)
  (내가 사장님에게 '言う'하는 것을 '낮춰' '申し上げる'를 사용)

2. 보통표현과 정중어(丁寧語)

'丁寧語(ていねいご)는 오로지 청자(듣는 이)에 대한 '배려'의 의미로 사용하는 형식이다. 다시 말하면, 잘 알지 못하는 청자에 대해서, '반말'을 할 수는 없으므로, 청자에 대한 배려로 사용하는 형식인 것이다. 다음 예의 왼쪽은 보통표현, 오른 쪽이 '정중어'인 '~です、~ます'형식을 사용한 정중표현이다.

(3) 私は韓国人だ。(나는 한국인이다.)
  →私は韓国人です。(저는 한국인입니다.)
(4) 金は人生のすべてではない。ほとんどである。
  (돈은 인생의 전부가 아니다. 대부분이다.)

→金は人生のすべてではないです。ほとんどです。

(돈은 인생의 전부가 아닙니다. 대부분입니다.)

(5) 今日はとても暑い。(오늘은 매우 덥다.)

→今日はとても暑いです。(오늘은 매우 덥습니다.)

(6) 君のことが好きだ。(너를 좋아한다.)

→あなたが好きです。(당신을 좋아합니다.)

(7) きょう、どうする?行く?(오늘, 어떻게 할래? 갈래?)

→きょう、どうします?行きます?(=きょう、どうしますか、行きますか。)

(오늘 어떻게 해요? 가요?)

(8) 明日、遊びに行かない?(내일 놀러 안 갈래?)

→明日、遊びに行きませんか。(내일, 놀러 가지 않을래요?)

(9) じゃ、そろそろ行こうか。(그럼, 이제 슬슬 갈까?)

→じゃ、そろそろ行きましょうか。(그럼, 이제 슬슬 갈까요?)

(10) これ、食べる?(이거, 먹을래?)

→これ、食べますか。(이거, 먹을래요?)

3. 일본어의 경어표현

1) 일본어 경어표현의 체계

앞의 일본어 대우표현의 체계에서, 일반적으로, 보통표현과 비속어표현을 제외한, '존경어(표현) '겸양어(표현) '~です、~ます의 てい

ねい表現’그리고 하나 더, ‘미화어(美化語)를 포함하여, 일본어의 ‘경어(표현)이라고 한다.

일본어의 경어표현의 체계-존경어, 존경표현
-겸양어, 겸양표현
-ていねい語, ていねい표현
-미화어(美化語)

이 4종류의 경어표현은, 다음과 같이 구분할 수 있다.

1) 존경어, 존경표현: ‘상대를 높여’ 정중한 정도를 높이는 표현.
2) 겸양어, 겸양표현: ‘화자 자신을 낮춰’ 정중한 정도를 높이는 표현.
3) ていねい語, ていねい표현: ‘상대를 배려’하여 ‘반말’을 사용하지 않고 정중한 정도를 높이는 표현.
4) 미화어(美化語) : 주로 ‘화자 자신의 품위유지’를 위해 사용하는 표현.
   (‘お-、ご-’ 형식을, ‘화자 자신의 품위유지’를 위해 사용하면 ‘미화어’의 용법, ‘상대를 높여’정중하게 하는 쓰임이면 ‘존경표현’의 용법이 됨)

또한, 일본어 경어표현은, 한국어처럼 자신보다 손윗사람이면 무조건 경어를 사용하면 되는 ‘절대경어’가 아니라, 화자 자신을 중심으로, 가족이나 같은 집단에 속하는 인물(‘内の人間’) 을 외부의 다른 사람(‘外の人間’)에게 말할 때는 손윗사람이라 하더라도 낮추어 말하는, 상대적인 경어표현을 사용하는 '상대경어'인 것이 특징이다. 예를 들어, 내가 다니는 회사의 사장님을 다른 회사 평사원에게 말할 경우, 한국어로는 '지금 사장님은 안 계십니다'가 맞지만, 일본어로는 '지금 사장은 없습니다.'와 같은 표현이 되므로 주의해야한다. 즉, 기본적으로 '内の人間'에게는 '겸양표현'을, '外の人間'에게는 '존경표현'을 사용한다고 말할 수 있다.

이하, 여기 제8장의 일본어경어표현에서 설명하는 '화자 자신'은 기본적으로, 화자 자신에 가족이나 같은 집단의 사람도 포함되는 개념임을 미리 말해둔다.

2) 일본어 경어표현을 사용하는 상황과 그 효과

일본어 경어표현은, 주로 다음과 같은 사람을 대상으로 사용한다.

- 잘 모르는 사람
- 자기 집단에 속하지 않는 사람
- 손윗사람
- 지위나 연령이 위인 사람

그러나, 다음과 같은 경우에는 일반적으로 경어표현을 사용하지 않는다.

- 욕이나 좋지 않은 표현
- 관용구, 속담
- 역사적인 인물, 유명한 사람

- 손윗사람에 대한 '~て差し上げる' 표현
  (예: ??私が金海を案内して差し上げます。)
  (제가 김해를 안내해 드리겠습니다.)
  (이유: 생색내는 의미가 되기 때문)

또, 일본어에서는 손윗사람이라 하더라도, 가족이나 친한 경우에는 경어를 사용하지 않는 경우도 많다. 또, 친한 사람들에게도, 공식적인 장소나, 격식을 갖추어야하는 장소(회의장, 결혼식장, 스피치, 발표장, 편지 등)에서도 경어표현이나 격식을 갖춘 표현을 사용한다.

일본어 경어는 다음과 같은 효과가 있다고 한다.(1)

- 손윗사람, 지위나 연령이 위인 사람에 대한 '존경'의 효과
- 격식을 갖추어야할 장소에서의 사교상의 '예의'를 나타내는 효과
- 아직 친하지 않다는 뜻으로, 상대방과 '거리를 두는' 효과
- 경어 화자의 '품격이나 위엄'을 드러내는 효과
- 친한 사람에게 사용할 경우, 그 사람을 '조롱하거나, 비꼬는' 효과

3) 경어표현과 '격식을 갖춘' 표현들

일본어에서 경어표현을 사용하게 되면, 같은 문장 안에서 사용하는 다른 표현도 사용한 경어표현과 어울리는 '격식 있는 표현'을 사용하여, 문장 전체의 균형을 맞출 필요가 있다. 다음의 예를 보자.

---

(1) 平林他(1988) 『外国人のための日本語例文·問題シリーズ10　敬語』 荒竹出版 p3-p4.

(11) ちょっと待ってください。 →(12) ちょっとお待ちください。

(잠깐 기다려 주십시오.)

위에서 '待ってください'를 존경표현 'お待ちください'로 바꾸어, 예문(12) 와 같은 표현으로 했다고 해서, 일본어 경어표현이 완성된 것은 아니다. 'ちょっと'라는 부사표현도 문장의 존경표현과 균형을 맞추어, 다음처럼 '격식 있는 표현'이라고 말할 수 있는 '少々'로 바꾸어 표현할 필요가 있다.

(13) 少々お待ちください。(잠시만 기다려 주십시오.)

다음의 표에, 보통의 표현과 '격식을 갖춘 표현'의 일부를 정리해 둔다.

〈표〉 보통표현과 격식을 갖춘 표현

보통표현	격식 갖춘 표현	보통표현	격식 갖춘 표현
こっち	こちら	どこ	どちら
今日	本日	去年	昨年
ゆうべ	昨夜	10分ぐらい	10分ほど
今度	今回、この度	後で	後(のち) ほど
さっき	さきほど	これからも	今後も
ちょっと	少々	早く	早めに
本当に	まことに	さよなら	失礼します
いい	よろしい	いま	ただいま
すみません	申し訳ございません 恐れ入ります	すごく、とても	大変、非常に

〈표〉 '内の人間'(가족 혹은 내가 속한 집단의 사람) 과 '外の人間'(외부의 사람)

内の人間	外の人間	内の人間	外の人間
家族	ご家族	みんな	みなさん
父、おやじ	お父さん	この人	この方
母、おふくろ	お母さん	うちのもの	おうちの方
祖父(そふ)	おじいさん	会社のもの	会社の方
祖母(そぼ)	おばあさん	田中	田中さん
子ども	お子さん	社長の山田	山田社長

4. 존경어, 존경동사와 존경성분

존경어와 존경표현은, 손윗사람, 외부의 사람, 지위나 연령이 높은 사람이 청자이거나 혹은 화제의 인물일 경우, 또 그런 사람의 동작이나 상태에 대해 존경의 뜻을 가지고, 그 상대를 '높여' 부르는 표현을 말한다. 존경표현을 만드는 방법에는 아래와 같이 몇 가지가 있다.

1) 존경어를 사용하거나 'お-/ご-'형식을 사용하는 방법

2) 존경 동사를 사용하는 방법

3) 존경 성분을 사용하는 방법

1) 존경어를 사용하거나 'お-/ご-'형식을 사용하는 방법

'존경어'란, 단어 그 자체가 존경어로 사용되는 경우를 말한다. 가령, 'こちらの人'(이 사람) 을 'こちらの方'(이 분) 이라고 했을 때, '人'

는 보통표현이지만 '方'는 존경어가 된다. 또, 상대방을 가리켜, 'おきれい' 'ご両親' 'ご立派'처럼 'お-/ご-'를 붙여 사용하는 것도 존경어이다. 일반적으로는 동사형태의 존경어, 즉 '존경동사'도 존경어에 포함하여 말하지만, 본서에서는 이를 명사 등 동사이외의 형태의 '존경어'와 '존경동사'로 나누고, 존경동사는 다음 절에서 설명하기로 한다.

(14) きれいな人ですね。(예쁜 사람이네요.)
(15) おきれいな方ですね。(예쁘신 분이네요.)
(16) ご両親、ご立派ですね。(부모님 모두, 훌륭하시네요.)

아래 표에 몇 가지 '존경어'를 표시해 둔다.

〈표〉 존경어

보통어	존경어	보통어	존경어
知っている	ご存知だ (ごぞんじだ)	自宅	ご自宅、お住まい
大学	貴大学	인명 뒤에	さん、様、殿
会社	貴社、 御社(おんしゃ)	教師	先生
原稿	玉稿	死亡	逝去(せいきょ)

2) 존경 동사를 사용하는 방법

존경동사는 손윗사람 등이 하는 동작이나 상태를 높여서 표현할 때 사용하는, 특히 '동사'의 형태를 가지고 있는 것들을 말한다. 몇 개

만 예를 들어 보면, 'する→なさる'(하다/하시다) '見る→ご覧になる'(보다/보시다) '言う→おっしゃる'(말하다/말씀하시다) 등과 같은 것이다.

(17) 私は毎日ジョギングをする。(저는 매일 조깅을 한다.)
→社長は毎日ジョギングをなさる。(사장님은 매일 조깅을 하신다.)

(18) 田中さん、この映画、見ましたか。(다나카씨, 이 영화, 봤습니까?)
→社長、この映画、ご覧になりましたか。(사장님, 이 영화, 보셨습니까?)

(19) 山田君がそう言ったの?(야마다군이 그렇게 말했어?)
→社長がそうおっしゃったの?(사장님이 그렇게 말씀하셨어?)

(20) 山田さんはどこにいますか。(야마다씨는 어디에 있습니까?)
→社長はどこにいらっしゃいますか。(사장님은 어디에 계십니까?)

대표적인 존경동사를 다음의 표에 정리해 둔다.

〈표〉 일본어의 대표적인 존경동사

일반 동사	존경동사	일반 동사	존경동사
する	なさる	いる	いらっしゃる、おいでになる
言う	おっしゃる	行く	いらっしゃる、おいでになる
見る	ご覧になる	来る	いらっしゃる、おいでになる 見える、お見えになる、 お越しになる
くれる	くださる	食べる、 飲む	召し上がる
寝る	お休みになる	着る	召す、お召しになる
買う	お求めになる	死ぬ	お亡くなりになる、 亡くなられる、逝去する
風邪を引く 年をとる	風邪を召す お年を召す	聞く	お聞きになる、 (~が) お耳に入る

2) 존경 성분을 사용하는 방법

존경표현을 만드는 방법으로, 'お/ご~になる' 'お/ご~なさる' 'お/ご~ください' 'お/ご~です' 'お/ご~くださる(ください) '~れる/~られる'등의 '존경성분'을 사용하는 방법이 있다.

①お/ご~になる 형식

'お/ご~になる'형식은, '見る' '寝る' '来る' '言う' '着る' '死ぬ' '食う'등, 다른 존경동사로 사용하는 것이 일반적인 것과, 속어나 좋지 않은 뜻으로 쓰이는 표현 등으로 사용하는 'ふざける'(깔보다, 까불다, 시시덕거리다) 'くたばる'(뻗다) 'へばる'(뻗다, 녹초가 되다) 'とちる'(실수하다, 버벅거리다) 'ぶっとばす'((자동차) 냅다 몰다) 등을 제외('운전하다'도 여기에 포함) 한, 거의 모든 동사에 사용할 수 있다는 장점이 있다. 일반 동사는 'お~になる'의 '~'에 동사의 ます형이 들어가고, '○○する'형태의 한자동사는, 'ご○○になる'의 형태가 된다.

〈표〉 'お~になる, ご~になる' 표현의 예시

동사	お・ご~になる	동사	お・ご~になる
読む	お読みになる	帰る	お帰りになる
書く	お書きになる	出かける	お出かけになる
座る	お座りになる	利用する	ご利用になる
求める	お求めになる	出席する	ご出席になる

동사 자체를 존경성분 'お/ご~になる'에 넣어서 사용하지 않고, 다른 형태, 다른 표현을 사용하는 존경표현에는 다음과 같은 것들이 있다.

(21) 見る→×お/ご見になる→ご覧になる (보시다)

(22) 寝る→×お寝になる→お休みになる (주무시다, 쉬시다)

(23) 来る→×お来になる→いらっしゃる、お出でになる (오시다)

(24) 言う→×お言いになる→おっしゃる (말씀하시다)

(25) 着る→×お着になる→お召しになる (입으시다)

(26) 死ぬ→×お死になる→お亡くなりになる、亡くなられる (돌아가시다)

(27) 失敗する→×ご失敗になる→失敗なさる、失敗される (실패하시다)

(28) 運転する→×ご運転になる→運転なさる、運転される (운전하시다)

(29) ふざける→×おふざけになる

(30) くたばる→×おくたばりになる

② お/ご~なさる, お/ご~ください(くださる), お/ご~です 형식

존경성분 'お/ご~なさる'는, 위의 'お/ご~になる'성분과 정중한 정도는 거의 같지만, 약간 딱딱하고 오래된 경어표현이라고 말할 수 있어, 다른 존경성분에 비해 그 쓰임이 많지 않다. 아래 예문의 각각의 정중한 정도의 차이는 거의 없다.

(31) この本、お読みになるんでしょうか。(이 책, 읽으시겠습니까?)

(32) この本、お読みなさるんでしょうか。(이 책, 읽으시겠습니까?)

(33) あした、田中社長がご訪問になるそうです。

(내일 다나카 사장님이 방문하신다고 합니다.)

(34) あした、田中社長がご訪問なさるそうです。

(내일 다나카 사장님이 방문하신다고 합니다.)

한편, 'お/ご~ください(くださる) 'お/ご~です' 성분은, 각각 '~ください' '~です' 성분 앞에 'お-/ご-'를 사용하면 되는, 비교적 알기 쉬우면서 정중한 정도도 앞에서 살펴본 존경성분들과 비교해도 결코 떨어지지 않아, 특히, 'お/ご~ください'와 'お/ご~です' 성분은 비교적 그 쓰임이 많은 존경성분이라 할 수 있다. 'お/ご~ください(くださる)는 '~てください' '~てくれる'의 존경표현이고, 'お/ご~です'는 주로 현재의 상황이나 곧 일어날 것 같은 상태를 나타내는 경우가 대부분이다.

<'お/ご~ください(くださる)형식의 예문>

(35) ここにお名前を書いてください。→こちらにお名前をお書きください。

(여기에 성함을 적어주세요.) (여기에 성함을 적어 주십시오.)

(36) ここに座ってください。→こちらにお座りください。

(여기에 앉으세요.) (여기에 앉아 주십시오.)

(37) 免許証は2番の窓口で受け取ってください。

→免許証は2番の窓口でお受け取りください。

(면허증은 2번 창구에서 받으세요.)

(면허증은 2번 창구에서 받으십시오.)

(38) 自由に持ち帰ってください。→ご自由にお持ち帰りください。

(마음대로 가져가시오.) (마음대로 가져가십시오.)

(39) こちらまで連絡ください。→こちらまでご連絡ください。

(이쪽으로 연락주세요.) (이쪽으로 연락 주십시오.)

(40) 来週まで連絡くれるそうです。→来週までご連絡くださるそうです。

(다음 주까지 연락 준다고 합니다.) (다음 주까지 연락주신다고 합니다.)

(41) みんなによろしく伝えてください。→みなさんによろしくお伝えください。

(모두에게 안부 전해주세요.) (여러분들께 안부 전해주십시오.)

「お譲りください」(양보해 주십시오) (사진: 전성엽)

<‘お/ご~です’형식의 예문>

(42) 田中さんがあちらで待っています。→田中様があちらでお待ちです。

(다나카씨가 저쪽에서 기다리고 있습니다.)(다나카님이 저쪽에서 기다리고 계십니다.)

(43) 田中先生が呼んでいます。→田中先生がお呼びです。

(다나카 선생님이 부릅니다.)(다나카 선생님이 부르십니다.)

(44) 何か質問ありますか。→何かご質問おありでしょうか。

(다른 질문 있습니까?)(다른 질문 있으십니까?)

(45) このいす、使っていますか。→こちらのいす、お使いですか。

(이 의자, 사용하고 있나요?)(이 쪽 의자, 사용하시나요?)

(46) チケットを持っていない方、こちらで買い求めてください。

→チケットをお持ちでない方、こちらでお買い求めください。

(티켓을 가지고 있지 않은 분은 이쪽에서 구입하세요.)

(티켓을 가지고 계시지 않은 분은 이쪽에서 구입하십시오.)

③ ‘~れる/~られる’형식

‘~れる/~られる’형식을 사용한 존경성분은, ‘~れる/~られる’형식 자체의 뛰어난 생산성으로 인해, 신문, 논문, 문서 등에서 광범위하게 쓰이고 있으나, 이 형식이 가지는 다양한 의미, 즉 ‘수동’ ‘가능’ ‘자발(自発)등의 의미와 혼동하기 쉬운 단점도 있어, 그 사용에 주의할 필요가 있다. 이것은 위에서 살펴 본 다른 존경표현의 형식에 비해, 정중한 정도도 다소 떨어진다.

(47) 市長があした大学に来ます。→市長があした大学に来られます。

(시장님이 내일 학교에 옵니다.)(시장님이 내일 학교에 오십니다.)

(48) 学長が来週日本の姉妹大学を訪問します。

→学長が来週日本の姉妹大学を訪問されます。

(총장님이 다음 주 일본 자매대학을 방문합니다.)

(총장님이 다음 주 일본 자매대학을 방문하십니다.)

(49) 姉妹大学の方も「歓迎いたします」と笑顔でこたえました。

→姉妹大学の学長も 「歓迎いたします」とうれしそうにこたえられました。

(자매대학 분도 '환영합니다'하고 웃으며 대답했습니다.)

(자매대학 총장님도 '환영합니다'하고 기쁜 듯 대답하셨습니다.)

(50) 学長は来日するときはいつも同じホテルに泊まります。

→学長は来日されたおりはいつも同じホテルに泊まられます。

(총장님은 일본에 가실 때는 항상 같은 호텔에 묵습니다.)

(총장님은 일본에 가실 때는 항상 같은 호텔에 묵으십니다.)

(51) みなさんはいつ韓国へ帰りますか。

→みなさんはいつ韓国へ帰られますか。

(여러분은 언제 한국에 돌아갑니까?)

(여러분은 언제 한국에 돌아가십니까?)

(52) あす午後の飛行機で出発します。

→学長はあす午後の飛行機で出発されます。

(내일 오후 비행기로 출발합니다.)

(총장님은 내일 오후 비행기로 출발하십니다.)

(53) 日本ではどこに行きましたか。→日本ではどちらに<u>行かれ</u>ましたか。

(일본에서는 어디에 갔습니까?)

(일본에서는 어디에 가셨습니까?)

(54) 山田先生は今年で大学を辞めるそうです。

→山田先生は今年で大学を<u>辞められる</u>そうです。

(야마다 선생님은 올해로 학교를 그만둔다고 합니다.)

(야마다 선생님은 올해로 대학을 그만두신다고 합니다.)

(55) 山田先生がレポートを来週までに提出するようにと言いました。

→山田先生がレポートを来週までに提出するようにと<u>言われ</u>ました。

(야마다 선생님이 '리포트를 다음 주까지 제출하도록'이라고 말하였습니다.)

(야마다 선생님이 '리포트를 다음 주까지 제출하도록'이라고 말씀하셨습니다.)

5. 겸양어와 겸양성분

존경어와 존경표현이, 상대방을 '높여서' 표현하는 것이었다면, 겸양어와 겸양표현은, 화자 자신(가족이나 같은 집단의 사람도 포함)의 말이나 행동을 '낮추어' 표현한다. 즉, 손윗사람, 외부의 사람, 지위나 연령이 높은 사람이 청자이거나 혹은 화제의 인물일 경우, 또 그런 사람의 동작이나 상태에 대해 공경의 뜻을 가지고, 그 상대를 표현하는 것은 존경표현과 다르지 않으나, 화자 자신을 '낮추어' 표현하는 것을 '겸양표현'이라고 한다. 같은 정도의 공경의 뜻을 가지고, 한 쪽은 상대방을 높여 표현하는 것이고, 또 한 쪽은 화자 자신을 낮추어 표현하는 것이기 때문에, 이 둘의 정중한 정도는 다르지 않은 것이다. 겸양표현을 만드는 방법에는 아래와 같이 몇 가지가 있다.

1) 겸양어, 겸양동사를 사용하는 방법
2) 겸양성분 'お/ご~する' 'お/ご~申し上げる' 'お/ご~いただく'등을 사용하는 방법

1) 겸양어, 겸양동사를 사용하는 방법

동사형태가 아닌 겸양어, 즉 '명사'형태의 겸양어는 그 수가 많지 않으므로, 동사형태의 겸양동사와 함께 설명하기로 한다.

일반적으로 접할 수 있는 명사형태의 겸양어에는 다음과 같은 것들이 있다.

① 겸양어

보통표현	겸양어(謙譲語)	존경어(尊敬語)
家	拙宅(せったく)	お宅、御宅(おんたく)
本、著書	拙著(せっちょ)	ご本、高著(こうちょ)
会社	弊社(へいしゃ)	貴社(きしゃ)
品物	粗品(そひん)	佳品(かひん) 、贈り物
わたし	わたくし	一
茶	粗茶(そちゃ)	一

② **겸양동사**

'동사'형태의 겸양동사는 손윗사람에 대하여 화자 자신의 행동을 낮추어 말하는 표현이다. 예를 들면, '言う'(말하다) → '申す/申し上げる'(말씀드리다), '行く'(가다) → 'うかがう'(찾아뵙다), '会う'(만나다) → 'お目にかかる'(만나 뵙다) 등과 같은 표현을 말한다. 한국어로 해석하는 경우는, 일본어표현에 해당하는 한국어 겸양표현이 있는 경우도 있고, 그렇지 않은 경우도 있다.

(56) あしたは午前中はいますが、午後はいません。
→あしたは午前中はおりますが、午後はおりません。
(내일은 오전 중에는 있습니다만, 오후에는 없습니다.)
(같은 해석)

(57) 社長の指示とおりに、しました。
→社長のご指示とおりに、いたしました。
(사장님 지시대로 했습니다.) (같은 해석)

(58) 私、斎藤といいます。→私、斎藤と申します。
(저는 사이토라고 합니다.)(같은 해석)

(59) 私が後でここに来ます。→私が後ほどこちらにまいります。
(제가 나중에 여기로 오겠습니다.)
(제가 나중에 여기로 찾아뵙겠습니다.)

(60) はい、これはもう見ました。→はい、こちらはもう拝見しました。
(예, 이것은 이미 보았습니다.) (같은 해석)

(61) 一度会いたいです。→一度お目にかかりたいです。
(한번 만나고 싶습니다.)(한번 찾아뵙고 싶습니다.)

(62) この写真、見せましたでしょうか。

→こちらの写真、お目にかけましたでしょうか。

(이 사진, 보여줬던가요?) (이 사진, 보여드렸던가요?)

(63) 私はそれは知りませんでした。→私はそれは存じませんでした。

(저는 그것은 몰랐습니다.) (같은 해석)

(64) 一言で言いますと、批判的に考えることだと思います。

→一言で申しますと、批判的に考えることだと存じます。

(한마디로 말하면, 비판적으로 생각하는 것이라고 생각합니다.)

(같은 해석)

(65) さっきお土産をもらいました。→さきほどお土産をいただきました。

(아까 선물을 받았습니다.)

(같은 해석 /조금 전, 선물을 (저에게) 주셨습니다.)

(66) 私はもう食べました。→私はもういただきました。

(저는 이미 먹었습니다.) (같은 해석)

〈표〉 일본어의 대표적인 겸양동사

보통동사	겸양동사	보통동사	겸양동사
する	いたす	言う	申す、 申し上げる
いる	おる	行く	うかがう、まいる
来る	うかがう、まいる	訪ねる、 訪問する	うかがう、 あがる
思う	存じる	見る	拝見する
知っている	存じている	聞く	うかがう、 拝聴する

보통동사	겸양동사	보통동사	겸양동사
会う	お目にかかる	見せる	お目にかける ご覧にいれる
食べる、飲む	いただく	あげる	さしあげる
もらう	いただく、 ちょうだいする	分かる	かしこまる 承知する
借りる	拝借する	伝える	申し伝える

2) 겸양 성분을 사용하는 방법

겸양표현도 손윗사람 등에게 사용하는 경어표현이지만, 상대를 '높여'부르는 표현이 아니라, 화자 자신을 '낮추어'말하는 표현임을 잊지 말아야한다. 처음 일본어 경어표현을 공부하는 경우, 간혹 겸양성분 'お/ご~する'의 쓰임을 혼동하여, 다음 예문과 같이 잘못 사용하는 경우가 있다.

(67) ×お疲れでしょうから、お休みしてください。

위는 정중하게 말하여야 할 상대방에게 '(피곤하실 테니) 쉬십시오.'라고 말을 건네는 장면이므로, 이 경우는 상대방의 행동 '쉬다'를 높여 '쉬시다'고 말하여야 하는 상황이다. 그런데, 'お休みしてください'는 상대방과 그 행동을 '높여' 말하는 표현이 아니라, '낮추어' 말하는 겸양표현의 형식을 사용한 것이므로 잘못된 표현이 되어버린 것이다. 이는 다음과 같이 말하여야 한다.

(68) お疲れでしょうから、お休みになってください。

(피곤하실 테니, 쉬십시오.)

겸양표현으로 사용되는 겸양성분에는, ‘お/ご~する’형식 이외에도, ‘お/ご~申し上げる’ ‘お/ご~いただく’ ‘お/ご~願う’ ‘お/ご~を差し上げる’등이 있다.

① ‘お/ご~する(いたす)’형식

동사의 경우, 겸양성분 ‘お/ご~する’가 주로 쓰인다.

(69) 社長に相談したいことがあります。

→社長にご相談したいことがあります。

(사장님에게 상담하고 싶은 것이 있습니다.)

(사장님에게 상담 드리고 싶은 것이 있습니다.)

(70) この書類は私が届けます。→こちらの書類は私がお届けします。

(이 서류는 제가 전달하겠습니다.)

(이 서류는 제가 전달해드리겠습니다.)

(71) 社長のかばんは私が持ちます。

→社長のかばんは私がお持ちします。

(사장님의 가방은 제가 들겠습니다.)

(사장님의 가방은 제가 들어 드리겠습니다.)

(72) 私が金海を案内します。→私が金海をご案内します。

(제가 김해를 안내하겠습니다.)

(제가 김해를 안내해드리겠습니다.)

(73) 私が蓋(ふた)を開けます。→私がふたを<u>お開けします</u>。

(제가 뚜껑을 열겠습니다.)(제가 뚜껑을 열어 드리겠습니다.)

(74) すぐ食事を用意します。→すぐお食事を<u>ご用意します</u>。

(바로 식사를 준비하겠습니다.)

(바로 식사를 준비해드리겠습니다.)

(75) カタログを今見せましょうか。→カタログをただ今<u>お見せしましょうか</u>。

(카타로그를 지금 보여 줄까요?)

(카타로그를 지금 보여드릴까요?)

(76) ホテルまで私の車で送ります。→ホテルまで私の車で<u>お送りします</u>。

(호텔까지 제 차로 데려다 주겠습니다.)

(호텔까지 제 차로 모셔다 드리겠습니다.)

(77) 社長、その件については、私が話します。

→社長、その件については、私が<u>お話しします</u>。

(사장님, 그 건에 대해서는 제가 말하겠습니다.)

(사장님, 그 건에 대해서는 제가 말씀드리겠습니다.)

② 'お/ご~申し上げる' 'お/ご~いただく' 'お/ご~願う' 'お/ご~を差し上げる' 등의 형식

보통, 'お/ご~申し上げる'형식을 사용할 수 있는 경우는, 'お/ご~する'형식 보다 정중한 정도가 더 높다. 'お願いします'(잘 부탁드립니다) 보다, 'お願い申し上げます'(잘 부탁드립니다) 표현이 더 정중한 것은 분명하다(이것의 한국어 해석에 차이를 두기는 어렵다). 또, 'お/ご~いただく'형식의 'いただく'는 'もらう'(받다)의 겸양동사이므로,

한국어로 해석할 때, 중세국어에서는 많이 사용하던 '받잡다'가 되어야 하나, 이 같은 표현은 오늘날에는 거의 사용하지 않아, 한국어로는 손윗사람이 나에게, 어떤 동작을 해 '주신'것으로 해석하는 것이 일반적이라고 설명할 수 있다. 예를 들면, 'このペンは社長にいただきました'와 같은 표현을 한국어로 하면, '이 펜은 사장님에게 받잡았습니다.'도 아니고, '이 펜은 사장님에게 받았습니다.'라고 하면 정중한 정도가 전혀 반영이 안 되니 문제가 있다. 그래서 이러한 경우는 '이 펜은 사장님께서 주셨습니다.'로 해석해야하는 것에 주의할 필요가 있다.

한편, 'お/ご~願う'는 '부탁드리다'의 의미로 사용하는 형식이고, 'お/ご~を差し上げる'는 '~(을) 를 드리다'의 표현이며, 이 둘은 한국어로도 다르지 않다.

(78) お願い。→お願いします。→お願い申し上げます。
(부탁해.)(부탁드립니다.)(부탁드립니다.)

(79) きょう訪ねるのは遠慮します。→本日うかがうのはご遠慮します。
→本日うかがうのはご遠慮申し上げます。
(오늘 방문하는 것은 삼가겠습니다.)(오늘 찾아뵙는 것은 삼가겠습니다.)(오늘 찾아뵙는 것은 삼가겠습니다.)

(80) みなさんにご案内します。→みなさまにご案内申し上げます。
(여러분들에게 안내드립니다.)(여러분들에게 안내드립니다.)

(81) ちょっと待ってもらっていいですか。→少々お待ちいただいてよろしいでしょうか。
(조금 기다려 줄래요?) (잠시 기다려 주시겠습니까?)

(82) 以上の説明で分かってもらえたんでしょうか。

→以上の説明でお分かりいただけたんでしょうか。

(이상의 설명으로 알겠습니까?)

(이상의 설명으로 아시겠습니까?)

(83) 市民マラソンに参加してもらえれば幸いです。

→市民マラソンにご参加いただければ幸いです。

(시민마라톤에 참가하면 감사하겠습니다.)

(시민마라톤에 참가하신다면 감사하겠습니다.)

(84) 間違いはないと思いますが、念のためお調べ願います。

(틀리지는 않겠지만, 혹시 모르니 조사를 부탁드립니다.)

(85) 高熱など異常を発見された方は直ちにお知らせ願います。

(고열 등 이상을 발견하신 분은 바로 알려 주시기 바랍니다.)

(86) 後でお電話をします。→後ほどお電話を差し上げます。

(나중에 전화를 하겠습니다.)(나중에 전화를 드리겠습니다.)

6. 미화어(美化語)

'미화어'는 오로지 화자 자신의 품위유지를 위해 사용하는 표현을 말하는데, 'お/ご'를 붙여 사용한다. 자신의 품위유지를 위한 말이므로, 주로 여성이 사용하는 경우가 많으나, 최근에는 남자들도 많이 사용한다. 미화어의 대표적인 것으로서는 'お花'(꽃) 'お金'(돈) 'お酒'(술) 'お野菜'(채소) 'おビール'(맥주) 'おズボン'(바지) 'お安い'

(싸다) 등을 들 수 있는데, 이들 단어의 특징은, 화자 자신이 품위유지를 하지 않아도 된다고 생각한다면, 'お/ご'를 붙이지 않아도 된다는 점이다. 즉, 위의 단어들은 '花' '金' '酒' '野菜' 'ビール' 'ズボン' '安い'처럼 'お'를 사용하지 않아도 그 의미가 전혀 달라지지 않는다. 오로지 자신의 품위유지를 위해 붙여 사용한 것이기 때문이다.

일본어의 단어에, 'お/ご'를 붙여 상대방을 향해 사용하면, 앞에서 살펴 본, 존경어와 겸양어가 되는 경우가 많은데, 이러한 점이 '미화어'와 '존경어/겸양어'로서의 쓰임의 차이가 된다. 다시 말하면, 전자는 자신을 위해 사용하는 것이고, 후자는 상대방을 위해 사용하는 표현인 것이다.

'お/ご'를 붙여 사용하는 단어의 특징으로는 다음과 같은 것이 있다.(2)

1) 상대방에게 존경의 의미로 사용되는 것:

お帰り(돌아오심)、お考え(생각)、お疲れ(피곤)、お話(말씀)、お仕事(하시는 일)、お便り(소식)、お時間(시간)、お若い(젊으심)、お美しい(아름다우심)、ご家族(가족)、ご意見(의견)、ご研究(연구)、ごゆっくり(천천히/푹 쉬심)、ご病気(병환) 등

---

(2) 平林他(1988) 『外国人のための日本語例文·問題シリーズ10　敬語』 荒竹出版 p11-p14.

2) 주로 겸양어로서 사용되는 것:

お電話(전화(~드리다) 、お礼(인사(~드리다) 、お願い(부탁(~드리다) 、お祝い(축하(~드리다) 、ご報告(보고(~드리다) 、ご案内(안내(~(해) 드리다) 등

3) 이미 'お/ご'를 떼려야 뗄 수 없는 단어들:

おかず(반찬) 、おにぎり(주먹밥) 、おなか(배) 、おかげ(덕분) 、おやじ(아버지) 、おまけ(덤) 、ごはん(밥) 、おでん(어묵) 등

4) 'お'와 'ご'를 붙이는 규칙

① '한자어가 아닌 일본어(=和語)에는 'お'를 사용한다.

お考え、お知らせ、お勤め、お許し、お答え、お皿、お箸、お暑い、お高い 등

② '한자어'에는 'ご'를 사용한다.

住所、配慮、意見、招待、通知、質問、利用、都合 등

③ 한자어이기는 하지만, '일상생활에서 많이 사용하는' 한자어와, '외래어'에는 붙이지 않는 것이 원칙이나 사용한다면 'お'를 붙인다.

お宅、お茶、お盆、お肉、お料理、お弁当、お菓子、お食事、お洋服、お電話、お時間、お世話、お勉強、おソース、おビール、おズボン

④ '返事'(답장)에는 'お'와 'ご'모두 사용된다.

⑤ 긴 단어나 'お'로 시작하는 단어에는 붙이지 않는다.

×おじゃがいも、×おほうれんそう 등

⑥ 자연현상, 공용건물 등에는 붙이지 않는다.

×お雨、×お雪、×お·ご台風、×お·ご大学、×お·ご学校、

×お·ご駅、×お·ご会社 등

⑦ 상대를 경멸하는 단어에는 보통 붙이지 않는다.

×おまぬけ、×おぐず 등

참고문헌

庵功雄他(2001)『日本語文法ハンドブック』スリーエーネットワーク

市川保子(2005)『初級日本語文法と教え方のポイント』スリーエー ネットワーク

加藤彰彦他編(1989)『日本語概説』桜楓社

金田一春彦(1950)「国語動詞の一分類」金田一春彦編(1976)『日本語のアスペクト』むぎ書房에 재수록.

工藤真由美(1995)『アスペクト・テンス体系とテキスト』ひつじ書房

砂川百里子(1986)『日本語文法セルフ・マスターシリーズ 2 する·した·している』くろしお出版

寺村秀夫(1984)『日本語のシンタクスと意味Ⅱ』くろしお出版

富田隆行(1991)『基礎表現50とその教え方』凡人社

富田隆行(1991)『文法の基礎知識とその教え方』凡人社

蓮沼昭子他(2001)『日本語文法セルフ・マスターシリーズ 7 条件表現』くろしお出版

早津恵美子(1988)「らしい」と「ようだ」『日本語学』4月号 明治書院.

平林周祐他(1988)『外国人のための日本語例文·問題シリーズ10 敬語』荒竹出版

森山卓郎·安達太郎(1996) 『日本語文法セルフ·マスターシリーズ6文の述べ方』くろしお出版
민 병훈(2013)『일본문학사』 한국학술정보
전 성엽외(1998)『일본어문법 갈고 닦기』 도서출판 영한
전 성엽외(2002)『일본어문법 I 』 보고사
전 성엽외(2002)『일본어학의 세계』 도서출판 박이정
全 成燁(2005) 『話し手の文法—文の意味構造と話し手の認識的判断の体系—』図書出版 J&C
전 성엽외(2007)『新しい生活日本語』 도서출판 J&C
전 성엽(2018)『대학생을 위한 일본어작문』 인제대학교 출판부
金田一春彦他(1988)『日本語百科大事典』大修館書店
日本語教育学会編(1982)『日本語教育事典』大修館書店

〈자료 출처〉

https://ja.wikipedia.org/wiki/%E7%89%87%E4%BB%AE%E5%90%8D
카타카나의 유래
https://ja.wikipedia.org/wiki/%E5%B9%B3%E4%BB%AE%E5%90%8D
히라가나의 유래

일본어문법의 세계

초판1쇄 발행 2019년 2월 28일

지은이 전 성 엽
발행인 김 성 수
발행처 인제대학교 출판부

주　　소 경상남도 김해시 인제로 197번지
전　　화 055-320-3783
팩　　스 055-320-3766
출판등록 제95-6호
http://homepage.inje.ac.kr/~press

정가 11,000원

ISBN 978-89-6620-083-2 (13730)

*『본 교재는 인제대학교 PRIME사업 사업비를 지원받아 작성되었습니다.』